乐清市北塘村——北塘现代农业园（1）

乐清市北塘村——村内道路及沿线景观

乐清市梅溪村——荷博园

乐清市梅溪村——梅溪草堂

乐清市北塘村——北塘现代农业园（2）

乐清市下山头村——荆山公园风光

龙湾区郑宅村——整洁的村容

龙湾区郑宅村——横山宫主乐园

龙湾区瑶溪村——钟秀园内的郑家园麦麦酒体验馆

龙湾区郑宅村——整洁的村容

乐清市下山头村——石斛文化园的石斛森林

乐清市下山头村——石斛文化园多模式种植展示

龙湾区瑶溪村——立面改造后的村庄环境
整洁且富有瑶溪山水特色

龙湾区瑶溪村——示范带入口标志

鹿城区小岙村一瓢居

鹿城区樟里村村内墙绘

鹿城区樟里村樟里记忆馆

鹿城区樟里村樟里文化礼堂

鹿城区樟里村民居改建效果图（村“两委”提供）

平阳县笠湖村红军井

平阳县鸣山村（村“两委”提供）

平阳县鸣山村小隐庐
（村“两委”提供）

平阳县水口村（村“两委”提供）

平阳县水口村村口标识

永嘉县大若岩镇楠溪若舍民宿

永嘉县大若岩镇陶公洞

永嘉县蓬溪村——近云山舍（1）

永嘉县蓬溪村——近云山舍（2）

永嘉县源头村舴艋舟文化馆

苍南县碗窑村——古村街巷

苍南县中魁村——廉政教育基地

泰顺县左溪村——文化礼堂

文成县让川村悦慢民宿——温州市森林康养基地

文成县武阳村——特色民宿美丽乡村

苍南县中魁村——甜蜜文创空间

洞头区下尾村——建筑风貌

洞头区下社村——建筑立面改造

瓯海区下庵村——泽雅漂流基地

瓯海区梓上村——梓上乡村客厅

瑞安市东岙村——青莲池

瑞安市亦垟村——孝文化长廊

基金项目：
教育部人文社会科学研究青年基金项目（《楠溪江流域传统村落景观资源空间形态与保护研究》，项目编号：19YJC850005）；
浙江省水利厅科研项目（《基于地域文化视域下楠溪江流域传统村落保护研究》，项目编号：RC2098）；
温州市瓯江青年社科学者专项项目（《新时代楠溪江流域典型传统村落文化振兴与治理路径研究》，项目编号：20QN15）。
项目支持单位：浙江同济科技职业学院、温州科技职业学院、浙江工业大学、海南大学、温州市鹿城区审计局。

乡村振兴温州样本：美丽乡村之路

刘益曦　主编

中国农业大学出版社
·北京·

内 容 简 介

本书比较全面地概括了温州市美丽乡村的典型案例及其内在机理、机制问题，对乡村振兴战略实施路径、乡村振兴示范带建设等问题进行了阐述。本书主要围绕如下几个方面进行深入剖析：一是围绕乡村振兴战略的政策背景与温州市美丽乡村研究基础进行探讨；二是简述温州市美丽乡村建设的资源禀赋与基本情况；三是结合乡村振兴示范带建设，选取温州市 11 个县（市、区）的典型美丽乡村、特色精品村为例，进行详细的实证调查与分析，从实践层面对本书的研究予以例证；四是结合理论分析与实践探索，提出实施乡村振兴战略中“温州经验”的推广与实施路径，为全国各地实施乡村振兴战略提供借鉴与参考。

本书不仅可供实施乡村振兴的政府、乡镇、村“两委”等主要干部学习，还可供乡村振兴研究领域的相关研究人员和工程技术人员以及高等院校相关专业的师生参考。

图书在版编目(CIP)数据

乡村振兴温州样本：美丽乡村之路 / 刘益曦主编. --北京：中国农业大学出版社，2021.7

ISBN 978-7-5655-2588-9

Ⅰ.①乡… Ⅱ.①刘… Ⅲ.①农村－社会主义建设－案例－温州 Ⅳ.①F327.553

中国版本图书馆 CIP 数据核字(2021)第 155447 号

书　　名　乡村振兴温州样本：美丽乡村之路
Xiangcun Zhenxing Wenzhou Yangben：Meili Xiangcun Zhi Lu

作　　者　刘益曦　主编

策划编辑　张　玉　张　蕊　　**责任编辑**　张　玉
封面设计　李尘工作室
出版发行　中国农业大学出版社
社　　址　北京市海淀区圆明园西路 2 号　　**邮政编码**　100193
电　　话　发行部 010-62733489，1190　　读者服务部 010-62732336
编辑部 010-62732617，2618　　出　版　部 010-62733440
网　　址　http：//www.caupress.cn　　**E-mail** cbsszs @ cau.edu.cn
经　　销　新华书店
印　　刷　北京鑫丰华彩印有限公司
版　　次　2022 年 3 月第 1 版　　2022 年 3 月第 1 次印刷
规　　格　170 mm×240 mm　16 开本　21.75 印张　365 千字　彩插 4
定　　价　68.00 元

编写人员

主　编：刘益曦

副主编：胡　春　林墨洋　李　宇

编　委：杨　薇　施一骥　谢海汇　刘拥春
　　　　过萍艳　章薪妤　陈洁琼　周圆圆

前　言

党的十九大作出中国特色社会主义进入新时代的科学论断，提出实施乡村振兴战略的重大历史任务，在我国“三农”发展进程中具有划时代的里程碑意义。实施乡村振兴战略是建设现代化经济体系的重要基础，是建设美丽中国的关键举措，是传承中华优秀传统文化的有效途径，是健全现代社会治理格局的固本之策，是实现全体人民共同富裕的必然选择。农业强不强、农村美不美、农民富不富，关乎亿万农民的获得感、幸福感、安全感，关乎全面建成小康社会全局。

温州作为全国农村改革的试验区、民营经济的发祥地，在“七山二水一分田”的基础上，进行了许多有益的探索和生动实践，推动了乡村产业发展，为乡村振兴战略的实施奠定了良好的基础。温州是国务院 1987 年批准的首批农村改革试验区，涌现出股份合作制、乡镇企业、农村金融、龙港农民城等改革试验成果。农业部（现农业农村部）于 2011 年 12 月正式批准全国 18 个市（县、区）为“全国农村改革试验区”，温州作为浙江省唯一试验区列入，这是温州继 1987 年成为全国首批试验区后，在农村综合改革领域再次获得国家级“通行证”，为全国提供了样本。2017 年 2 月，中央一号文件《中共中央　国务院关于深入推进农业供给侧结构性改革　加快培育农业农村发展新动能的若干意见》中，写入温州元素的“三位一体”：加强农民合作社规范化建设，积极发展生产、供销、信用“三位一体”综合合作。2017 年 8 月，根据农业部、中国人民银行、中国银监会等 14 个部委联合发出的文件《关于农村改革试验区拓展试验任务的批复》，温州作为全国农村改革试验区将新增两项试验任务：温州市“三位一体”农民合作体系建设，温州市瓯海区农民资产授托代管融资。2018 年 3 月 23 日，温州市委市政府发布了《关于全面实施乡村振兴战略　高水平推进农业农村现代化的意见(2018—2022 年)》，按照党的十九大报告提出的“产业兴旺、生态宜居、乡风文明、治理有效、生活富裕”的总要求，细化了乡村振兴战略的实施路线图，未来温州乡村振兴将实现产业振兴、生态振兴、文化振兴、人才振兴、组织振兴“五位一体”发展新格局，全面实现农业强、农村美、农民富的目标，最终达到村强、景美、人和、民富，让美丽城市、美丽城镇与美丽乡村美美与共、各美其美，实现城乡融合发展的田园城市目标。到 2020 年，乡村振兴制度框架和政策体系基本形成，农村综合改革走在全国前列，广大农村高水平全面建成小康社会。到 2022 年，乡村振兴取得阶段性成效，实现农村产业融合发展、乡村环境明显改善、乡风文明充分彰显、基层治理和谐有序、农民收入大幅提升。

2021 年 6 月，《中共中央　国务院关于支持浙江高质量发展建设共同富裕示范区的意见》正式发布，标志着浙江将肩负起这项重要历史使命，成为建设共同富裕示范区的“探路先锋”。实现共同富裕，重点在于解决地区差异、城乡差异、收入差异等薄弱环节，关键在于乡村振兴。因此，亟待探索乡村振兴典型案例与经验，本编委会积极对接乡村振兴战略，服务区域经济社会发展，并组织教科研人员深入温州 11 个县（市、区）实地开展调查研究，编写出版《乡村振兴温州样本》丛书（入选教育部全国高校出版社主题出版项目），图文并茂地展示温州在产业振兴、人才振兴、文化振兴、生态振兴和组织振兴方面的典型案例。本丛书目前计划陆续出版古村落发展之路、未来乡村建设、精准救助纪实等，加强推广温州在践行共同富裕、乡村振兴上的创新典型经验。

我们期望通过对大量样本的采集与剖析，探索总结温州乡村振兴的实践与创新经验，形成一大批可复制、可推广的典型案例，用一个个鲜活的乡村发展实践和案例展示，为深入实施乡村振兴战略提供温州样本，为中国乡村振兴提供新思考、新路径，为培育新乡村、新业态、新动能提供新思路、新方法。

编委会

2021 年 6 月

目　录

引　言

“规模化、高水平的农村集体经济是农民致富和维护权益的根本保障，是中国农业发展的根本方向，是加快转变农村经济发展方式的制度改革和路径选择，是实现农业现代化的必由之路。”专家学者的这一认识越来越得到实践的验证。

十九大报告指出：“建设生态文明是中华民族永续发展的千年大计。必须树立和践行绿水青山就是金山银山的理念，坚持节约资源和保护环境的基本国策，像对待生命一样对待生态环境，统筹山水林田湖草系统治理，实行最严格的生态环境保护制度，形成绿色发展方式和生活方式，坚定走生产发展、生活富裕、生态良好的文明发展道路，建设美丽中国，为人民创造良好生产生活环境，为全球生态安全作出贡献”。习近平总书记就生态文明建设提出新论断，“坚持人与自然和谐共生”成为新时代中国特色社会主义基本方略的重要组成部分。“两山”思想发源于浙江，践行于全国。温州作为改革开放的先行区、民营经济的发祥地，在改革开放的大潮中，走出了一条值得骄傲的民营经济之路。温州是“七山二水一分田”的山水田园格局，40 年的发展中，在“一分田”上做足了工作，得到了优先的发展，然而“七山二水”的西部山区发展水平相对滞后。“青山绿水”是山区最美丽、生态、宝贵的珍贵资源。如何践行“两山”理论，打通“两山”通道，结合《中共温州市委 温州市人民政府关于全面实施乡村振兴战略高水平推进农业农村现代化的意见（2018—2022 年）》、《西部生态休闲产业带建设三年行动计划（2018—2020 年）》（温委发〔2018〕7 号）、《关于开展市级田园综合体试点工作的实施意见》（温政办〔2018〕4 号）、《2019 年温州市乡村振兴示范带创建标准》（温乡村振兴办〔2019〕17 号）等相关文件，结合《浙江省人民政府办公厅关于做好低丘缓坡开发利用推进生态“坡地村镇”建设的若干意见》（浙政办〔2018〕64 号）、《浙江省人民政府办公厅关于实施全域土地综合整治与生态修复工程的意见》（浙政办发〔2018〕80 号）、《美丽乡村建设规范》（DB33/T

912—2014）、《公园设计规范》（GB 51192—2016）等文件和规范，如何通过“两山”资源转化，将山区较好的资源要素进行有效整合，加快推进温州实现更均衡、更全面、更和谐的发展，加快建设生态大花园，打造现代新山区，培育西部新引擎，值得研究与探讨。

近年来，温州按照“绿水青山就是金山银山”的发展理念，坚持规划全域化、全域景观化、景观生态化、生态产业化、产业现代化的发展思路，以“千村整治百村示范”工程、“百村千处”历史文化村落保护利用工程为载体，以农村生活污水治理为突破口，深入开展“五水共治”“四边三化”“三改一拆”“两路两侧”“清洁乡村”等系列行动，抓规划、优环境、育产业、挖文化、强改革，美丽乡村建设实现从“点”到“线”向“面”拓展，走出了一条温州特色的美丽乡村建设新路子。

一、规划引领，建设瓯派民居

规划布局是美丽乡村建设的基础。充分考虑地形地貌、自然景观、产业结构、民俗文化等因素，各地相继完成县域美丽乡村建设规划、历史文化村落保护利用规划、农村生活污水治理规划，细化美丽乡村精品村规划、特色文化村落保护利用和历史文化点实施方案等专规，形成覆盖县、乡、村三级美丽乡村建设规划体系。全市 12 个县（市、区）全部完成县域美丽乡村建设规划编制（修订），明确了建设主题、重要节点、建设时序及保障措施。永嘉县“山水灵韵、桃源楠溪”，文成县“刘基故里、秀美乡村”，洞头县“桃源洞头、风情渔村”等创建主题，成为指导建设和宣传推介美丽乡村的金字招牌。充分发挥温州山、海、江、河、湖、岛、平原兼具特色，积极探索村庄整体风貌下的农房单体设计，既注重农房单体的个性特色，更注重村居整体的错落有致，有序构建村庄院落、住宅组团等空间，着力探索形成“瓯派民居”新范式。培育出以瑞安陈岙村为代表的“高端引领型”，以苍南桃湖村为代表的“普遍推广型”，以永嘉苍坡村为代表的“保护利用型”，以洞头海霞村、文成武阳村为代表的“休闲旅游型”等美丽村庄建设典型。

二、精品创建，打造品位村庄

按照“全域精品化、沿线景观化、村庄景点化、庭院小品化”的要求，整体联动推进美丽乡村建设。各地挖掘生态特色，突出主题品牌，洞头区、永嘉县结合省美丽乡村示范县创建分别开展绿化、美化、彩化、香化、洁化、序化、亮化、文化等“八化”花园村庄建设和特色村头、休闲桥头、美丽田头、精致门头等“四头”村庄建设，“一村一品”“一村一景”“一村一韵”品位得到彰显。如苍南县矾山镇福德湾村荣膺联合国教科文组织亚太地区文化遗产保护奖，乐清市仙溪镇南阁村、永嘉县岩坦镇屿北村入选全国 100 个“最美古村落”，永嘉县岩坦镇苍坡村被评为“2016 美丽浙江——外国人眼中的最美乡村”12 强。

三、产业引领，发展美丽经济

产业富民是美丽乡村建设的立足点。坚持美丽乡村建设和经营并重，因地制宜地推进项目建设和产业发展，积极发展现代都市农业、农家乐（民宿）、农村电商等“美丽经济”新业态，切实增加农民收入。以农业“两区”为平台，引导工商资本投资农业，大力发展现代都市农业。因地制宜推进项目建设和产业发展，激发在外温商回乡投资、返乡农民创业，积极培育发展乡村休闲旅游，引导乡村特色民宿发展，培育出大罗山盘云谷、永嘉“墟里”“悦庭楠舍”等民宿品牌，带动农村产业转型发展。

四、文化引领，传承瓯越文明

人文提升是美丽乡村建设的内在需求，也是农村精神文明建设的主要内容。坚持以培育与践行社会主义核心价值观为根本，开展“道德模范”“温州好人”“最美温州人”等评选活动。成立“最美”公益基金，对道德模范给予物质奖励，激发农民群众的道德热情。评选表彰“最美家庭”，弘扬家庭文明新风尚。创新实施“温州新青年下乡”活动。通过结对，实现结对村农村文化礼堂全覆盖，在遏制陈规陋习、倡导文明新风等方面发挥了积极作用。加强农村文化礼堂、道德讲堂、乡村学校少年宫等阵地建设，推动道德教育、乡风乡愁进讲堂，礼仪礼节、文艺活动进礼堂，切实增强阵地影响力、引领力。深入实施“百村千处”历史文化村落工程。突出“历史文化”和“保护利用”，精心保护古村落的建筑形态、自然环境、传统风貌以及民俗风情，将历史文化村落培育成与现代文明有机结合的美丽乡村。

五、改革引领，激活发展活力

改革创新是美丽乡村建设的源动力。以全国农村改革试验区为平台，从农村产权制度改革入手，持之以恒抓农村综合改革，温州市连续出台了以农村改革为主题的市委一号文件，全力推进农村股改、地改、金改等一系列农村综合改革，有效激活了农村发展活力，有力地促进了美丽乡村建设。2015年，全国人大常委会正式授权乐清、瑞安为全国农民住房财产权抵押试点。建成农村产权交易市场，成功开展民营资本参与县级农村产权交易平台建设试点。全面深化“三位一体”农村合作体系建设，通过“户转场、场入社、社联合”，创新发展生产、供销、信用“三位一体”农村合作组织。实施“互联网+扶贫”模式，建立全国首个具有网上“一对一”帮扶功能的互联网扶贫平台，开展“百会（企）结百村”精准扶贫、光伏扶贫等创新举措，为低收入农户注入了新的增收动力。

这些年来，温州市委、市政府根据新形势、新情况，因地制宜地不断采取新举措、建立新机制，立足资源优势，激活内生动力，挖掘发展潜力，大力推进经济薄弱村转化，加强村级党组织建设、农村精神文明建设和农村社会秩序建设，持续深入打好固本强基“组合拳”，推进农村治理体系和治理能力现代化。按照“绿水青山就是金山银山”的发展理念，坚持保护与开发并重，因地制宜，突出特色，走生态循环的可持续之路，积极探索欠发达山区农村集体经济经营体制机制创新，取得一定的成效，涌现出一批好的做法、好的模式、好的经验。

乐 清

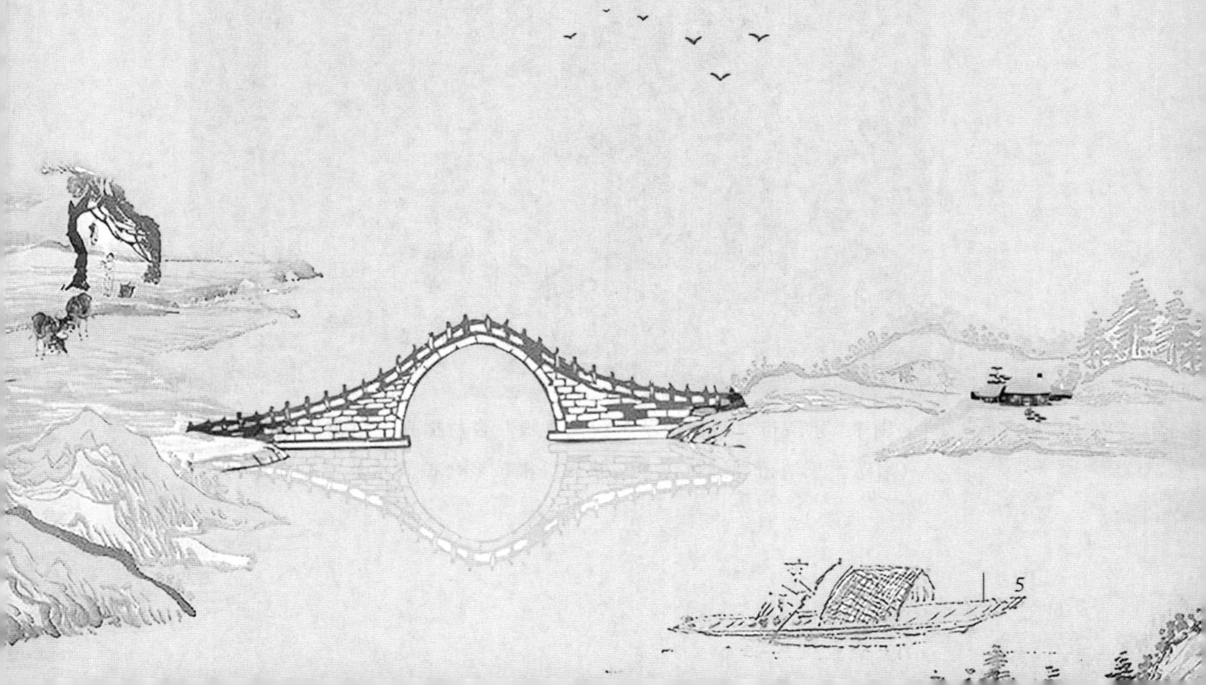

乐清市乡村振兴示范带建设情况

一、“红色传承·状元寻根”乡村振兴示范带

1. 基本概况

乐清市乡村振兴示范带位于乐清市中西部，全长约 38 千米，规划范围包括淡溪镇、岭底乡共 19 个村，重点景观提升的 7 个村落为梅溪村、黄塘村、寺西村、仰后村、张庄村、泽基村、湖上垟村（图 1）。

图 1　乐清市“红色传承·状元寻根”乡村振兴示范带规划范围

（来源：乐清市“红色传承·状元寻根”乡村振兴示范带提升规划）

示范带经过雁楠公路向西延长线、卓龙线向西延长线（规划）、X017县道、珍上线等主要道路，有机串连“石斛通宝·康养大荆”“雁山溪谷·秀丽田园”“香馥田园·休闲文化”3条示范带，构成乐清中北部乡村振兴示范带的大环线。

示范带规划区域内，拥有着源远流长的历史文化，为示范带建设奠定了良好的基础。岭底乡被称为乐清“井冈山”，是革命武装队伍——永乐总队的诞生地，也是其创始人之一周丕振的出生地，拥有着永乐人民抗日自卫游击总队纪念馆、周丕振故居等红色文化资源。淡溪镇梅溪村，南宋爱国名臣王十朋诞生于此，他少年时期就立下忠心报国的志向，状元及第后，勤政爱民，一生留下众多脍炙人口的诗文、轶事、典故等，对后世有着深远的影响。黄塘村、江岙村等村存有多处明清古建筑，其中黄塘村中存有保护较好的明清八大古建筑，被评为省级历史文化名村。这里的民间技艺独具特色，淡溪杨梅干制作技艺、乐清酱油制作技艺被列入温州市非物质文化遗产名录，淡溪筷子笼制作技艺、乐清瓦头锦制作技艺、岭底屿山粉皮面制作技艺等被列入乐清市非物质文化遗产名录。

示范带规划区域内以杨梅、蓝莓、枇杷为特色农业产业，其中“淡溪东魁杨梅”市场占有量较高，杨梅产业链健全，综合效益高。姜山、上岙两处当地水果加工基地产值高、附加效益高。示范带沿线以“王十朋故里景区”为核心的状元文化旅游在国内小有名气，获评国家AAA级旅游景区。泽基村则以革命根据地名闻浙南，是乐清重要的爱国主义教育基地。

2. 总体定位和发展目标

（1）总体定位　全力贯彻社会主义核心价值观，按照乡村振兴战略总体要求，围绕“红色传承·状元寻根”主题定位，打造集文化体验、研学旅游、运动拓展、养生度假等功能于一体的乡村振兴示范带。“红色传承”要提炼出契合时代与现代需要的红色精神价值，进行弘扬与传承，让中华儿女尤其是青少年不忘初心，牢记历史，增强民族自尊心与自豪感。“状元寻根”要寻求、探索状元文化，凝聚形成独特的王十朋文化价值导向，丰富中国传统文化内涵，传递正能量。

（2）发展目标　立足于现状特色产业、生态基底、文化底蕴等资源，以耕读文化（状元寻根）、红色教育（红色传承）两大方向为指引，建设成为温州市爱国主义教育基地、浙南生态文化旅游目的地、浙江省乡村振兴示范带样板。

3. 总体布局

（1）产业发展布局　依托现状产业基础，结合乡村振兴总体要求，构建“两心两片”产业发展布局，并规划重点主题产业项目（图 2）。

图 2　乐清市“红色传承 · 状元寻根”示范带产业发展布局

（来源：乐清市“红色传承 · 状元寻根”乡村振兴示范带提升规划）

“两心”指以泽基村为核心的“红色教育中心”和以梅溪村为核心的“耕读文化中心”。“两片”指围绕“两心”向周边辐射，形成的“红色教育片区”和“耕读文化片区”。

红色教育中心发展“红色＋”产业模式，重点打造红色教育产业项目，主要项目有泽基红色纪念馆、红色学校、张庄文化街、蓝莓园。红色教育片区以红色文化为动力引擎、红色教育为中心，通过多层次的红色文化体验，带动红色教育片旅游、运动、餐饮、商贸等产业发展，通过红色文化与乡村、生态、当地民俗等有机交融来铸就独特的多元互补产业模式，打造新型红色文化产业体系。重点项目有红色人家、农产品展销中心、岭底农副产品开发基地、拾光里漂流、湖上垟休闲养生基地、茅盖滑雪场、恐龙主题休闲园。

耕读文化中心以王十朋状元文化为主线，打造一批文化教育与体验、创意农业等特色产品，推动耕读文化与旅游、农业、餐饮等产业深度融合，重点项目有王十朋故里、梅溪草堂、梅溪状元文化村、耕读文化体验园、耕读人家（农家乐集群）。耕读文化片区配套耕读文化中心发展农产品加工产业、乡村旅游产业、滨水休闲观光产业等，多角度开发耕读文化体验产品。重点项目有黄塘省级历史文化名村、姜山杨梅加工园、“四都慢溪”慢行系统。

（2）景观布局结构　整体形成“两带五组团”的景观结构（图 3）。示范带北段为“红色教育带”，示范带南段为“耕读文化带”，沿示范带依次分布素拓组团、展示组团、传家组团、状元组团、勤学组团共 5 个组团。

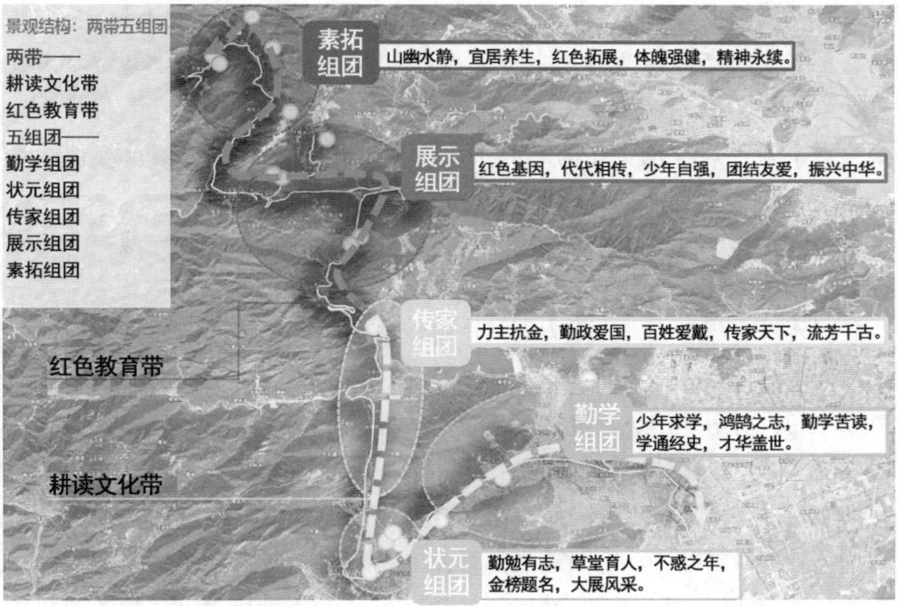

图 3　乐清市“红色传承·状元寻根”乡村振兴示范带景观布局结构

（来源：乐清市“红色传承·状元寻根”乡村振兴示范带提升规划）

素拓组团和展示组团位于红色教育带内。素拓组团主要包括湖上垟村，以“山幽水静，宜居养生，红色拓展，体魄强健，精神永续”为口号；展示组团主要包括泽基村、张庄村、仰后村、上岙村等，倡导“红色基因，代代相传，少年自强，团结友爱，振兴中华”。传家组团、状元组团、勤学组团位于耕读文化带内。传家组团以“力主抗金，勤政爱民，百姓爱戴，传家天下，流芳千古”为精神内核，主要包括珠璋村、兴城村、岭脚村等。勤学组团重点展示“少年求学，鸿鹄之志，勤学苦读，学通经史，才华盖世”，主要包括黄塘村、寺西村等；状元组团主要包括梅溪村，重点展示“勤勉有志，草堂育人，不惑之年，金榜题名，大展风采”。

（3）景观项目布点　依托现状，结合乡村振兴总体要求，构建两大片区主题景观格局，并规划重点主题景观项目。

红色教育片区以“红耕记”为主题，共布置红色传承、红岩志士、琳琅天街、红情欢送等4个重点主题景观项目。“红色传承”对泽基管理服务中心做整改设计，设置生态停车场、具有红色文化的景墙和门头，在场地配套服务管理房。“红岩志士”对张庄村入口沿道路一侧景观进行提升，裸露的自然岩石壁上设置以红旗、红星、飘带、革命浮雕、标语为组成要素的主题文化景观，并丰富道路绿化的季相变化。“琳琅天街”位于张庄村内部，将村庄道路沿线的景观天桥改造为城墙造型，以红色胶卷形式展现文化景观，设置以飘带、红旗为构景元素的宣传栏，并增加立体绿化。“红情欢送”位于本条精品线最终端，作为红色文化的最终点，设立欢送点情景雕塑墙及红情欢送标识物。

耕读文化片区以“红耕寄”为主题，共布置名仕遗风、状元故里、梅溪草堂、书香田园、状元寻根等8个重点主题景观项目。提取状元服饰、书籍、名人典故、农耕文化等元素，作为主题景观项目的特色体现。例如，“名仕遗风”对缺乏村庄自身文化特色的丁岙村入口标志进行提升，在原有村标基础上，设置竹简小品、剪影雕塑，并重整道路绿化。“状元故里”充分利用虹三线道路沿线较好的区域位置优势，以竹元素作为主要设计构思，通过竹竿、竹简、竹叶等元素展现古代文人风雅的一面，在已有基底上设置标志性景观。“梅溪草堂”在梅溪草堂现状基础上，对绿地内部道路和绿化进行提升，提供游客可休憩空间，同时结合状元文化主题，设置“礼学”小品、竹简小品、勤学苦读雕塑小品等景观。“书香田园”项目围绕现有耕地及周边空间，将农耕文化、人文自然和科普教育融为一体，打造集文化宣传、体验、科普、娱乐等功能于一体的杨川村滨水耕读文化主题园（图4）。“状元寻根”主要对位于淡溪镇龙兴路段的示范带入口景观进行提升，以状元帽、竹简为主要构景元素，增设入口标志性景观，并设置勤学苦读、状元及第、勤政传家主题景墙，进行绿化景观提升。

二、“雁山溪谷·秀丽田园”乡村振兴示范带

1. 基本概况

“雁山溪谷·秀丽田园”乡村振兴示范带位于乐清北部，全长约23千米，规划范围包括大荆镇、雁荡镇、芙蓉镇的17个村，重点景观提升的6个村落

图 4 杨川村滨水耕读文化主题园效果图
（来源：乐清市“红色传承·状元寻根”乡村振兴示范带提升规划）

为下山头村、松垟村、筋竹村、麦西村、包宅村、西塍村（图 5）。

示范带西北与 4A 级雁荡山景区紧邻，东南靠近沈海高速，与雁荡高速收费站、雁荡山火车站直线距离分别仅 1 千米、1.5 千米，且线路与部分 G104 国道和雁楠公路重合，可通乐清境内各地，以及永嘉、温岭、温州等地。通过雁楠公路向西延长线、卓龙线向西延长线（规划）、X017 县道、珍上线等主要道路，有机串连“石斛通宝·康养大荆”“红色传承·状元寻根”“香馥田园·休闲文化”3 条示范带，形成乐清中北部乡村振兴示范带的大环线。

示范带沿线生态环境优美，山林环绕，属于雁荡山山脉，沿线分布大荆溪、筋竹涧、黄金溪等水体，风景秀丽。G104 国道与雁楠公路交会处和茶塘至包宅段，集中的农田呈块状分布，展现着美丽的田园风光。

示范带规划区域内拥有一批古迹遗址和历史建筑，见证了历史的沧桑。雁荡、芙蓉作为雁荡山景区的东大门与南大门，古时游人多取道此处，至今部分古驿道保存完好，白箬岭背有宋代过境驿路“浙闽通衢”石刻，并留存着蔡湖南墓、小岙村城墙等古迹遗址，以及茶塘村张氏宗祠、孔照鑫故居、

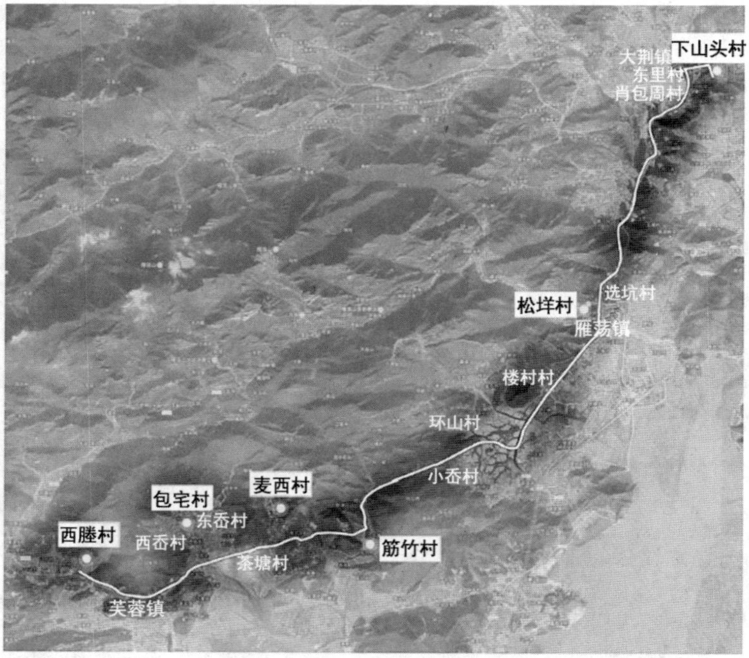

图 5　乐清市“雁山溪谷·秀丽田园”乡村振兴示范带规划范围

（来源：乐清市“雁山溪谷·秀丽田园”乡村振兴示范带提升规划）

筋竹村碉楼（省文物保护单位）、包宅村包哲宝民居等历史建筑。

大荆、雁荡、芙蓉的奇秀风光引人入胜，历代许多名人骚客曾留下传世佳作。这里人才辈出，南宋时有进士一名，清代出了多名武举人，还有在不同历史时期，各行各业涌现出的许多名家高手和杰出人才。民间技艺丰富多彩，世代传承，其中温州参龙、乐清撞歌被列入浙江省非物质文化遗产名录，芙蓉抛歌、芙蓉麦饼等被列入温州市非物质文化遗产名录，芙蓉柴爿码记数法、雁荡珐琅铂金画等被列入乐清市非物质文化遗产名录。

铁皮石斛是示范带特色产业与支柱产业，主要集中于大荆镇下山头村，其中，浙江聚优品生物科技股份有限公司以铁皮石斛产业为重要开发主体，以点带面带动了周边多个村庄。“雁荡山铁皮石斛”获国家农产品地理标志认证，成为乐清首个获国家农产品地理标志认证的农业品牌。示范带所涉及的大荆、雁荡、芙蓉 3 个镇旅游资源丰富，旅游产业基础良好，主要以乡村旅游、主题民宿、休闲农业、创意农业为主，其中筋竹涧农业观光园（国家 3A 级景区）、松垟 3A 级景村、雁南左舍较为有名。

2. 总体定位和发展目标

（1）总体定位　依托铁皮石斛产业辐射带动作用和特色休闲旅游产业，充分利用示范带生态资源和待开发区块，按照乡村振兴战略总体要求，围绕“雁山溪谷·秀丽田园”主题定位，打造集产业示范、休闲观光、创意农业、休闲运动、养生度假、乡村旅游等功能于一体的乡村振兴示范带。

（2）发展目标　抓住示范带主导产业与重点建设内容，通过雁南飞系列景观节点打造，树立“雁山稻梦”主题形象，构建“生态农业为基底、康体养生为特色、乡村休闲为补充”的产业产品体系，立足乐清，誉享浙江，逐步将示范带打造成为浙南休闲养生旅游目的地、浙江省乡村振兴示范带样板、中国铁皮石斛生产示范基地。

3. 总体布局

（1）产业发展布局　依托现状产业基础，结合乡村振兴总体要求，构建“一心四园”产业格局，“一心”指旅游综合服务中心，“四园”指石斛田园综合体、雁山稻梦主题园、休闲农业示范园、乡奢民宿精品园（图 6）。

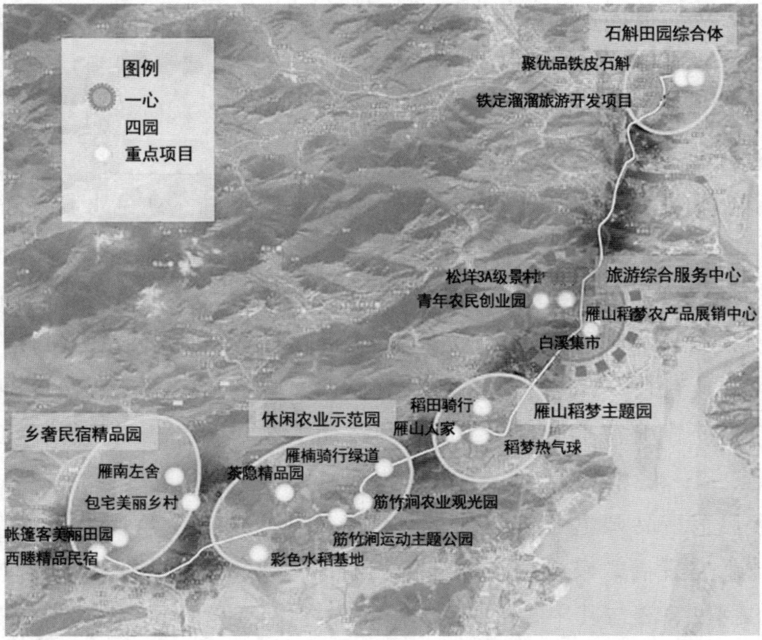

图 6　乐清市“雁山溪谷·秀丽田园”乡村振兴示范带产业发展布局

（来源：乐清市“雁山溪谷·秀丽田园”乡村振兴示范带提升规划）

旅游综合服务中心主要包括选坑、松垟、白溪街等村，作为示范带的核心旅游配套产业区块，同时服务于雁荡山景区。通过小城镇综合整治、美丽庭院建设、道路景观提升等项目以及一批新建设的项目，在完善“吃、住、行、游、购、娱”传统旅游要素配套产业的基础上，加快向“商、养、学、闲、情、奇”新业态迈进，促进旅游提档升级。重点项目有：松垟3A级景村、白溪集市、青年农民创业园、雁山稻梦农产品展销中心。

石斛田园综合体主要包括下山头、东里等村。发展“铁皮石斛+”产业模式，促进传统产业与新经济模式充分“嫁接、契合、互融”，构建形成多链条、高融合的新型产业生态圈，以线串点、以点带面辐射带动周边桐阳、石坦山村等多个村庄，建设集吃、住、行、游、购、娱为一体的休闲乐园和产业基地，通过各种行政与技术手段，构建集循环农业、创意农业、农事体验、大数据应用和产业科技研究于一体的田园综合体。重点项目有：聚优品铁皮石斛产业园、铁定溜溜旅游开发项目。

雁山稻梦主题园主要包括楼村、环山、小岙等村。采用产业集群发展模式，以土地入股、土地托管、代耕代种等新型生产合作方式，引导新型经营主体因地制宜发展水稻油菜轮作、稻虾种养等成片种养模式，适度规模经营，减少要素投入，促进产业节本增效，提高农业综合效益。同时拓展水稻旅游功能，跨一进三，发展湿地休闲农业，植入稻田热气球、稻田自行车等项目，配套环山农庄、小岙农家乐等餐饮产业。重点项目有：稻梦热气球、雁山人家、稻田骑行。

休闲农业示范园主要包括筋竹、麦西、包宅等村。立足水稻、茶叶、猕猴桃等基础产业，“融”字当头，集聚提升并拓展生态立体循环农业、创意农业、乡村文化产业等多方农业相关产业，加大政府政策支持力度，加快构建新型休闲农业经营体系，集中打造一批美丽田园、休闲农业观光园、乡村休闲等休闲农业特色产品，推动农业与旅游、文化、运动等产业深度融合。重点项目有：筋竹涧农业观光园、筋竹涧运动主题公园、雁楠骑行绿道、彩色水稻基地、茶·隐精品园。

乡奢民宿精品园主要包括包宅、西塍等村。从三个角度打造民宿产业，一是创新思路发展，以投融资方式吸引外来资本，积极组织政府、投资方、艺术家、村民等参与其中，进行思想碰撞，创新经营模式，打造“一民宿一主题”的特色品牌；二是与村庄、农业观光园、古道等联动发展，丰富民宿业态，同时融入当地文化，提高民宿产品附加值；三是借助互联网搭建民宿网络平台，既加强民宿营销传播，提高民宿知名度，又为游客提供更多的选择。重点项目有：雁南左舍、包宅美丽乡村、帐篷客美丽田园、西塍精品民宿。

（2）景观布局结构　景观布局总体上分为 3 个主题段打造，即康养休闲景观段、雁荡人文景观段、田园运动景观段，依托产业基础，以雁荡山为背景，以稻田为景观基底，以大雁作为贯穿全线的景观元素，分段打造以“雁山稻梦”为主题形象的乡村振兴景观带（图 7）。

图 7　乐清市“雁山溪谷 · 秀丽田园”乡村振兴示范带景观布局结构

（来源：乐清市“雁山溪谷 · 秀丽田园”乡村振兴示范带提升规划）

康养休闲景观段从下山头村到选坑村段，以铁皮石斛种植为主，目前休闲产业已初具雏形。依托大型铁皮石斛种植基地，在中药材种植的基础上，未来发展田园康养休闲，推动产业融合，改善村容村貌，提升村民收入。G104 国道沿线部分山体设计彩色林带，丰富沿线景观的季相变化。对景观段内场地环境、景观绿化进行提升，增设标志性景观构筑物，提取大雁、山峦、石斛等元素，结合“康养大荆”和“中国铁皮石斛之乡”，突出良好的山水环境与产业特征。重点对下山头村入口、康养大荆地标等景观节点进行设计提升。

田园运动景观段从楼村到西塍村段，分布了大片的农田，主要以传统农作物种植为主，兼小规模的茶叶、橘子、猕猴桃种植，目前有筋竹涧生态农业观光园和雁南左舍两个休闲产业项目。雁楠公路素有“浙江省最美公路”之称，吸引了大批骑行爱好者，未来以田园运动休闲为主导方向，通过吸引运动爱好者来促进消费，积极推动产业升级，带动村庄发展。重点对“雁山稻梦”美丽田园、环山稻香驿站、筋竹涧运动驿站、茶塘红色驿站、雁南飞·雁憩溪涧节点、雁南飞·雁山稻梦节点、雁南飞·竹涧嬉水节点、雁南飞·雁湖归宿节点等进行景观提升。

三、“花果飘香·滨海田园”乡村振兴示范带

1. 基本概况

“花果飘香·滨海田园”乡村振兴示范带是乐清市2019年“4＋1＋1”乡村振兴示范带之一，立足于清江镇山海共济的自然环境、花果水产丰富的农业特色，以产业振兴为目标进行打造，全长约7千米，南起北塘村，西至江沿村，沿途覆盖7个行政村（图8）。

图8　乐清市“花果飘香·滨海田园”乡村振兴示范带规划范围
（来源：乐清市“花果飘香·滨海田园”乡村振兴示范带规划方案）

清江镇位于乐清市中部雁荡山麓，贯穿境内的清江是乐清市第一大河流。清江镇北邻雁荡，南接虹桥平原，东临乐清湾，西靠芙蓉，G104国道、沈海

高速、甬台温铁路、乐清湾铁路、乐清湾疏港公路等交通干道穿境而过，交通便利，区位优势明显。示范带有机串连“趣味乡情·康体运动”“红色传承·状元寻根”“千年渔镇·港上田歌”3条示范带，形成乐清中部乡村振兴示范带的大环线。

示范带规划区域靠山面海，境内河道纵横，良田万亩，拥有得天独厚的自然资源，且人文底蕴深厚，农耕文化、海涂文化、餐饮文化、节度文化形成了鲜明的地方特色。

示范带内农业生产优势明显。江沿村拥有数百年水果李种植历史，种植的品种清江李（俗称江沿李），是乐清主要盛夏名果之一，村后山李花谷中连片规模种植的李花，成为当地特色农业景观。渡头村引种选育成功的清江花椰菜，是浙江省名优品种。北塘村是温州市著名的“草莓村”，北塘果蔬专业合作社选育的草莓品种，曾获中国精品草莓擂台赛金奖。位于棉花塘村的乐清市联宇葡萄研究所，致力于葡萄育种多年，成功选育、推广出多个优质葡萄品种，所长金联宇获得“北绍星南联宇”的美誉。

清江的海涂文化中，以清江号子、海涂养殖技术、清江海涂船为代表。在餐饮文化方面，清江有远近驰名的清江三鲜面，也有独具特色的糟制海鲜、清江米豆腐、清江麻糍、清江锡饼等地方小吃。在节度文化方面，这里有春季开展的李花节、端午节庆时表演的民间舞蹈清江打莲湘、渡头村的节庆舞龙等。

示范带内拥有较好的水果、水产产业基础。乐清市北塘果蔬专业合作社的北塘现代农业示范园区入选种植业“五园创建”省级示范基地，其草莓生产屡获金奖，还种植了火龙果、葡萄、柑橘、猕猴桃等多种作物。乐清市联宇葡萄研究所是一家集葡萄育种、栽培技术研究、种苗繁育推广、葡萄生产开发、为果农提供技术服务为一体的民营科技型企业，先后荣获国家级科普示范基地、浙江省农技推广示范基地等称号。乐清市万乐水果专业合作社，主要从事水果、水稻种植及初加工、销售，获评浙江省出口农产品生产示范基地、种植业“五园创建”省级示范基地，其无核瓯柑种植规模居温州市之首。乐清湾具备良好的海水养殖条件，清江镇特产牡蛎、泥蚶，被称为“中国牡蛎之乡”“中国泥蚶之乡”，拥有成熟的海涂养殖技术，水产是传统产业之一。

2. 主题定位和创建策略

（1）主题定位　以自然与人文资源为骨架，从生态景观环境提升入手，引入文旅、农旅发展新概念，打造“花果飘香·滨海田园”为主题的乡村振兴示范带。

（2）创建策略　按照2018年中央一号文件提出的“产业兴旺、生态宜居、乡风文明、治理有效、生活富裕”20字要求实施创建策略，实现乡村振兴。通过一二三产融合发展、培养行业龙头企业、创建农业特色品牌、建设展示展销中心推动产业兴旺；通过治理山水林田系统、打造样板示范村庄、旅游厕所生态革命、传播垃圾分类思想实现生态宜居；通过建设文化礼堂、发展民俗文化、倡导崇俭尚德提升乡风文明；通过党建引领示范、创建善治乡村、建设文明城镇实现治理有效；通过合作社＋富民增收、户户帮扶精准扶贫促进生活富裕。

3. 产业兴旺亮点项目

产业兴旺亮点项目共有5个，其中4个属于产业类项目，分别为：北塘现代农业园、联宇葡萄基地、水产育苗保护基地、万乐柑橘基地；1个属于景观类项目，即江沿旅游特色村（图9）。

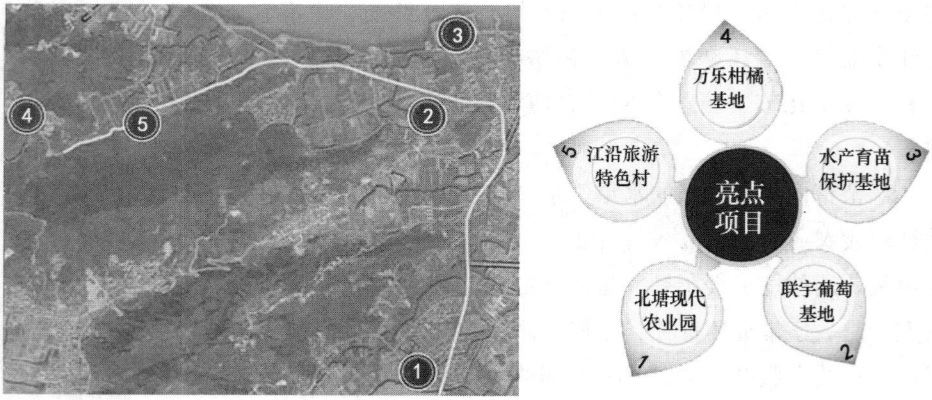

图9　产业兴旺亮点项目分布示意图

（来源：《乐清市“花果飘香·滨海田园”乡村振兴示范带规划方案》）

（1）北塘现代农业园　北塘现代农业园规划面积100多公顷，是一家以农事采摘为主，同时发展摄影采风、休闲度假、餐饮住宿等产业的生态农业综合园，采用“龙头企业带领+村民合作社入股+政府配套”的模式，以山顶民宿、摄影基地、花卉基地、生态餐厅等集体富农项目为示范引领，建设清江现代农业发展的示范区。

重点进行农业园入口形象提升和花卉基地打造。提炼“草莓叶”脉络，构筑形象大门，营造农业园富有标志性的入口形象，同时进行大门周边植物景观改造提升。以“浪漫、爱情、生态”为主题建设花卉基地，用一朵玫瑰花脉络描绘整片花卉基地的形状，打造浪漫天堂、摄影胜地（图 10）。

图 10　北塘现代农业园花卉基地规划平面图

（来源：乐清市“花果飘香·滨海田园”乡村振兴示范带规划方案）

（2）联宇葡萄基地　联宇葡萄基地规划面积 20 多公顷，采用“企业投资＋政府配套”的开发模式，发展第二产业，提升基地档次，充分发挥其优厚的科研技术基础，建设技术交流中心大楼，促进科普惠农兴村，加强品牌宣传，拓展基地规模，打造成为农业品牌产业示范基地。

提炼葡萄元素，融入基地景观，凸显基地特色。重点提升基地入口形象，以葡萄叶、葡萄果实、葡萄枝条为景观元素，建设生动的基地形象大门，基地入口处以葡萄廊架形成富有园区特色的景观。

（3）水产育苗保护基地　水产育苗保护基地位于棉花塘村，依托于浙江省海洋水产养殖研究所清江基地，以国企投资的模式进行开发。项目重点从提升水产研究所基地形象、建设海洋生物科普馆入手，以达到传播海洋生物科学知识，发展清江科教旅游的目的。

（4）万乐柑橘基地　万乐柑橘基地位于江沿村，规划面积30多公顷，是一家集种植、加工、销售、观光、研发为一体的综合采摘园。采用“合作社＋政府配套”的开发模式，以智慧农业为亮点，建立农业大数据体系，实现标准生产、农业物流、食品安全、农资管控的精准化，发展电子商务，建设智能园区，打造品质农业、品牌农业、互联网农业。

（5）江沿旅游特色村　江沿旅游特色村采用“村民集资＋政府扶持”的模式，依托李花谷景区，以“景区依托、林业立村、生态富村、旅游活村”的思路打造旅游特色村，营造“静下心来，亲近自然，感受村野，享受生活”的休闲氛围。

重点提升李花谷入口节点，进行山体工程防护与生态化处理，梳理场地，铺设地面铺装，提升绿化景观，保持山谷生态性，并设置李花谷标识，提升入口景观。以“质朴乡情”为主题，通过建筑立面改造和环境整治，大力发展江沿乡村民宿、农家乐旅游，盘活闲置农房，使之成为节假日疗养的休闲胜地。

4. 生态宜居主要项目

生态宜居项目重点建设清江文化公园，项目范围涉及三塘村、棉花塘村、渡头村，通过景观提升，重拾清江镇文化底蕴，打造一个富有文化特色、时代特色的休闲性城市后花园，共同描绘具有“高颜值、生活味、文化性、幸福感”的乡镇公园美好画卷。

5. 其他建设提升项目

在产业发展方面，规划由政府投资开展旅游集散中心、清江老街项目建设，由村民集资开展花椰菜基地、桃林仙境、亲子迷乐园、水产养殖基地等项目建设，由村民投资＋政府配套开展农创耕读文化园项目建设，并通过招商引资开展在水一方·海涂乐园、临水山居度假区等项目建设。

在生态宜居建设方面，规划开展三塘口袋公园、紫珠广场、靖江体育公园、清江公园、金鸡山矿坑改造等一系列公园绿地建设，同时开展谢屏村村庄整体提升、北塘美丽乡村样板村建设，并对示范带沿线进行一系列整治，包括沿线道路景观提升、美丽田园项目打造、水系驳岸提升、山体整治修复、沿线建筑立面改造及沿线美丽庭院打造。

在乡风文明构建方面，以靖江文化礼堂、江沿文化大院、清江渡茶楼建设为载体，保护文化资源，继承生活美德，丰富精神文明。

在有效治理创建方面，要建设党建特色品牌，走好乡村善治之路。通过党建示范引领，实现双带融合；依托4个平台，建设平安乡村；强化组织建设，创建善治示范。根据各村实际，采用不同的治理方法，江沿村以“党建＋乡村旅游”的模式开展村庄治理，清江镇建设文明城镇、平安乡村，北塘村建设成浙江省善治示范村。

文旅结合促产业，状元文化现亮点

——记乐清市淡溪镇梅溪村

一、村庄发展概况

梅溪村位于乐清市淡溪镇，地处乐清市的中西部，是南宋状元王十朋的故乡，也是“红色传承·状元寻根”乡村振兴示范带上的重点建设村庄之一。村庄南接双尖凤村，北连丁岙山，东靠杨川村，西邻梅岙村，距乐清蒲岐高速出口 15 千米，距乐清绅坊动车站仅 5 千米，虹三线、白岭线等道路从村中经过，交通较为便利。梅溪村是王十朋故里景区所在地，是灵山景区、北雁荡山景区与中雁荡山景区的重要连接带，且周边有黄塘历史文化名村、天露谷景区等景观，旅游资源丰富。

但早年的梅溪村，人均耕地只有 3 分，村民们为了增加收入，大多开展家畜、家禽饲养，畜禽粪便污染严重，不仅空气难闻，影响村庄环境，且畜禽市场价格波动较大也导致村民收入不高、不稳。

为了提高村民生活质量、发展特色旅游、壮大村集体经济，梅溪村积极开展“无违建村”创建，全力投入浙江省农房改造示范村打造和美丽乡村特色精品村建设，全面整治村庄环境。为改变生活垃圾随意堆放的现状，2016 年，梅溪村开始探索农村生活垃圾分类处理的途径，经过多年努力，极大提升了村庄卫生环境，村里各条主要道路整洁干净，垃圾资源化利用也为村民们带来了实实在在的好处，其成功的做法被央视《焦点访谈》作为农村垃圾处理进行典型报道。整治村庄环境，促进了旅游业发展，游客增多，村集体收入也相应增加了不少。

梅溪村充分利用状元文化的深厚积淀，在村内建设了梅溪草堂、王十朋纪念馆、孝感井、状元手植樟等景点，王十朋传说、“打大猫”走街民俗分别被列入浙江省非物质文化遗产名录和温州市非物质文化遗产名录。2016 年梅溪村推出“状元小镇”建设项目，深入挖掘和弘扬状元精神，着力打造“状元”主题文化旅游圈，新建的荷博园景点成为乐清赏荷首选之地。借助文化礼堂平台，多次举办荷花节、状元宴、汉服秀、国学讲堂、开笔仪式、书画交流展等各类乡村节庆活动，打响状元文化品牌。

同时，梅溪村还十分注重乡风文明建设，将移风易俗写入村规民约，着力激活优秀传统文化中的正能量，通过美丽经济这一强村富民的新兴渠道，主动引进活动、创新活动、自创活动，做精、做强梅溪文化礼堂，为村民打造精神家园。

多年努力之下，梅溪村美丽乡村建设成绩斐然，获得国家 3A 级旅游景区，浙江省美丽乡村特色精品村、全面小康建设示范村、特色旅游村、历史文化名村、党风廉政建设示范村、文明村、民主法治村、生态文明教育基地，温州市文明村、“五美”乡村、千百工程、村庄整治合格村、全面小康建设示范村、爱国主义教育基地等荣誉。

二、具体做法与成效

1. 规划先行，科学有序做建设

梅溪村虽然拥有较好的区位条件、景观条件、社会经济条件和文化资源条件，但也存在着景点之间未能串点成线、旅游配套设施有较大缺口、旅游业态较为单一、乡村功能区块有待完善、村容乡貌尚需提升等问题。

为了更加科学有序、富有实效地建设美丽乡村，梅溪村请来杭州的设计公司，精心制定美丽乡村规划，分层次、有重点地逐年开展建设。重点从 4 个方面入手：①深挖状元文化，加强文化品牌输出；②构建完善的旅游产品体系，创建设施齐全、功能完善的旅游景区；③加强山水资源保护，完善村庄空间布局；④进一步提升村庄环境品质，打造美丽乡村精品示范村。

通过梳理和重塑山、水、田、村落肌理为特色的乡村风光，深入挖掘状元文化特色载体，引导当地传统建筑风貌的传承与提升，打造看得见山水、留得住历史的现代状元故里，以文化休闲与产业人群的回归和导入，培育高品质的乡村生活家园，实现“品文化、归田园、养身心”的规划愿景，建设生态梅溪、品质梅溪、文化梅溪。

采用“以产业为引领，以生态为背景，以文化为支撑，以旅游为契机，遵循自然生态秩序，发展美丽经济”的模式，梅溪村通过“村庄环境整治、全程快乐的旅游热度、三大产业的支撑力度、文化体系的本土厚度”的4项提升，实现“家园变公园、乡道变绿道、田园变农园、山谷变归谷”的4项转变。坚持农业生产产业化，力求村庄“创业增收，生活美”；坚持乡村规划设计智慧化，力求村庄“规划科学，智慧美”；坚持传统乡村生活特色化，力求村庄“乡风文明，道德美”；坚持田园环境提升常态化，力求“村庄整洁，环境美”。

产业发展方面，以铁皮石斛、杨梅生态农业种植为基础，以状元文化游、休闲农业游为核心，适度发展农产品加工，促进一二三产业高度融合的全新业态发展。一是构建以农业全产业链为标志的可持续的乡村产业体系；二是采用“互联网+”创新产业模式，主动适应经济发展新常态；三是以文化内涵彰显乡村特色。乡村功能形成“一心两轴四片”的结构（图1）。

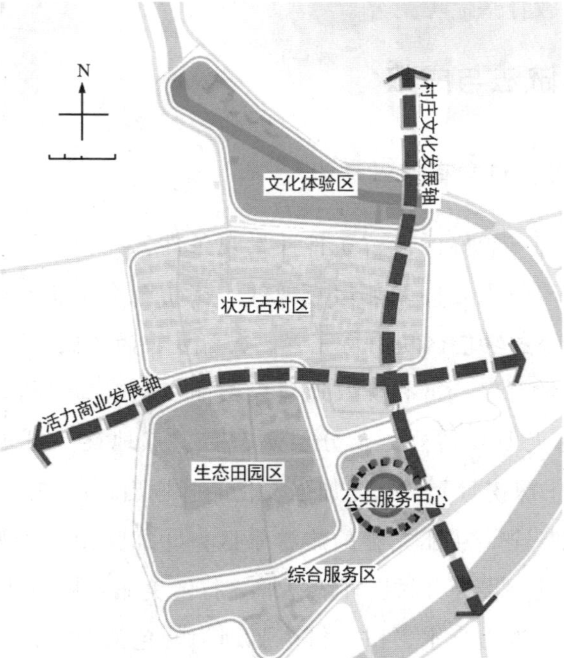

图1　梅溪村功能结构规划图

（来源：乐清市淡溪镇梅溪村美丽乡村规划）

“一心”指村民服务中心、旅游服务中心、公共停车场等形成的村庄公共服务中心，位于村庄主入口处，能更好满足村民实际需求、为游客提供综合服务。“两轴”呈一横一纵分布，纵轴是进入村庄的主要通道，该轴途经旅游服务中心、龙王庙、梅溪草堂、王十朋纪念馆，至凤凰山登山步道，是一条体现村庄文化风貌的轴线；横轴作为村庄未来产业发展的主轴线，途经荷博园、砚池路商业民俗风情街、王十朋故居、王氏祠堂等，是一条展现村庄活力的发展轴线。“四片”包括综合服务区、生态田园区、状元古村区、文化体验区，分别侧重于村庄公共服务功能、以荷博园为核心的生态体验功能、生活居住功能、以王十朋纪念馆等为主要内容的文化体验功能。

在规划的指导下，梅溪村有序开展美丽乡村建设，一步一步朝着理想的目标迈进(图 2)。

图 2　梅溪村美丽乡村规划鸟瞰图

(来源：乐清市淡溪镇梅溪村美丽乡村规划)

2. 奖罚分明，垃圾分类显成效

在推行垃圾分类之前，梅溪村进行了充分的考察和探讨，先是向金华、衢州、新昌、武义等地几个浙江省垃圾分类做得最好的村取经，再根据本村的实际情况调整具体措施，由村“两委”多次会议商讨，制定出“积极引导、奖罚分明”的垃圾分类制度。

分类制度规定，若有村民未进行垃圾分类，发现一次警告一次。一年被警告3次以内（含3次）的住户，可以拿到500元/户的奖励，被警告超过3次将面临停水等处罚。一年内警告少于2次（不含2次）的住户，孩子可免费参加村里组织的古筝、绘画等暑期培训班，这项规定被称为“小手牵大手”，有了这个规定，孩子会主动监督家长进行垃圾分类。分类制度在全体村民代表大会上表决通过，并由每户一名代表签字同意，写入梅溪村村规民约。

分类制度的奖罚措施将根据村经济的发展情况，进行灵活调整。在分类制度实施前期，村集体的收入较少，对违反制度的村民主要通过警告、停水等形式约束；在村里成立的旅游开发公司开始运营、村民有分红之后，将考虑改用扣分红和发奖金的方式，奖金额会根据分红情况相应浮动。

梅溪村以一系列大面积宣传为制度的实施开道，请来乐清环卫部门的专家，召开全体村民代表大会，在大会上普及垃圾分类各项知识，让村民们意识到垃圾分类对村庄发展的重要意义。此外，还通过村干部挨家挨户发放宣传册，告知村民垃圾分类做法，来落实宣传。

政府补贴之外，村集体又投资了100多万元，按每30户一组的标准，设置数量合理的垃圾分类收集点和垃圾桶，在每个收集点张贴有关各类垃圾的介绍。购买1辆垃圾分类收集运输车，指定专人负责每天逐户分类收集垃圾，并打扫垃圾收集点周围的环境。为全村每户人家统一购置分类垃圾箱，设有“可堆肥厨余垃圾”和“其他垃圾”两格，鼓励村民分类投放垃圾。此外，还收购了一处农业设施用房，建成垃圾资源化处理中心。

梅溪村日均产生2吨生活垃圾，一年可产出700多吨，经村里的垃圾资源化处理中心加工成300多吨有机肥，用于村庄的农业种植，一年能节省购买化肥费用8万多元，多余的有机肥出售给其他农户，与此配套的污水处理设备还能将发酵垃圾产生的多余水分处理为“肥水”。

随着垃圾分类制度的推进，村民从起初觉得麻烦，到慢慢习惯并切身体会到垃圾分类的好处，全村95%以上住户做到了自己进行垃圾分类，5%上了年纪的或其他没有分类能力的村民，由专职监督员落实。地上见不到垃圾，环境整洁了，游客也增加了，梅溪村成为浙江省农村垃圾治理试点村，上了央视《焦点访谈》节目，成为农村垃圾分类减量化资源化处理的典型。梅溪村计划在条件成熟后，将垃圾分类进一步细化。

3. 文旅结合，状元文化现亮点

2014年，梅溪村“两委”推出“状元小镇”概念，总体思路是通过整合状元王十朋故里的文化资源，展现淡溪山水魅力，凸显民俗特色，建设融合乡村产业发展的新平台，将梅溪打造成一个文化旅游圈。循着这一思路的引领，梅溪村围绕“状元”主题，着力打造了王十朋纪念馆（图3）、梅溪草堂（图4）、荷博园（图5）等景点，并将文化礼堂建设融入景点建设中（图6）。

近年建设的精品旅游项目荷博园（又称廊桥风荷），也是廉政文化主题公园，计划打造成为集休闲赏花、农业采摘、亲子露营等于一体的综合绿色生态农业基地，利用荷花等水生植物的净化还可助力“五水共治”，如今二期已建成。荷博园占地150余亩，建成后荷花品种将超过100余种，荷池中点缀木亭和长廊，诗意盎然，成为乐清市夏季赏荷的首选之地。

图3　王十朋纪念馆（来源：自摄）

图4　梅溪草堂（来源：自摄）

图 5　荷博园（廊桥风荷）（来源：自摄）

图 6　王十朋故里景区导览图、梅溪文化礼堂布局图（来源：自摄）

梅溪村利用文化礼堂的平台，不定期举办一系列文化节庆活动，弘扬状元精神，深入挖掘状元文化品牌亮点，做足“状元”文章，成为乐清市的一处文化坐标。在梅溪草堂内不定期举办国学课程和文化活动，将梅溪草堂打造为乐清地域文化的集聚点。邀请专家学者举行纪念王十朋诞辰 900 周年活动，传承和发扬南宋大贤精神品格。淡溪镇和翁垟街道在王十朋纪念馆梅园开展“以梅会友，文化走亲”活动，既是温州市级社科基地王十朋纪念馆与省级社科基地翁垟南怀瑾故居之间的“基地走亲”，又是梅溪文化礼堂和翁垟曙光文化礼堂之间的“礼堂走亲”，同时还兼有淡溪镇文联和翁垟街道文联之间“文联走亲”。

通过节庆活动，梅溪村再现流传了 850 年的“拉大旗、打大猫”走街民俗活动，走街队伍穿街过巷，吸引了来自温州各地的游客约近三万人次。举办首届梅溪状元宴，状元王十朋衣锦还乡的场景还原、十二道各有故事的状元宴菜品让游客仿佛穿越到古代，活动吸引了 2 万名游客。

村里共有 16 间集体店铺，2014 年前一间店铺年租金仅 2 000 元，从 2016 年开始，每间店铺投标价增至 2 万元每年，增加集体收入近 30 万元。文旅融合发展打造出状元经济，部分村民开始建民宿，举办一次状元宴就给农家乐带来营业收入逾 16 万元。荷博园观光带起了“荷产业链”，用荷叶做中药、泡香茶，藕和莲作为农副产品出售，以廉政文化为主题开发莲花盆栽，成为带动村集体经济发展的重要渠道。荷博园土地流转后，土地租金逐年上涨，间接带动 35%的村民提高了经济收益。随着村旅游业的发展，村集体经济收入由单一的办公楼出租，向土地流转、荷博园门票出售等多种形式转变，村民年收入实现了翻番。

4. 移风易俗，乡风文明展新貌

为了树立美好乡风，梅溪村大力推进移风易俗，2017 年 4 月就已开始推行丧葬改革，由村干部亲自上门做工作，做通第一户人家的思想工作后，后续工作越来越容易开展，移风易俗工作经村干部的不懈努力，很好地执行了下来。为改变婚礼铺张浪费的陋习，梅溪村推出传统婚礼，邀请新人在“廊桥风荷”免费举办汉式婚礼，并将这项工作列入村干部年度工作表。

梅溪村以村民易于接受的漫画等形式在村内宣传栏宣传移风易俗(图 7)，还将移风易俗纳入了村规民约（图 8)。村规民约倡导“爱国敬业、诚信友爱、崇德向善，传承优良传统文化”，在美丽家园、邻里关系、婚姻家庭、民主参与、平安建设、志愿者服务等方面均做出了规定，奖惩措施明确。在“美丽家园”章节第十九条，提出深入开展移风易俗工作的“五个不超”“五个禁止”“五个规定”原则，对丧事殡葬活动做出详细规定。

图 7　梅溪村移风易俗宣传栏
（来源：自摄）

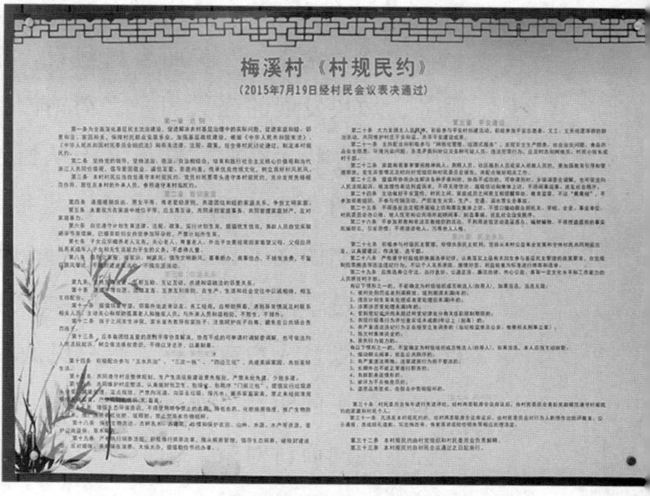

图 8　梅溪村将移风易俗纳入村规民约
（来源：自摄）

王十朋纪念馆内的王氏家训馆，分尊祖篇、父母篇、夫妇篇、兄弟篇、传承篇等多个篇章，展现了王十朋极其宝贵的家教经典。曾有村民与邻村村民发生口角，村干部将他带到家训馆，让他看“温良恭俭让”的祖训并给予劝慰，使其心态恢复平静，最终顺利和解。

近年来，梅溪村将文化礼堂建设作为乡风建设的重要载体，打造“诗礼传家”的精神乐园，使村民们“心有所寄”。设立村史馆，介绍状元文化和梅溪村的悠久历史，不断挖掘状元故里的传统文化和历史故事，提升村民们身为状元之后的自豪感。传统文化的多年浸润，使得村民素质不断提高，精神生活也随着物质生活日渐“富裕”起来。

将王十朋纪念馆、梅溪草堂、廊桥风荷等场所纳入文化礼堂建设，各类文化活动举办得有声有色。特色活动有王十朋纪念馆内的启蒙礼、成人礼，梅溪草堂内的文化讲堂和市民学堂等，已开展了多期文化论坛、知识讲座、“母亲学堂”、国防教育、学童启蒙、国学夏令营、汉服秀等系列活动。梅溪文化礼堂以景迎人、以文育人，成为集讲堂、礼堂、文体活动场所等于一体的村级文化阵地综合体。

三、发展模式剖析

1. 探索建立“党建引领、逢五搭桥”的农村治理模式

实施“党建+”美丽乡村建设，把党的政治优势和组织优势转化为为民服务、加快发展的强大力量。荷博园建设初期，共产党员带头率先投入自家土地，举办状元宴时，党员义工队伍任劳任怨做好活动后勤工作。推行党员联系群众的“三·五”工作法，将每月的5号定为村全体党员、村委干部、村民代表们的义工日，通过深入每个角落打扫卫生，查找问题；将每月的15号定为党员学习日，学习上级精神和最新知识；将每月的25号定为党员联系群众日，党员入户夜访，了解村民的困难。“三·五”工作法有效拉近了党员干部与村民的距离，小问题当场解决，大困难带回来在村干部会议、党员学习会上共同商讨对策。

2. 探索建立“奖罚分明、长效管理”的环境整治模式

作为打造美丽乡村升级版的主攻点和突破口，梅溪村“两委”格外重视生态环境和人居环境的改善，为形成环境治理的长效机制，梅溪村的垃圾分类制度从制定、宣传，到实施、监督，每一个环节都做得扎实到位。充分发

挥村民的民主权利，由全体村民代表大会表决通过垃圾分类制度。制度的制定环节善于取经借鉴，并结合本村实际灵活应变；宣传环节形式丰富多样，多层面大范围开展，工作细致到户；实施环节设施配套到位，任务下达合理；监督环节不仅设有专人督查，更通过与村民生活切实相关的合理奖罚措施，发动全体村民自觉执行、相互督促，从而有效提升了村居环境质量，也带来了“生产力”，带来了乡村振兴的希望。

3. 探索建立“文旅结合、主题鲜明”的产业发展模式

梅溪村近年来产业的发展，得益于村里“文化＋旅游”打造美丽乡村的发展思路。在科学规划的指引下，梅溪村的产业发展坚持“农业与文化融合、生产与生活结合，产业、文化、旅游三者耦合，产村融合，业态复合”的方式，分阶段、分步骤逐年开展，打造全方位的美丽乡村升级版。现阶段重点从文化方面入手，活化多元的地域文化，挖掘淳朴的民俗民风，将状元故里、民间艺术、特产美食、特色节庆、传统习俗等有价值的资源加以开发利用，形成乡贤文化、廉政文化、耕读文化、民俗文化和孝义诚信等五大文化休闲体验基地。在做强现有人文旅游项目的同时，也引入了廊桥风荷等“农业＋旅游”项目，远期还将引入更多此类项目，以及拓展“山水＋艺术”项目、“生态＋运动”项目。

4. 探索建立“注重传承、文化立村”的乡风提升模式

梅溪村一直十分重视先贤精神的传承和发扬，本着“历史、红色、生态”的总体理念，注重挖掘历史人文底蕴，大力弘扬状元精神，通过梅溪草堂、王十朋纪念馆、廊桥风荷等文化礼堂建设，不定期举办各类文化活动，丰富村民的精神生活。将移风易俗纳入村规民约，扎实推进丧葬改革，以传统婚礼活动引导婚庆风气，用“德”的标准、“善”的规范积极开展最美媳妇、五好家庭等系列活动，树立“节约办喜事，积极学礼仪”的良好乡风，有效促进了村民文明意识的提高。

四、适用条件

梅溪村的美丽乡村建设能够取得如此出色的成绩，与它自身条件密切相

关，其发展模式并非适用于所有村庄，借鉴利用必须符合以下条件：一是村庄应具备较深厚的文化底蕴和较丰富的旅游资源，如梅溪村就是因为状元文化而做出特色，带动产业发展；二是村“两委”领导班子要有魄力、有统筹谋划能力，敢于实施改革，村干部能主动带头发挥先锋模范作用；三是整体规划应有较强的可行性，调查分析到位，目标策略科学合理，才能正确指导村庄的建设发展。

党建引领，村企共建

——记乐清市大荆镇下山头村

一、村庄发展概况

下山头村地处雁荡山北麓、大荆镇中心城区东面，三面环山，风景秀丽，是一个革命老区，也是“雁山溪谷·秀丽田园”乡村振兴示范带上的重点建设村庄之一。

过去的下山头村，是一个“无产业、无资源、无发展环境”的“三无村”。村民人均耕地不足1亩，农业亩产收入仅为几百元，道路狭窄泥泞、通行不便，村中多数的青壮年都选择进城务工或外出经商，土地抛荒严重，成了名副其实的“留守村”“落后村”。

2003年，时任下山头村村主任的方玉友努力寻求增加村集体收入的途径，他想到了在村里建石材厂，虽然由于土地性质等问题，这一尝试未能实现，却为后来下山头村发展农业产业提供了前提。2013年，事业有成的方玉友和他的兄弟方玉占为了回报家乡，提出全新的发展观念和建设思路。下山头村三面环山的生态环境为铁皮石斛的生长提供了天然条件，于是兄弟俩出资成立浙江聚优品生物科技股份有限公司，在村内种植铁皮石斛，并以石斛文化园为基地，开展现代化、标准化、规模化、智能化的有机种植。同年，下山头村成立了村股份经济合作社，开始实施土地流转，由村民们将土地流转到股份经济合作社里，再由股份经济合作社将土地出租给浙江聚优品生物科技股份有限公司。

方玉友投入大量资金用于帮扶下山头村加强基础设施建设。村内引入自来水，完成了污水处理工程；建起垃圾池、垃圾屋、生态公厕等公共卫生设施；修建环村公路，并配套建设路边绿化带；拆除违章建筑和危旧房，新建桥梁、拦水坝、游泳池、联建公寓房等，大大改善了村民的居住环境。

与此同时，下山头村利用土地优势进行铁皮石斛种植和水果种植，开展旅游休闲观光，吸引游客前来，大力发展聚优品，企业规模不断扩大。为实现三产融合，更好地带动村庄发展，下山头村邀请北京林业大学园林学院以及台湾薰衣草旅游策划的团队进行村庄规划，耗时一年多，耗费 1 000 多万元，完成了村庄景观（图 1）、铁定溜溜乐园项目（图 2）、农耕乐园等的规划。

图 1　下山头村村庄景观规划鸟瞰图（来源：下山头村提供）

图 2　铁定溜溜乐园鸟瞰图（来源：下山头村提供）

随着旅游项目的逐步推进，下山头村村容村貌、生态环境发生了翻天覆地的变化。民房井然有序，道路平坦宽阔，各路段栽种的绿化树种花期各异，季相景观丰富。百果园内因长期进行绿化造林建设并附生近野生铁皮石斛，减少了山体水土流失，有效改善了当地生态，真正实现了“百花村、百果园、百树林”的生态环境发展目标。产业方面形成了以铁皮石斛和特色水果为核心、农旅结合的新格局，走出了一条集体经济与个体经济、新村建设和旧村改造、物质文明和精神文明同步发展的强村富民之路。全村的农业经济、农村文化建设、精神文明建设等都取得了丰硕的成果，实现了从“脏、乱、差”到“绿、富、美”的飞跃性转变，下山头村也成为浙江温州乡村振兴的一个样本。

聚优品石斛文化园获评国家3A级旅游景区，成为温州唯一入选首批“钻果级”浙江省采摘旅游体验基地的基地，以浙江聚优品生物科技有限公司为主要牵头企业开展建设的铁定溜溜乐园项目，被列入温州市乡村振兴十大项目之一。由于建设成果显著，下山头村入选2018年中国美丽休闲乡村，多年来还获得浙江省美丽乡村特色精品村、森林人家，温州市卫生村，乐清市先进基层党组织、美丽乡村建设工作先进集体等荣誉。

二、具体做法与成效

1. 党建引领，乡贤带动谋发展

在美丽乡村建设中，下山头村充分发挥基层党组织和乡贤联合的力量，引领激发乡村发展活力，在发展过程中，几经波折才探索出了正确的路子。2000年，下山头村里曾跟风发展铸造产业，收入提高的同时，也带来了环境污染的负面效应。之后，多次跟风建设、盲目投资导致损失不断，下山头村人开始转变观念：没有好环境，就打造好环境；没有好景色，就打造好景色；没有文脉，就讲好故事。

2013年，方玉友回乡投身村庄建设，以实现自己一直以来“让全村人都富起来，让下山头村变成最美的村庄”的梦想。方玉友和弟弟方玉占借助国家调整农业产业结构、发展现代科技农业的契机，结合乐清“铁皮石斛之乡”的资源优势，确定了种植优质铁皮石斛，并重点开展深加工研究和形成产业化的思路，出资成立浙江聚优品生物科技股份有限公司。

村党支部与浙江聚优品生物科技股份有限公司合作，鼓励、发动能人志士参加村干部换届选举，并由公司按企业员工待遇为到村任职的干部发放工资。村集体不再支付村干部任职报酬的措施，使得村集体经济负担大为减轻，也让干部开展工作时能够更加大胆、安心。

建设项目清单经由村党支部和公司共同探讨、仔细梳理，交给专业团队进行规划。村党支部带领村民，先后拆除了36家高污染低效益的铸造厂，并在号召村户进行土地流转前期做了大量工作，引导全村农户进行土地流转，把土地经营权交给企业，盈利后就能享受分红。

自公司成立开始，四年多的时间里，方玉友不仅为下山头村投入了1 500多万元建设基础设施，为村经济“输血”，还投资了5 000多万元发展产业，进行“造血”。村内修建了5千米的环村道路，配套安装100多盏路灯，并提升道路绿化美化效果，进行污水管网和自来水管网的建设，联建公寓房工程全面启动，这些措施极大改善了村居环境。同时，随着下山头村农业产业和旅游业的发展，基地种植面积不断扩大，游客逐年增加，收入持续增长，企业呈现出良好的发展态势。

2016年，村党支部联手浙江聚优品生物科技股份有限公司，打造大荆石斛田园综合体核心区项目。村里请来专业团队，对村庄进行了总体规划、旅游规划、乡村景观规划、村域基础规划和产业规划。

在村党支部的引领下，多个富民项目的建设初具雏形，通过村党支部与乡贤企业开展结对共建、组织共商、项目共创、难题共解、服务共推、资源共享，村集体经济年收入、村民家庭年收入快速增长，下山头村脱下了“三无村”的标签，迎来了村集体经济、村民收入和企业利润的“三丰收”。

2. 项目推动，流转土地增收入

村民土地流转是一步开启下山头村经济发展的先手棋。经过土地流转，土地归入合作社，再由企业投放资金和技术来开发经营这些原本连片抛荒的土地，这样既可以充分利用土地，又可以增加村民收入，促使“资产”变“资金”，“农民”变“股民”，是农村生活富裕行之有效的一个方法。但最初，部分村民却不太理解这种做法，认为会丧失自己对土地的使用权而拒绝流转。为此，村“两委”做了大量的工作，首先是广泛宣传，召开村代表大会，再召开村民会议，把土地流转的目的、政策、收益等情况告知农户，把共兴共荣的道路解释透彻，激发村民参与村企共建的热情和积极性，并把中央相关新闻制作成宣传栏。接着，村“两委”分组进行入股动员工作，逐户登门为农户解答疑惑。

经市、镇领导及法律顾问等的指导，下山头村最终拟定了《下山头村农村土地承包经营权流转入股合同》。合同规定：明确土地流转费，并每隔五年逐渐递增10%，每年按期支付一次，确保农户土地流转费不低于同期其他村庄土地租赁费用；确保农业开发年限及农户的入股股金，入股土地定为30年，股金按每亩水田3万元/亩，旱地7 200元/亩计；农户仅以土地入股，不再进行资金投入及负担经营风险。为了保障农户的权益，鼓励土地流转，合同中还增加了“不管今后企业追加多少投资，合作社的占股比例都保持不变”的规定，这就意味着，土地入股后，赔了亏不着，赚了都是大家的。如此有利的政策让村民打消顾虑，纷纷签下合同，第一批流转土地户比达到65%，第二批流转土地户比再增30%。

村民流转土地能收取租金，入股项目盈利了有分红，不仅如此，公司还设置就业岗位，给村民参与园区建设的机会，由企业发放就业村民的薪金。这种“土地租金＋入股股金＋就业薪金”的“三金”新模式，彻底改变了传统种植收入模式，村民收入大幅度提高。4年后，全村9成以上的土地都归入了合作社，由合作社统一规划和调配，大部分村民变成了股民。这些流转的土地，从最初的用于种植、销售铁皮石斛，到进行保健品开发，再到建设田园综合体，取得的收益越来越高。随着下山头村的产业渐成规模，村民尝到了甜头。

3. 村企共建，以企带村同富裕

在村党支部和方玉友的带领下，下山头村以“产业立村、项目强村”为导向，开展“村企共建、以企带村”的合作模式，开发铁皮石斛，走上了强村富民之路。

浙江汇聚优品生物科技股份有限公司正式成立后，斥资近3亿元，建设聚优品石斛文化园（图3）。引入先进的智能化生产管理技术，开展铁皮石斛的栽培销售（图4），同时积极研发保健品、护肤品、食品等一系列铁皮石斛深加工产品（图5）。采取现代化的经营模式，开展休闲采摘、旅游观光（图6、图7），完成200多亩铁皮石斛种植核心区和700多亩水果种植基地的建设，并植入文化创意、特色民宿等，发挥生态资源优势，打造农耕乐园、生态景观河道等景观和景点，加快建设旅游养生基地、学习基地、培训基地。

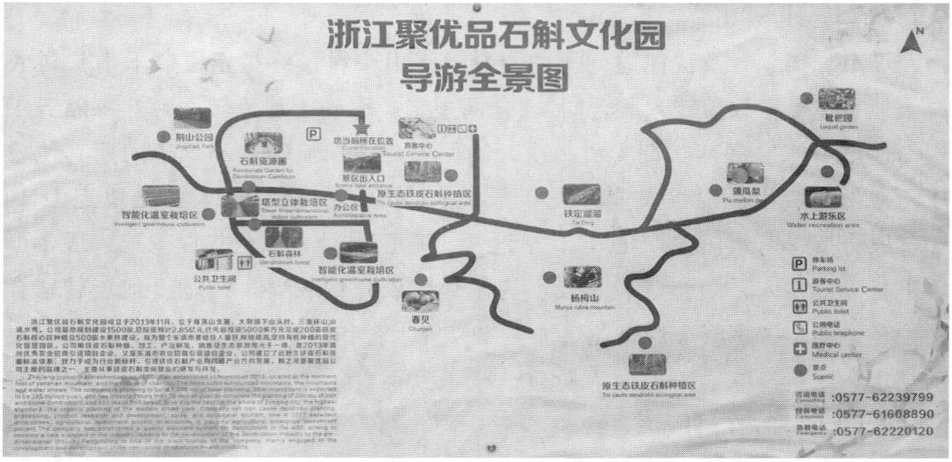

图 3　浙江聚优品石斛文化园导游全景图（来源：自摄）

图 4　活体树铁皮石斛近野生栽培
（来源：自摄）

图 5　聚优品铁皮石斛产品
（来源：自摄）

图 6　石斛文化园多模式种植展示
（来源：自摄）

图 7　石斛文化园的石斛森林
（来源：自摄）

通过探索“公司＋基地＋农户”的产业格局，采取“保底租金＋利润分红”的形式，促成了村民收入模式的转变，公司规模不断扩大。2017 年底，实现产值 5 000 多万元，接待游客 35 万人次，旅游收入 400 多万元，新增周边村民就业岗位 500 多个。截至 2018 年，下山头村种植铁皮石斛 200 亩、水果 600 亩，年创产值达 2 000 多万元。

为了项目更好发展，企业投资对下山头村进行整体规划，邀请专业团队对景观河道、景观道路、游步花街、民宿等进行设计，农耕公园、文化礼堂、生态公墓、村办公楼、老年活动中心、村幼儿园、美丽庭院等项目逐项开展起来。在企业带动下，村民们也纷纷投身到家乡建设中，村干部带头，村民积极参与，“村企共建、以企带村”的路子越走越宽。图 8 为下山头村荆山公园。

图 8　下山头村荆山公园（来源：自摄）

环境面貌大变样，给村庄带来了良好的生态效益和显而易见的经济效益。村民参与项目获得劳动薪酬后，还可以享受入股企业的红利，这些都是“村企共建”的成果。四五年前，下山头村的集体经济收入尚不足 10 万元，如今依靠土地入股、市场承包、店铺出租、果林收成等增收途径，村集体经济收入直线上涨。2018 年，村集体年收入已达 200 余万元，吸引了百来位村民回村就业，全村上下充满了活力。

4. 打造田园综合体，三产融合再升级

浙江聚优品生物科技股份有限公司成立之初，就确定了从铁皮石斛种植、加工，到三产融合的发展道路。为此，公司深入挖掘铁皮石斛的效用，建立实验室，致力于研发铁皮石斛精深加工产品，延伸产业链，增加产品的附加值。公司与高等院校和多家科研单位建立起长期的科研合作关系，并引进韩国专业团队，开发出啤酒、饮料、牙膏、面膜、冲剂、口服液、胶囊等种类多样的饮品、保健品、护肤品，开设全国连锁店达百余家。申请注册了“枫之灵”和“植然方适”两个商标，按照科学的产品质量标准和种植管理模式，分别打造铁皮石斛食品品牌和铁皮石斛化妆品品牌，还申请了相关铁皮石斛产品技术的专利。同时，聚优品石斛文化园的休闲观光项目融合了科技展示、科普教育、农业体验等多种功能，吸引了许多游客，开展得十分红火。园区已形成集铁皮石斛的林下种植、深加工、休闲旅游、中医药养生于一体的现代化智慧农业科技园区，浙江省铁皮石斛种质资源库也成功落户下山头村，目前已收集到300多份铁皮石斛资源样本。

村里按计划打造石斛田园综合体和铁定溜溜乐园休闲度假区两大项目，同时，配合各季鲜花水果打造“三园四谷”，另有石斛体验馆、农耕博物馆、樱花园、开心农场、小熊猫庄园等十大景点。下山头村提出了打造“中国最有趣村庄”的新目标，深化三产融合，成功建设了石斛文化园、铁定溜溜乐园、农耕乐园三大主题园区。其中，铁定溜溜乐园邀请台湾知名团队进行设计，是下山头石斛产业园区的一大特色，以打造成“最快、最多、最长”的溜溜乐园为目标，涵盖世界各地共99种溜溜滑梯，适合各种不同年龄段的游客，并配套主题餐饮店和销售店，还可以“溜”着去吃饭。

园区的全面建设，为下山头村的发展提供了有力的经济和产业支撑，真正实现了龙头带动、产业融合的协调发展。随即开展的下山头村景观绿化提升工程，是大力建设美丽乡村的又一重要举措，项目建成后，将与田园综合体一起，极大提升下山头村的景观特色、人文特色和产业特色，为打造“中国最有趣村庄”打下坚实的环境基础。

随着项目的陆续落地，以下山头村为核心的大荆石斛田园综合体逐渐成形，并成功入选浙江省级田园综合体创建项目。田园综合体的建设，是下山头村产业发展历程中，对三产融合理念的再升级，将辐射带动周边村庄的发展，同时也为大荆镇的转型与发展带来全新的机遇。

三、发展模式剖析

1. 建立“1＋9＋N”党群服务中心体系

以下山头村为核心的石斛田园综合体党委，通过建立“1＋9＋N”党群服务中心体系，以“1厅、2中心、3家、4室、5支部”的模式，形成“共谋共建共享”的发展格局。“1厅”即1座服务大厅，“2中心”即新时代文明实践中心和党建知识中心，“3家”指将服务中心打造为“党员之家、农户之家、游客之家”，“4室”指党委会议室、党代表工作室、红色阅览室、非公企业联络室4处重要办公场所，“5支部”指拆整建美党支部、项目建设党支部、政策处理党支部、招商引资党支部、产业振兴党支部5个下设支部。服务中心坚持以需求为导向，实行部门驻点制、党委轮流值班制、“三共四联”制，推出6大类16项“瓯江红”红色服务清单，内容涵盖党建指导、党务办理、志愿帮扶、创业服务、教育管理、人才联络等。

2. 创新“村企共建、以企带村”合作模式

搭建村企共建平台，充分发挥党建引领“三大作用”，即：党支部在项目建设中的“领军作用”，攻坚党小组在重点工程中的“排头兵作用”，全体党员在政策处理中的“联系纽带作用”，推进村、企党组织互通互融建设。依托项目推动，村民将土地流转给村股份经济合作社，再由村集体入股公司共同开发项目的“村企共建”形式，以企业发展带动村庄建设，以村庄发展促进企业腾飞，实现企业发展、村庄建设和农民致富的良性循环，既解决了土地抛荒问题，又消纳了村内部分闲余劳动力，使村集体拥有了可持续发展的“造血功能”，为下一步乡村振兴提供了要素资源和理念支撑。

3. 探索“公司＋基地＋农户”生产模式

采用“公司＋基地＋农户”的形式，公司投资经营项目，以基地为平台发展产业，农户凭土地参股，实现公司、基地、农户的三方共赢。村民的土地经由村股份经济合作社出租给公司，公司获得土地使用权，拥有了足够的场地来开发项目，扩大规模，建设基地。村集体、村民每年可获得土地租金，公司盈利后还有分红，公司为村民提供就业岗位、提供技术培训，村民不仅提高了自身生产技术水平，参与园区项目建设还可赚取薪金。这种“土地租

金＋入股股金＋就业薪金”的“三金”收入模式，既使村民收入大幅度提高，参与项目的积极性大大提升，主人翁意识得以增强，又可进一步促进基地的建设发展。

4. 延伸产业链实现三产融合发展

以一产为基础，种植铁皮石斛和多种水果；以二产为延伸，发展铁皮石斛各类深加工产品，建设铁皮石斛酿酒厂和石斛展览馆；以三产为主导，建设铁定溜溜乐园、农耕乐园、沿河商业街等休闲观光旅游项目，发展铁皮石斛文化休闲体验，三产融合，打造石斛全产业链。流转周边 9 个村、1 万余亩土地，改变以往家庭作坊式“低小散”的产销模式，建设集铁皮石斛品赏、销售、文化传播、养生休闲旅游等产业为一体的田园综合体。

四、适用条件

下山头村的美丽乡村建设模式，必须具备一定的条件才能适用，主要有以下几个方面：一是需要有具备乡村振兴情怀、愿为村民谋福利的能人乡贤带动，在下山头村的发展建设中，方家两兄弟起到了非常关键的作用；二是村庄应具备产业发展所需的基础资源，拥有一定的优势产品和品牌影响力，下山头村即是借助石斛适生的土地资源和乐清“铁皮石斛之乡”的品牌发展石斛产业；三是村领导班子应有战略眼光和布局，敢于改革，敢于探索。

发展特色产业，打造田园综合体

——记乐清市清江镇北塘村

一、村庄发展概况

北塘村位于清江镇南端，是“花果飘香·滨海田园”乡村振兴示范带上的重点建设村庄之一。G104 国道沿南北方向贯穿村庄，交通便捷，地理区位优势明显。2019 年 4 月，在乐清市村（社）规模优化调整中，北塘村与相邻的郯岙村合并成为新的北塘村。北塘村建造在滩涂围垦地上，既没有风景资源，也没有名人古迹。几年前，这里村容村貌落后，道路狭窄通行不便，农田尾水、生活污水、工业污水都直接排入河道，造成严重的污染。村民主要从事传统的农业生产，没有规模化产业，村集体经济长期处于负债状态，有 2/3 的劳动力外出谋生。

2008 年，北塘村确定了“三步走”的战略：第一步首先整治村容村貌，第二步要发展新型农业，第三步则是完善这两项工程。

在当时村委会主任苏德生的带领下，北塘村开启了环境整治：修建桥梁、铺设排污管道 15 千米，建成 10 个污水处理池，整理河道 7 千米；开展垃圾分类处理省级试点项目，设专人维护卫生，每天清运垃圾；修建道路超万米，道路硬化率达到 95%以上；道路旁种植桂花树、安装路灯（图 1），河岸边砌筑栏杆（图 2）、设立亭

图 1　北塘村村内道路及沿线景观

（来源：自摄）

廊，建成篮球场、老年活动中心等休闲场所。

图 2　北塘村村内洁净的河道（来源：北塘村提供）

为解决产业“低、小、散”的问题，北塘村成立了果蔬专业合作社，把农户的土地承包给合作社经营，开展土地流转盘活资源，结合省级现代农业生产发展资金项目，建设现代农业示范园地。农业园开展标准化生产，以草莓为主打产品，并种植火龙果、葡萄、西瓜、柑橘、花卉等，村集体统一管理、收购、包装、销售，为促进现代农业与乡村旅游融合发展，还大力开发科技示范、水果采摘、农业观光、农家乐等多种功能（图 3、图 4）。高品质

图 3　乐清市北塘现代农业示范园区布局图（来源：自摄）

的草莓荣获“中国草莓节金奖”，以桂花为主要品种的景观绿化和以四季水果产业为特色的现代化生态农业园建设，使北塘村成了远近闻名的“桂花村”“草莓村”。2018 年，北塘村进一步提升农业园区建设，打造集现代农业与休闲旅游于一体的北塘现代农业田园综合体。

图 4 北塘现代农业示范园区大棚（来源：自摄）

随着现代农业示范园区的建设，村民收入大幅度提高，G104 国道东侧还建设了农房集聚区，农房除了供村民居住之外，多余房源用于发展物业经济，增加收入。原先环境“脏、乱、差”、长期负债的落后贫困村，变成了交通便捷、河道整洁、景观优美的绿色村庄，实现了特色产业带动全民致富的目标，约 1/3 在外务工的村民回乡就业。如今北塘村不仅村民充分就业，甚至还需要去外村雇佣劳动力进行园区建设。

北塘果蔬专业合作社被评为乐清市龙头企业、乐清市十佳农民专业合作社，北塘现代农业观光园入选首批“金果级”浙江省采摘旅游体验基地，北塘村获得国家第一批绿色村庄、浙江省森林村庄、温州新农村建设星级村、温州市生态村、温州十大最美村庄、乐清市全面小康建设示范村、乐清市旧村改建环境整治先进村、乐清市巾帼示范村等荣誉。

二、具体做法与成效

1. 狠抓环境整治，改善村容村貌

北塘村的环境变化从治水开始。北塘村将“以水养水，以水养村”作为治水目标，2008 年，北塘村就先于周边村落开展了河道整治工作，全村启动污水处理工程。结合道路建设，拆除路边露天坑 300 多个，以每户 700 元的补助鼓励农户自行改厕、新建化粪池，铺设 1.5 万米排污管通到每家每户和田头，统一修建生态公厕和生态排污池。生活污水经自家的化粪池处理，随后由污水处理池再次处理，达标排放。净化后的水还可用于河道养鱼、农业灌溉、喷洒道路、冲洗车辆及卫生洁具，实现循环利用。停止村内的养殖业，村集体负责收购农户养殖的珍珠蚌，并为出售的牲畜按市场价格补足差价。开展“百日清淤”工程，清理河道淤泥和垃圾，打造驳坎、护栏，并雇专人负责河道保洁工作。改造全村自来水管网，确保村民安全用水、放心吃水。

在实施垃圾分类之前的一年内，北塘村做了许多准备工作，多次会议讨论垃圾分类，将其写入村规民约，制定了《北塘村垃圾分类处理办法》，以宣传册的形式发放给各家各户。修订的村规民约还对水源林保护、环境管理、河道管理等做了明确、详细、赏罚分明的规定。2018 年 7 月，北塘村正式实施垃圾分类。由于公共垃圾点维护不易，北塘村决定把垃圾分类控制在每一户家庭里，清理掉原有的公共垃圾点，撤去村内公用垃圾桶，给每户村民家中分发专门定制的分类垃圾桶，村民每天在家里做好垃圾分类，由村里安排专人回收，并建立垃圾处理焚烧站。此外，北塘村还增加了对建筑垃圾的管理，以巩固整治成果。

环境变好了，村内公共休闲场地和设施提升也相应开展起来（图 5、图 6）。2010 年，北塘村建成休闲场所 4 处、凉亭 5 座、游廊 4 座、老年活动中心 2 个、篮球场 2 座；2012 年，村委干部到北京城乡设计所咨询村庄建设相关问题，并邀请专家到北塘村召开座谈会，研讨下一步改革建设的规划事宜，之后委托浙江大学城乡设计院对村庄进行重新规划；2013 年，建成了以发展新兴农业为主题的北塘文化礼堂，提倡德孝文化，开展移风易俗活动；2014 年，再次邀请浙江大学城乡设计院对村庄进行规划、设计，力求进一步将村庄美化、优化、精化；2017 年，北塘村为满足村民对休闲场所的需求，合理规划，在全村各个片区修建了凉亭。

图5 休闲绿地
（来源：北塘村提供）

图6 休闲长廊
（来源：北塘村提供）

北塘村十分注重环境绿化，投资500多万元，种植以桂花树为主的绿化树种共1万多株，绿化面积达2.6万平方米，绿化覆盖率达90%以上。成立专门的绿化养护队伍，指定技术人员专职负责村庄绿化养护管理。桂花盛开的季节，金黄灿烂，香飘满村，成为村庄景观的一大亮点，北塘村赢得了“桂花村”的美誉。

2019年新村融合后，北塘村从郧岙片区村居生态环境改造入手，制定了下一步美丽乡村建设的总体规划，依照道路建设、绿化建设、全村环境整治、实行垃圾分类等步骤，大力提升郧岙片的村庄环境，最终实现“村美、民富、产业旺”的发展目标。

2. 开展标准化生产，提高产品质量

2009年，北塘村成立果蔬专业合作社，决定在流转来的土地上种植草莓。合作社从成立以来，就把农产品的品质放在首位，坚持无公害、绿色、有机的生产思路。党支部副书记傅春旺和几个村民专门赴台州学习种植技术，并邀请省、市农技专家上门培训、监督生产，由合作社成员带头示范，引导村民们科学种植草莓。村集体先后共投入1 400多万元建设大棚等农业基础设施，引进无公害草莓技术，实行标准化生产，在草莓选籽、育苗、栽培、施肥的每一个环节都严格按照技术标准执行，全力打造具有特色的草莓品牌，促进环保农业、绿色农业的发展，保证产品让人们吃得放心。

图 7 北塘草莓
（来源：北塘村提供）

合作社申请了“北塘牌”商标，严格按照国家无公害标准生产，经合作社统一收购、包装的“北塘牌”草莓品质极佳（图 7），刚上市就得到了温州、宁波、上海等各地消费者的好评，在市场上一炮打响。2010 年，村里草莓面积扩大至 1 000 多亩，北塘“草莓村”远近驰名。

2010 年 3 月北塘基地获批浙江省现代农业生产发展资金项目蔬菜产业提升项目，结合项目建设，村“两委”开始联合周边几个村庄参与土地流转，建设现代农业示范园。园区在主打草莓种植之外，还开发了多个水果品种。随着多年建设，现代农业规模效益逐渐凸显。园区规划面积约 1 300 余亩，年均产值约 2 300 万元。其中，草莓 500 亩，年产量约 125 万斤，产值约 1 200 万元；红心火龙果 150 亩，年产量 28 万斤，年产值约 400 万元；葡萄 100 亩，年产量约 22.5 万斤，年产值约 285 万元；其他水果，年产值约 450 万元。

北塘现代农业示范园内的草莓、柑橘、葡萄等主要果蔬品种都实现了全程标准化生产，园区内的宣传栏详细展示浙江省各类水果全程标准化生产技术模式图，对目标产量、栽植方式、园地选择、主要病虫害防治、质量安全关键控制点及要求、肥料使用建议、建议使用农药及安全间隔期都做了明确规定（图 8）。作为温州市农业标准化推广示范基地，园区开展农产品优质品种引进、高品质施肥技术、环境调控技术、植株调整技术、无公害农药使用技术等标准化栽培示范。经过几年的努力，村民们不仅钱袋子鼓了，农业生产技术提高了，生态环保意识也得到极大的提升。

为扩大品牌效应，北塘村又注册了“新北塘”商标。北塘草莓在各次草莓节、擂台赛上大放异彩，先后获得“第三届中国草莓节”金奖、“浙江农业吉尼斯草莓擂台赛”二等奖、“浙江省第一届优质草莓”金奖、“第十三届中国草莓文化节”金奖等，并被认证为浙江省无公害农产品，获评乐清市名牌

图 8　北塘现代农业观光园内展示的标准化生产技术模式图（来源：自摄）

产品。2019 年，乐清市北塘现代农业示范园入选首批“金果级”浙江省采摘旅游体验基地，成为温州市入选“钻果级”“金果级”的 7 家基地之一，并统一纳入首批长三角采摘体验旅游基地。

3. 开发农业多种功能，推动产业融合

为加快北塘村的美丽乡村建设，村“两委”结合实际，多方考察研讨，摸索出一套具有北塘特色的农村经济模式。

首先是通过土地流转整合土地资源，不仅成功流转本村土地，更辐射了周边村庄，共计流转土地 1 200 多亩，其中包括北塘村 700 多亩、郦岙村 300 亩，清南村 100 亩，流转的土地由合作社统一打理，建成农业示范园。为保障农民的基本权益，北塘村以村规民约的形式确定了补偿标准，如北塘村被流转土地农民享受三重保障：①每亩土地按 400 斤稻谷市场收购价付租金[(2019 年为 1 200 元/(年·亩)]，并逐年递增 50 元；②按户口人数，为全村 60 岁以上老人按 300 元/(月·人)支付养老金；③为农民购买新型农村合作医疗保险，300 元/(年·人)。这一政策使村民参与土地流转的积极性大为提高，村里闲置的大部分土地都得到了充分利用，同时也带动了周边村民就业。

其次是加强产业链条建设，形成“市场＋农村专业合作组织＋基地农户”的产业格局，按照不同果蔬成熟期差异，错峰种植无公害水果，使果蔬采摘期基本达到全年覆盖，建设有草莓园、葡萄园、火龙果园、猕猴桃园、枇杷园、蜜桃园等园区，以基地模式开展果蔬培育、开发、种植、销售，形成四季果蔬接续供应的现代农业产业链。这种经营方式，使每亩净收入与原先传统种植方式相比翻了 5 倍。到 2018 年，北塘村人均年收入已达 3.8 万元，300 多户农户在发展绿色农业和环保农业中得到了实惠。

再次是推动产业融合发展，在果蔬生产的基础上，开发农业多种功能，延长产业链条。把农业、生态和乡村旅游结合起来，从前期单一的采摘经济，拓展出餐饮、休闲、娱乐、住宿等功能，建设游客中心、游步道、景观小品等公众设施和园林景观，推出农业采摘四季游，利用农事生产、田园风光、村居环境、农业生态经营模式等吸引游人，扩大农业效应，建设综合型农业观光园，将北塘村打造为全方位的农业旅游大村。

2019 年，乐清市重点打造包括“花果飘香·滨海田园”在内的 6 条乡村振兴示范带，作为示范带的“龙头”，北塘村结合示范带建设和新村融合制订新计划，打造花果飘香田园综合体。根据规划，要在原有园区基础上建设花卉种植基地，并增加儿童游乐园、餐饮场所、生态餐厅、赛马场、精品民宿等，升级打造“生态农业＋休闲采摘＋观光旅游”的特色生态休闲产业链。其中，花卉种植基地是核心项目，已初具规模，将以打造“华东地区赏花休闲、婚纱摄影的理想之地”为目标进一步建设。新观光园建成后，将为新北塘村带来更多收益，提供更多就业岗位，切实壮大村集体经济。

4. 加强党建引领，铸造强村之魄

北塘村是清江镇打造“特色农业”党建示范带的龙头标杆，红色党建元素融入了村庄建设，村里随处可见的党建元素营造了浓厚的红色氛围（图 9）。更重要的是，北塘村拥有凝聚力强大的党组织，更有着全心全意为村民谋幸福的村书记苏德生，他带领全村上下在美丽乡村建设中党群同心，实现了村庄的飞跃式发展。

北塘村取得的成就，离不开村党组织的通力合作和北塘村民的大力支持。北塘村党总支（现为党委）始终突出担当导向，加强学习、严格管理，教育引导党员干部不忘初心、牢记使命，凝聚共同奋斗的强大正能量，充分发挥战斗堡垒作用，而村书记苏德生则是这支先锋队伍中的领军人物。

图 9　北塘农业观光园内随处可见的党建元素（来源：自摄）

2008 年，在外经商有成的苏德生回到北塘村，担任村主任，着手家乡的建设。村“两委”经过多次会议讨论，深刻分析了北塘村落后面貌的原因所在，在设计院等单位的协助下，编制完成《乐清清江北塘现代农业观光园规划》《乐清清江北塘美丽乡村规划》等，为后续的发展与建设奠定了较好的基础。村“两委”还牵头编制了《北塘村村规民约》，对全村各项工作的具体措施和奖惩方法都做了详细规定，健全自治、法治、德治相结合的乡村治理体系。

苏德生设立北塘村建设基金，启动北塘新农村基础设施建设。2008 年，苏德生个人出资 200 万作为启动资金，一力承担起村基础设施建设需要的所有资金。在苏德生带领下，村“两委”干部加强宣传，发动全村人开展北塘村环境整治工程，铺设水泥路，整治河道，修建护栏，增设凉亭游廊，绿化村庄，全村上下以村“两委”为中心，热火朝天地为家乡建设出力，北塘村的面貌发生了翻天覆地的变化。

2009 年，为改变村民的传统农业生产观念，带动全村致富，苏德生再次个人出资，带领村“两委”成员和农业种植大户到全国各地学习取经，针对北塘村实际情况，商定北塘村的产业发展道路，成立了北塘果蔬专业合作社。村党支部做了大量思想工作，引导村民将土地集中流转到合作社，以无公害质量标准化要求，规模化发展现代农业。

苏德生分批投入资金，建设北塘现代农业示范园，随着农业园规模的扩大、功能的完善，北塘村产业发展蒸蒸日上，村民经济收入大幅度提高，还带动了周边村庄共同致富。在带领村民们致富的同时，村“两委”出台了一系列民生保障制度，确保乡亲们“医有所保、老有所养”，苏德生还投入50多万元建成北塘村文化礼堂，营造和谐幸福的家园生活。

2017年，北塘村落实党的十九大会议精神，村书记带领全体村干部、党员、志愿者，彻底整治全村垃圾，二十多天的垃圾清理工作，无一人请假、喊累，共清理出数吨垃圾。为巩固成果，村“两委”结合村规民约，重新编制《北塘村环境卫生管理办法》，制作成宣传册发放给村民们。

2019年新村融合，北塘村与郦岙村合并，党组织由支部升格为党委。由于郦岙村发展相对落后，为发挥先进带后进的作用，两村党员整合建立联系群众小组。通过走访收集意见，召开新村班子联席会议，制定“村庄蝶变”三年计划，以环境改造为抓手，党员带头捐款筹募资金用于新村建设。

在北塘村十来年的建设历程中，苏德生累计捐款1.3亿元，被村民们称为“倒贴”书记，获评首届“感动乐清”十大人物之一，并获得“浙江省担当作为好支书”荣誉。北塘村党支部也先后获得乐清市先进基层党组织、乐清市委创先争优先进基层党组织等荣誉称号。

三、发展模式剖析

1.“股东投资、职业经理人打理”的环境治理模式

北塘村的环境治理采用类似于企业的“股东投资、职业经理人打理”模式，在村集体资金不足的情况下，由能人出资，村“两委”对治理资金进行日常运作，担任“职业经理人”角色。村“两委”建立财务制度，详细记录收支情况，做到账目清楚，票据齐全，保证治理资金使用的透明化、合理化，这一举措能使投资人安心支持家乡建设。在保障资金的前提下，村“两委”切实开展实地勘察，与投资人共同制定工程计划，科学系统地推进环境治理工程。比如在污水管网改造中，尊重现场情况，尽量不改变道路结构，尽量少占用土地，尽量少破坏自然环境，保质保量完成改造工程。在这种工作思路的指导下，河道治理、道路建设、污水及自来水管网改造、垃圾分类、公共休闲场所及设施建设、景观绿化等工程均有条不紊地开展起来，并取得了实效。

2.“绿色安全、品质至上”的生产管理模式

北塘村在果蔬生产中依靠科学技术，始终严把产品质量安全关口，坚决

发展绿色农业和环保农业，形成了以草莓产业为龙头、多种时令果蔬四季接续供应、农业生产和生态环境保护相互促进的管理发展模式。通过外出学习、专家上门指导、合作社成员带头示范等方式，提高村民的农产品安全意识和无公害栽培技术水平；采用严格的果蔬安全生产管理制度和技术规程，实现全程标准化生产，确保产品质量；借助浙江省现代农业生产发展资金项目蔬菜产业提升项目、浙江省级农产品质量安全放心示范县绿色防控技术推广示范点、温州市农业标准化推广示范基地等的创建，加强生产技术的提升、示范和推广；着力打造农产品品牌，保证产品让老百姓吃得放心。高品质的果蔬产品，为北塘的产业发展打下了坚实基础。

3. “特色产业主导、多功能拓展”的产业融合模式

草莓产业是北塘村的龙头产业，也是北塘这个“草莓村”最大的特色。北塘村以无公害草莓的生产和采摘观光为主导，增加葡萄、红心猕猴桃、红心火龙果、瓯柑、甜橘柚、枇杷、油桃、水蜜桃等果蔬品种的生产，使采摘期基本实现全年覆盖。同时，拓展农业多种功能，延长产业链条，提升园林环境，增设景观设施和场地，逐步开发果蔬采摘之外的花卉观光、乡村餐饮、村居体验、儿童游乐等功能，建设综合型农业观光园，继而打造田园综合体，建设全方位的农业旅游村，升级打造“生态农业＋休闲采摘＋观光旅游”的产业链，促进产业融合发展。

4. “能人带动、党群同心”的农村建设模式

在北塘村的建设过程中，党组织、能人志士发挥了重要作用。北塘村一直以来坚持党建引领，打造一支“撸起袖子加油干”的先锋队伍，始终突出担当导向，通过加强学习、严格管理，凝聚共同奋斗的强大正能量，充分发挥战斗堡垒作用。从科学定位村庄发展目标，到详细制订发展计划，再到建设实施的整个过程，北塘村党支部始终冲在前头，干在实处。村党支部牵头编制长达 40 多页的村规民约，建立健全自治、法治、德治相结合的乡村治理体系，实现“大事一起干、好坏一起评、事事有人管”，巩固发展农民安居乐业、农村文明有序的良好局面。能人志士苏德生，回馈家乡，不计回报地自掏腰包投入巨额资金，发挥企业家“实干、能干、带头干、巧干”的精神，建立威望，化解各项矛盾与纠纷，有效推进项目实施与发展，并积极号召本村其他在外经商的成功人士回村参与建设。在他们的带动带领下，在村民的

共同支持下，全村上下齐心协力，创造了不菲的成绩。

四、适用条件

北塘村的美丽乡村建设模式，应具备以下条件才能适用：一是要有足够的土地资源，规模化发展农业生产，开展休闲农业建设；二是村领导班子要有长远的眼光、先进的经营理念，对村庄发展目标定位精准，策略科学，指导村庄建设稳步前进；三是要有愿意无私奉献的能人志士带动，为家乡建设出钱出力，以足够的资金保障各项建设顺利开展；四是村民有较高的生态意识，对农产品质量安全有着正确认识，能够严格遵守果蔬安全生产管理制度和技术规程，确保产品质量。

执笔人：李　宇
校核人：杨　薇
过萍艳

文中彩图请扫码查看

龙 湾

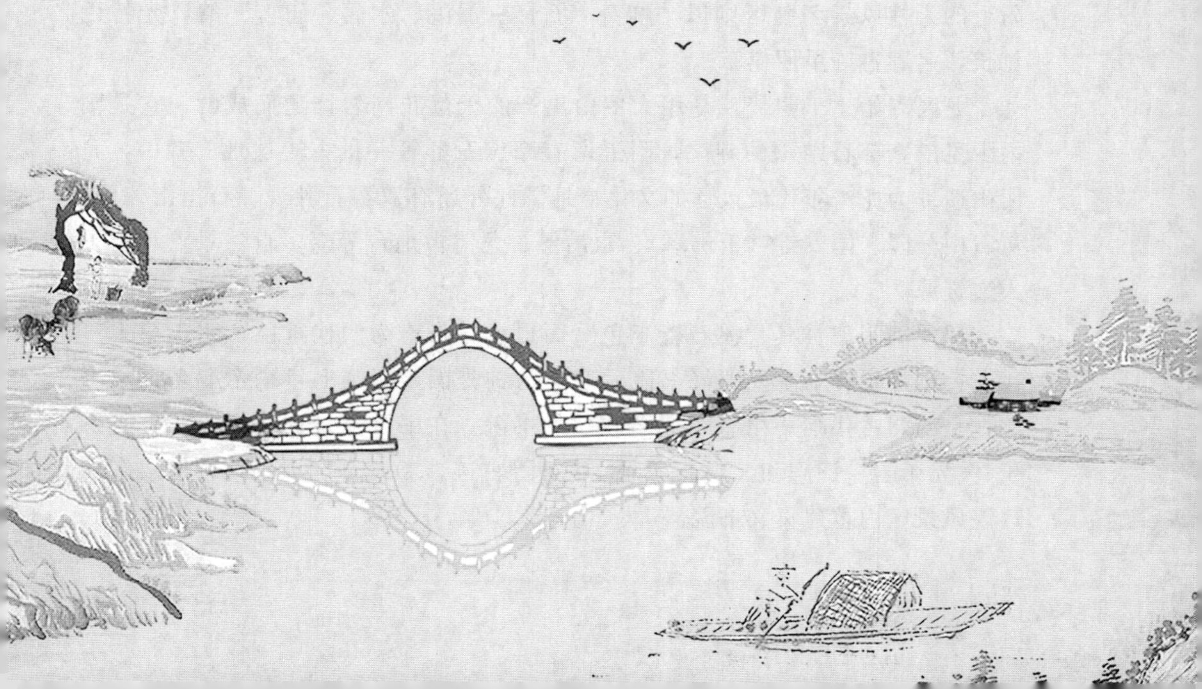

龙湾区乡村振兴示范带建设情况

一、龙湾区瑶溪休闲旅游乡村振兴示范带基本概况

瑶溪休闲旅游乡村振兴示范带位于温州龙湾区瑶溪风景名胜区规划范围内，覆盖瑶溪街道、瑶溪风景名胜区，是环大罗山乡村振兴文化休闲旅游带上的重要一环，东南至大罗山山体，西北至龙冈路以西，东北至茅永公路，西南至瑶溪王朝大酒店，规划面积106公顷。

示范带距离温州龙湾国际机场约10千米，北侧为规划的金丽温高速公路东延线，东侧距S1线不足1.5千米，环山北路、穿山隧道为主要的外部交通，龙冈寺至茶山连线公路是示范带内进入大罗山腹地的重要通道，有“温州最美公路”之称的瑶李线，是通往瑶溪风景区的交通要道。

示范带内及周边拥有丰富的自然和人文资源。瑶溪风景名胜区位于示范带内，为浙江省3A级风景名胜区，以“碧溪幽谷、奇峰怪石、叠瀑连潭”为主要景观特色，分为钟秀园、瑶溪泷、龙冈山、青山湖、千佛塔等五大景区。附近的天柱风景名胜区则以“峰奇、石怪、瀑飞、水碧、庙古”的风光特色见长，名胜古迹星罗棋布。

龙冈寺始建于明代，是用大罗山出产的天然花岗岩修建而成的，它是国内少见的全部石结构的寺院，附近留有摩崖石群等一批古迹遗址。其中，龙冈山遗址为龙湾年代最久远的文化遗址。此外还有双岙石胜观、石担山公园、黄石山公园、国安寺（千佛塔）、永昌堡、龙湾古炮台等众多自然景点和历史人文资源。

瑶溪因张璁赞其“溪石皆玉色”而得名。张璁为明代重臣，明正德十三年主持创办罗峰书院。罗峰书院后改建为钟秀园，嘉靖七年皇帝赐名贞义书院，是温州古代唯一由皇帝赐名敕建的书院。在书院遗址内，出土了青石狮子、《兄弟岩》诗碑和《观荷亭记》字碑等古迹。2012年，龙湾区政府决定在瑶溪风景区内重建贞义书院。

示范带境内有温州国际网球中心，大罗山国家健身登山步道主入口也设在瑶溪。附近还分布有中共温州市委党校、温州城市大学、温州第八高级学校等教育资源。

瑶溪是龙湾杨梅的重要产区，瑶溪杨梅栽培历史悠久，并注册有“瑶溪牌”商标。龙湾瑶溪杨梅专业合作社曾获评浙江省果蔬采摘旅游基地，其杨梅产品更是多次获奖。位于瑶溪风景区内的瑶溪王朝大酒店是温州市率先推出全程“管家式服务”的，兼具餐饮、商务、休闲度假等功能的四星级旅游酒店。

二、总体定位和设计理念

1. 总体定位

示范带依托瑶溪的自然资源和地域文化资源，以瑶溪村为乡村振兴的主体，通过打造书院文化，建成集国学教育、文化创客、艺术培训、书院祈福、商务洽谈、休闲娱乐于一体的修心养身旅游目的地。

2. 设计理念

示范带将瑶溪山水与文人墨客相结合，展现水墨瑶溪的文化底蕴。以贞义书院作为书院文化传播的载体，发挥休闲旅游核心吸引力；以瑶溪村作为书院文化体验区，承担休闲旅游服务片区功能；以龙冈山板块作为书法题刻及历史古迹展示窗口，建设养心之旅片区；以瑶溪及瑶湖为依托，打造康娱旅游路线。

3. 总体布局

（1）规划结构　总体形成“一心一区两线”的结构，“一心”指以贞义书院为载体的旅游核心，“一区”指以瑶溪村书院文化体验区为主体的旅游服务片区，“两线”指依托龙冈寺打造的书法养心之旅和依托瑶溪及瑶湖打造的康娱之旅这两条旅游风貌游线（图 1）。

（2）功能分区　根据规划结构，将示范带分为四个功能区，即：贞义书院核心区、瑶溪村书院文化体验区、养心之旅片区、康娱之旅片区（图 2）。

贞义书院核心区，作为龙湾区对外展示传统文化艺术的窗口，以打造龙湾最美书院为目标，营造书院氛围。对市民休闲公园钟秀园进行景观改造提

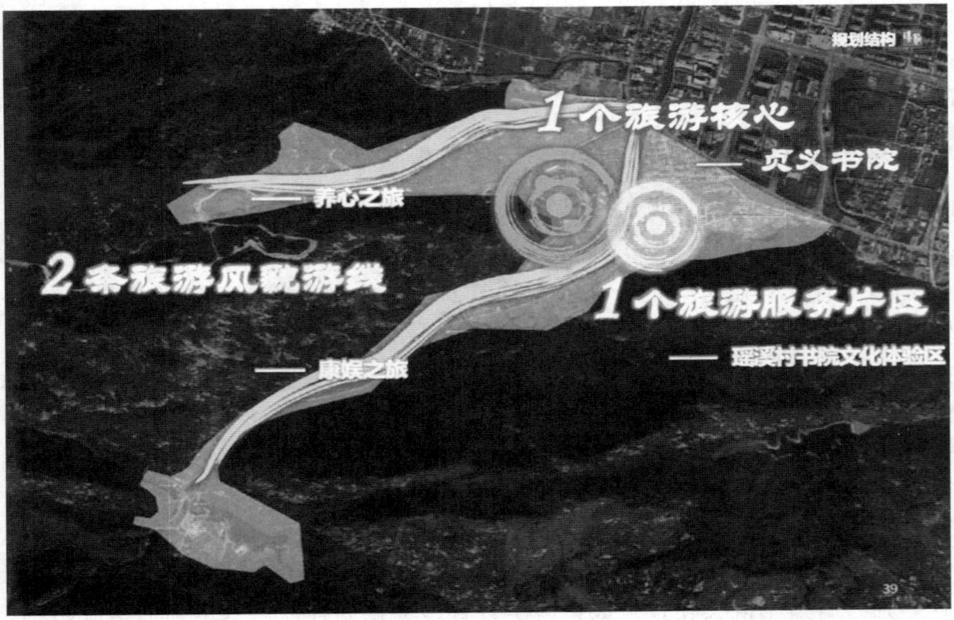

图 1　龙湾区瑶溪休闲旅游乡村振兴示范带规划结构

（来源：温州市龙湾区瑶溪休闲旅游乡村振兴示范带规划方案设计）

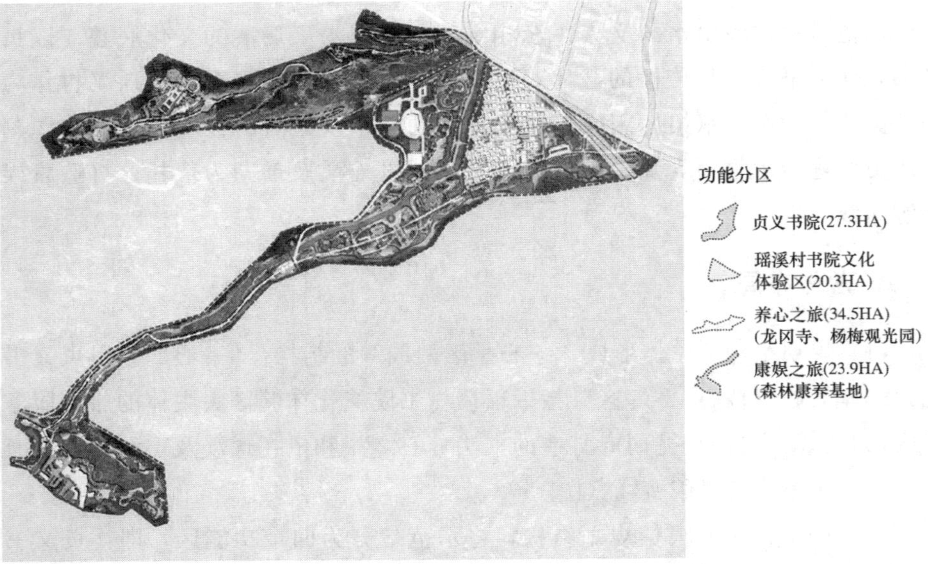

图 2　龙湾区瑶溪休闲旅游乡村振兴示范带功能分区

（来源：温州市龙湾区瑶溪休闲旅游乡村振兴示范带规划方案设计）

升，依托主体古建，恢复古贞义书院景观的轴线布局，突出书院文化仪式感。功能区内设置参与性游览项目，使游客能够浸入式感受传统书院文化气息，了解非遗文化传承，参与传统文化艺术学习与制作。

瑶溪村书院文化体验区，不仅是瑶溪风景区的门户入口，更是瑶溪休闲旅游乡村振兴示范带的形象入口，承载着形象展示的重要作用。将山水瑶溪和书院文化相结合，以传统八雅——“琴、棋、书、画、诗、酒、花、茶”为创意切入点，展现村庄的诗情画意，同时传递文人墨客聚集地的雅致写意。

养心之旅片区，依托龙冈寺，集聚现代文人墨客的忆古思今之情，传承书法诗词文化。经龙冈山路到达龙冈寺，游下山古道追寻古人书法题刻古迹、穿幽静梅林观赏果林花海，打造“龙脊之路最特色，莲花石台最禅意，龙磐禅院最诗意，摩崖石刻最自然，杨梅观光最休闲”的诗意养心之旅。

康娱之旅片区，以康健、娱乐、食宿为主题特色，主要由依山道路和以王朝大酒店为核心的较为集中的环湖景观组成。在现有景观的基础上进行改造提升，展现水墨瑶溪的大气之美，整体景观氛围突出森林疗养基地的使用功能。

山水风光秀，书院淡墨香

——记龙湾区瑶溪街道瑶溪村

一、村庄发展概况

龙湾瑶溪街道瑶溪村，坐落于大罗山的山麓、瑶溪风景名胜区的入口处，东面与温州市委党校、璋川村相邻，北面紧靠永胜村，西面连接省级风景名胜区瑶溪风景名胜区，三面环山，风景秀美。瑶溪村距温州市区约 20 分钟车程，距温州龙湾机场仅 10 分钟车程，交通十分便捷。“温州最美公路”瑶李线从村中经过，通往瑶溪风景区，终点处为瑶溪王朝大酒店——大罗山中唯一的四星级酒店、温州首批职工疗休养基地。

瑶溪村风景资源丰富，文化底蕴深厚。瑶溪风景名胜区的子景区——钟秀园景区位于瑶溪村内，钟秀园中的贞义书院，由龙湾名人、明代重臣张璁始建，嘉靖皇帝赐名。张璁、李阶、王瓒等名人雅士在此留有多处遗迹，村内还有多处文物古迹，如钟灵庙、张氏小宗、董士义民居等，均保存完好。瑶溪岭古道曾获评温州最美古道。

近年来，瑶溪村充分利用自身资源优势，借助瑶溪省级旅游风情小镇、环大罗山乡村振兴文化休闲旅游带、瑶溪休闲旅游乡村振兴示范带建设的契机，提升生态环境，优化配套设施，做好历史文化古迹的开发利用，植入新业态，发展村经济，全力打造温州美丽乡村建设、乡村振兴的样板，实现城乡景、业、人的高度融合。

为保持良好的生态环境，瑶溪村严格做好瑶溪山水源头的保护，推进截污纳管工程，严格约束生活污水和残渣的排放，全面实施垃圾分类，集中处理生活垃圾，修建公厕，提升环保设施水平。大力开展环境卫生整治、“乱拉线”整治、拆违控违行动、立面改造建设，使村容村貌变得整洁美观。

加强村内旅游基础设施建设，依托瑶溪风景区入口优越的地理位置，修建瑶湖游步道，建设灯光足球场和篮球场，流转农户的杨梅树建起杨梅观光园，利用荒废地块建设停车场。村党员带头创业，带动一批村民开办各类农家乐及其他服务产业，推进三产融合发展，有效提高了村集体收入和村民经济收入，也打响了“老房子”“琳珑水榭”等一批农家乐品牌，吸引了更多游客前来观光旅游。

瑶溪村以合理科学的规划为指导，深入传承和开发传统优秀文化资源，通过产业引入带动乡村文化复苏。7 幢历史古建搬迁到钟秀园内，作为非遗文化传承、文学作品展示交流、书画培训指导等各类文化活动的场馆使用，龙湾书画院也落址于贞义书院。为深入推进龙湾“中国书法之乡”的建设，区政府决定将钟秀园建设为书法主题公园，并将全力打造钟秀园非遗体验基地群。根据规划，还将在瑶溪村植入文化艺术培训和创客空间等业态。

由于美丽乡村建设成效明显，瑶溪村先后荣获 2017 年度温州市“五美”乡村先进村、2018 年浙江省 3A 级景区村庄、2018 年度浙江省美丽乡村特色精品村、2019 年度温州市十大最美 3A 级景区村庄等荣誉。

二、具体做法与成效

1. 依托现有资源，促进产业发展

（1）拓展旅游功能增收入　瑶溪村自然风光秀丽，人文历史悠久，作为瑶溪风景名胜区的入口，区位优势、资源优势十分明显。近年来，瑶溪村在如何利用好旅游资源、带动旅游业发展方面，做足了功夫。

钟秀园是张璁创办的罗峰书院旧址所在，2018 年，龙湾区多座城中村拆迁保留下来的古建筑入驻钟秀园，使钟秀园成为一座独具特色的古建筑搬迁公园。改建后的钟秀园，活用“文物＋”新模式，充分结合旅游、文创、教育，将搬迁而来的古建筑作为文化文物展厅、省级非遗郑家园麦麦酒体验馆等场馆使用，使园区“变身”为龙湾区的文化展厅、文化驿站、非遗传承工作室，具备沙龙讲座、文化作品展示、国学交流、文创研究等功能的同时，兼具市民休闲功能，为市民提供了文化活动、假日休闲的良好场所。

通过流转周边村民栽植的杨梅树，建成瑶溪杨梅观光园（图 1），2017 年获批省级旅游果蔬采摘基地。观光园支付给村民流转资金，对这些杨梅树进行统一管理，解决了留守老人难以打理自家杨梅树的问题；同时，杨梅树的流转扩大了观光园规模，双方互惠互利。为了拓展杨梅销路，观光园推出“认养”的方式，由周边企业、单位认养一定数量的杨梅树。为将杨梅观光园

及周边场地打造成党性教育基地，观光园内建设了采摘观光步道，种植杨梅和各种时令蔬菜供采摘，整个基地分为红色体验区、红色驿道区、红色拓展区等3大功能区，并设有红梅廊、红色忆行、红色征途等景点。

图1　瑶溪杨梅观光园入口（来源：自摄）

观光园经营、停车场租赁等旅游经济形式，增加了村集体和村民的收入。村里还经营起多家农家乐，涌现出老房子、瑶琳阁、琳珑水榭等一批农家乐品牌，这些农家乐大多由村民担任服务员。随着生意的蒸蒸日上，农家乐越开越多，这也为村民提供了更多就业机会，提高了村民的平均收入水平。

借助省级旅游风情小镇建设、乡村振兴示范带建设的大好契机，瑶溪村以建成具有旅游休闲、餐饮住宿、服务接待等多种功能的综合体为目标，进一步拓展旅游功能，项目建成后，村内将增加瑶溪风景区入口游客服务中心、旅游厕所、休闲场地、民宿、酒吧等场所。

（2）彰显文化内涵铸品牌　瑶溪村历史人文资源丰富，且周边分布有温州市委党校、温州城市大学等教育资源，在美丽乡村建设中，始终注重其书香古韵气质的体现。

位于钟秀园内的龙湾书画院（图2），是浙江省书法家协会龙湾区书法创作基地、龙湾区文学艺术界联合会创作基地、龙湾区美术名家指导站、龙湾区书法名家指导站。书画院内设有书画交流展览区、书法文化体验区、书画名家工作室区、书法休闲区4大功能区。书院常年免费开放，并开设公益课堂，免费为书画爱好

图2　龙湾书画院（来源：自摄）

者提供专业指导。龙湾区成立的“中国书法之乡”书法人才工作站也入驻龙湾书画院，定期开展研讨、交流、展览、创作等活动。

瑶溪村结合乡村振兴示范带的建设，规划先行，打造集艺术培训和文创为特色的乡村旅游品牌。瑶溪村作为瑶溪休闲旅游乡村振兴示范带的书院文化体验区，将植入创客空间、文化艺术培训等业态，提升乡村环境风貌，推动民间非遗文化传承，打造成一个富有文化气息、富有创意、环境优美的“风雅”美丽乡村。

采用“一环一路一街”的空间格局（图 3），利用环瑶溪村风貌展示带来展现村庄外围整体风貌，连接村外围入口形象及村中心核心主广场；纵贯瑶溪村的中心文化道运用新中式简约写意的设计元素，结合瑶溪古建特有的建筑元素展现瑶溪古街韵味；创意产业街体现传统文化创新，增加互动性、趣味性。在村内设置文化礼堂广场、书文化广场、棋文化广场等场地，将温州古民居、书简、毛笔等文化元素融入景观，并采用当地产花岗岩作为造景材料，充分体现地域特色。同时还积极挖掘具有瑶溪特色的百年酿酒文化，建设酒文化广场。

图 3　瑶溪村书院文化体验区“一环一路一街”的空间格局

（来源：温州市龙湾区瑶溪休闲旅游乡村振兴示范带规划方案设计）

2. 开展综合整治，美化人居环境

（1）整治环境展新貌　为全面提升环境质量，瑶溪村大力开展拆违控违、卫生整治、“乱拉线”整治等专项行动，并取得了实效（图 4）。

作为瑶溪街道环境综合整治的重点村，瑶溪村委高度重视村内环境卫生整治。村“两委”积极配合街道的统一部署，出动垃圾车、环卫工人，全村动员，清理房屋角落卫生，整治房前屋后的乱堆乱放现象，清理绿化带杂草。将环境卫生整治、环保宣传、环境督查常态化，每周开展不定期卫生督查，检查结果进行排名并与村庄考核挂钩，督查中发现的问题，以整改单的形式通知到位。同时设立劝导员，不定期开展垃圾分类宣传活动。

图 4　瑶溪村环境综合整治对比

（来源：自摄）

通过对村内违章建筑的仔细摸排，制定工作方案，在拆除之前给村民留出自行整改的时间，将温馨提醒发放到户，对村民们反映的困难，根据政策规定尽量提供帮助，予以解决。未按期整改的违章建筑和构筑物，坚持“毫不手软、决不通融”原则，进行统一拆除，并及时清运拆违垃圾。

针对村里长期存在的乱拉电线现象，在充分排查现状的基础上，邀请专业公司制定线路整治总体方案，联合多家电信运营商，共同开展整治工作。合理布局光缆交接箱，重新布设不规范敷设的线路，实现了“横平竖直”的整洁布线格局，提升了村容美观度。

此外，瑶溪村还大力加强基础设施建设，为旅游业的发展提供配套。开展 D 级危房排查行动，拆除村内 70 余处危房，投资 52 万元改造闲置地块，建成停车场，解决了原本车辆无处停放、妨碍交通的问题，既为村民生活提供了便利，又为景区旅游理顺了交通。完善垃圾处理和公共厕所提升等配套设施，严禁生活垃圾和工业废水直接排入河道，生活垃圾集中收集清运，生活污水处理率达到 100%，在河道中开展生物修复工程，极大改善了水质，保护了风景区水资源。

（2）扮靓村庄增颜值　为提升村庄的“颜值”，瑶溪村对村居建筑进行了立面改造，统一风格，展现古韵，经精心规划，将进一步扮靓村庄，体现地域特色。

未经立面改造的瑶溪村，建筑形式和建筑立面难以体现当地文化特色，各种风格的建筑以及多种颜色的建筑面材缺乏统一性和辨别度，建筑周边绿化缺乏特色。改造之后，原本杂乱的村居建筑变得风格统一、色彩和谐，古朴的廊檐，清雅的小桥流水，江南水乡的气息扑面而来（图 5、图 6）。村“两委”还结合“美丽庭院”建设活动，发动村民动手改造身边环境，让自家庭院变得更美。

图 5　立面改造后的村庄建筑

（来源：自摄）

图 6　整洁古朴的村庄环境

（来源：自摄）

瑶溪村正在逐步落实示范带规划，继续深入推进村庄形象提升工程。在瑶溪村主入口、次入口、景观带入口等处设立标志性景观（图 7），以景墙、枯山水、花海、题字等景观形式来展现村庄形象，充分融入古村剪影、木构窗花、书简毛笔、山体造型、水墨色彩等具有地域特色的景观元素，既传递遥远记忆，又体现现代文人墨客聚集地的创新之感。

对创意街和文化路进行改造提升。在原有基础上，加入文化主题墙面、民俗墙、古韵灯具、温州古建元素、毛笔样式电线杆等景观元素；设立棋文化广场、书文化广场、琴文化广场、文化礼堂广场等休闲场地；通过山水景墙、书简景墙、特色铺装、特色种植池、休闲平台等元素，将现有历史古建融入景观中；绿化以乡土植物为主，突出百年古榕树景观（图 8），打造富有地域特色的活动空间。

图 7　景观带主入口标志（来源：自摄）

图 8　百年古榕和钟灵庙（来源：自

3. 创立党建品牌，推动“三治”融合

（1）“点滴”党建树品牌　瑶溪村通过建设“点滴”党建示范点，打造党建特色品牌，从人民群众的需求出发，用抓关键小事的方法解决群众生活中的难题。

抓基础设施建设和环境综合提升，使环境优美一点；便民服务有效率，治危治堵有决心，医疗惠民有举措，使群众生活方便一点；做好个人发家、集体致富文章，使收入增加一点；开展党校党性教育、日常党性教育、模范党性教育，打造教育阵地，使党建教育多样一点；党员认可有威望，群团参与有响应，群众满意有口碑，使幸福使数提高一点。

在乡村振兴示范带建设中，瑶溪村党员处处冲在前方，在环境综合整治、基础设施建设、开发创业等各方面都发挥先锋模范作用，并用“党员模范岗”上墙树立标杆。为促进党建工作与妇建工作的良性互动和共同发展，在瑶溪党日共学乡村振兴巾帼示范带建设中，建立了维权基层调解大体系，设立巾帼创业创新示范基地、妇女之家示范点、乡村女主人最美农家乐、美丽庭院示范点等。

随着近几年城中村拆迁工作的推进，部分村民面临再就业的问题，瑶溪村党支部通过各种途径为村民提供就业机会。依托景区地理优势，党员带头创业，并采取表彰成绩突出的优秀党员等激励措施，带动村民创办起农家乐，在政府审批、周边管理、标牌设置、泊位配置等方面给予村民全力支持，高质量解决100余人的就业问题。利用瑶溪王朝大酒店招工、温州市委党校落地等合作项目，为村民争取工作岗位。协助瑶溪街道举办“拆迁户专场招聘会”，定向为本村拆迁户和用工企业牵桥搭线。

将村中空置场地改建为灯光足球场和篮球场，将100多亩集体土地建成为小微工业园，引入多家企业。这些场地的租金大幅度提升了村集体经济的收入，同时入驻企业还解决了一批村民的就业问题。

（2）“三治”融合促和谐　瑶溪村贯彻落实党的十九大精神，根据村庄实际，深化“三治融合”的乡村治理模式，使乡村治理机制更灵活，努力打造农村“共建、共治、共享”的治理格局。

为保障村民的民主权利和义务，能更好地开展村民自治，瑶溪村修改补充了村规民约中的村民自治相关章程，调动村民民主参与和管理的积极性，定期召开村民代表会议。在村内事务处理上，坚持“五议两公开”等议事制度，层层审核把关，并将决议和实施结果公开。村民可以通过村务公开栏、微信等方式查阅村级“三务”的公示，“三务”规范到位、全面真实、公开透明，随时接受群众监督。目前，村民自治效果卓有成效，村内连续5年未发生治安犯罪案件，连续10年信访矛盾不出村。

利用法治讲座、发放宣传资料、设立宣传牌、普法带头人上墙等形式，深入宣传法律知识、法规政策，提升村内学法、知法、懂法、守法的氛围。在一系列活动的推进下，瑶溪村村民依法行使权利和履行义务的意识得到普遍增强，法律安全意识和合法权益维护意识明显提高，遇到各种矛盾和纠纷，能利用法律手段调解和解决，按照法律法规表达自己的利益诉求。瑶溪村成为温州市第二批法治文化建设示范点。

瑶溪村以现有的文化底蕴为基础，紧紧围绕“道德”文化品牌建设，积极推进精神文明建设。推进“道德模范”“十星级文明户”“美丽系列”等创评活动，开展美丽庭院创建户培训会、旅游风情小镇创建专题汇演、迎新茶话会等丰富多彩的文化活动。扎实开展移风易俗各项活动，推进乡风文明建设。

（3）清廉村居显特色　瑶溪村创新式地推进清廉村居建设，建立“清风廉景”廉洁教育体验基地，创造可爱的“瑶溪廉娃”卡通形象，自编家风家训童谣，营造“一步一廉景、清风拂面来”的村居氛围。

在瑶溪村村口设立头顶莲（廉）花的廉娃地标，手绘“清廉瑶溪·清风廉景”体验导览图（图 9）清晰展示了村内各体验点的布设。结合钟秀园的建设，打造清风廉语小径，设立清风文化长廊、清风互动牌、清风书巢，将清廉村居建设与休闲旅游乡村振兴示范带建设充分融合。

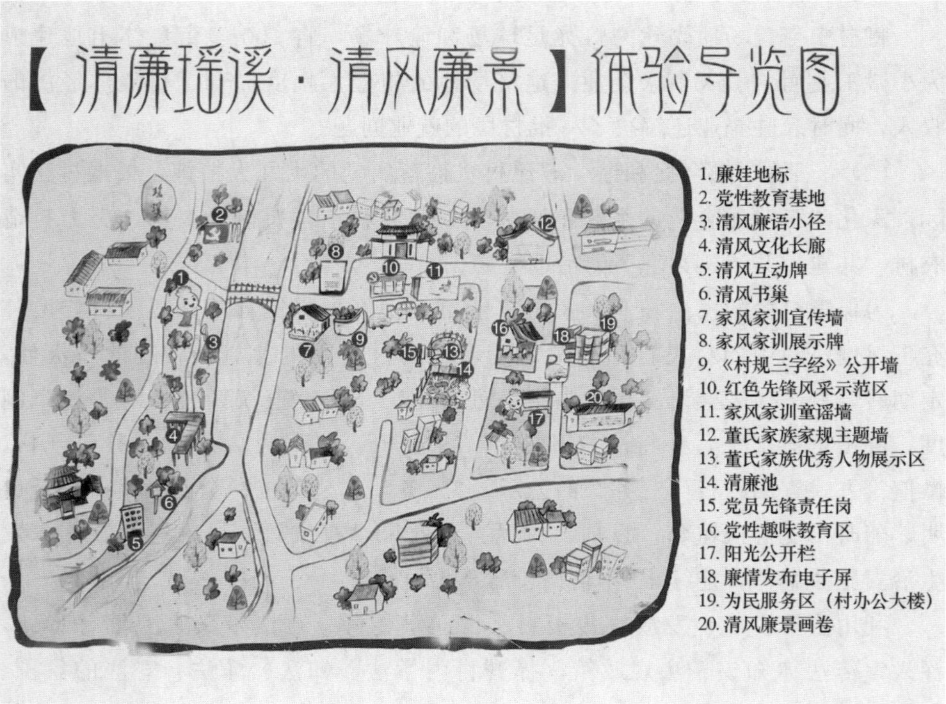

图 9　“清廉瑶溪·清风廉景”体验导览图（来源：自摄）

把村居打造成户外的廉政教育基地，结合本村悠久的董氏家风文化，创作家风家训童谣（图 10），以儿童喜闻乐见的“拍手歌”的形式，传唱廉洁家风家训。并将村规民约编写成琅琅上口的三字经，设立村规三字经公开墙进行展示。村内还展示有董氏家族家规主题墙、董氏家庭优秀人物展示区、清廉池、党员先锋责任岗、党性趣味教育区、廉情发布电子屏等，清风廉景随处可见。为了提高村民参与的积极性，瑶溪村还精心制作了廉洁知识闯关地图，设置了家风家训、八项规定、纪法知识等党风廉政相关内容共计 20 个闯关关卡，真正做到了寓教于乐。

图 10　瑶溪村家风家训童谣墙

（来源：网络 http：//wz. zjol. com. cn/xqyw/201808/t20180814 _ 8014704. shtml）

三、发展模式剖析

1. 上级相关部门足够重视

瑶溪村的美丽乡村建设成就，离不开上级相关部门的充分重视。瑶溪省级旅游风情小镇建设、瑶溪休闲旅游乡村振兴示范带建设均以瑶溪村为核心开展，书法主题公园打造和龙湾区城中村拆迁后的古建搬迁均选址于瑶溪村内的钟秀园。在瑶溪街道小城镇环境综合整治行动中，瑶溪村是重点率先打造的村庄之一，整治行动以瑶溪村为起点，逐步向其他村推进。瑶溪街道加速开展“阳光”党建示范群建设，瑶溪村是 3 个“红色驿站”示范点之一，整合瑶溪杨梅观光园、钟秀园等资源，在瑶溪村投资建起了温州市首个村级廉政体验基地。瑶溪村的美丽乡村建设在政策、资金等各方面的有力支持下，得以更快地开展。

2. 创造性利用现有资源和产业基础

瑶溪村位于瑶溪风景区入口，区位优势明显且资源禀赋优势显著，其自然资源丰富，人文历史积淀深厚，旅游产业基础较好，能够创造性地利用好这些资源是瑶溪村发展的关键之一。瑶溪村通过整理废弃场地建设球场、小微工业园收取租金增加村集体收入，利用D级危房拆除后的土地修建停车场、酒文化广场来提升旅游服务配套设施建设，通过流转农户的杨梅树建设杨梅观光园，结合本村实际打造“点滴”党建品牌，通过创造廉娃、家风家训童谣、廉洁知识闯关地图等来推进清廉村居建设，走出了一条美丽乡村建设的特色之路。

3. 健全“三治融合”基层治理体系

瑶溪村以“自治”凸显村庄民主治理、以“法治”促进乡村新风尚、以“德治”推动精神文明建设，逐步健全“三治融合”基层治理体系。严格执行“五议两公开”“三务”公开，提高村民参与村务管理的积极性；多途径宣传法律知识和法规政策，带动了一批学法、知法、懂法、守法和护法的村民；积极开展各类有益的文化活动，丰富村民的精神文化生活，破除根治旧俗陋习，推进移风易俗常态化。瑶溪村“三治融合”的有效推进，为村庄建设和发展提供了坚实的保障。

四、适用条件

（1）有较为优厚的资源禀赋　比如瑶溪村周边旅游资源、教育文化资源丰富，瑶溪风景名胜区旅游业发展基础较好，与它同属大罗山脉的还有高教园区和诸多风景名胜，可连片发展。

（2）有敢于创新的领导班子　结合村庄实际，对现有资源进行整合、提炼，采取有效措施，发挥出资源最大的优势。瑶溪村在环境整治、产业发展、村庄治理等各方面，都有所创新，特色明显。

（3）有相关部门的充分重视和有力引导　瑶溪村在美丽乡村建设中，受到了相关部门的足够重视，因而获得极大的助力。在瑶溪街道打造“美丽瑶溪”的举措指引下，瑶溪村结合本村实际进行细化、深化、特色化，做出了显著成效。

旅游兴村，环境美村

——记龙湾区永中街道郑宅村

一、村庄发展概况

龙湾区永中街道郑宅村，坐落于大罗山脚下，是环大罗山乡村振兴文化休闲旅游带上的一个村庄。辖区内有三座水库，水网交织，美不胜收，这里有以奇峰怪石、碧水古庙为特色的天柱寺景区，浙南地区最古老寺院之一的千年古刹天柱禅寺，还有始建于宋代的区级文保单位“上岸桥”、人工奇迹千步梯、梅安先生古迹、宋代书法家米芾“第一山”摩崖石刻等人文古迹。农业、渔业、盐业、商业、手工业、岁俗、婚俗、祭祀等民俗文化源远流长，民间技艺“郑家园麦麦酒酿造技艺”还被评为省级非物质文化遗产。

但是，几年前的郑宅村还是一个“落后村”，环境卫生脏乱差、基础设施落后、电镀等家庭小作坊遍地，村内白水河污染严重。2011 年，郑宅村村民自发筹款 30 万元用于河道治理，经过 3 年的治理，河流恢复了清澈，生态环境的改变也吸引了农业项目在村里落户。

2012 年，莲情谷文化园选址在郑宅村白水河畔废弃地，回归“龙商”陈承胜通过流转租赁 100 多亩田地，建立起浙南地区最大的水生花卉种植基地。随后，郑宅村又引入东篱下农业生态休闲农庄项目，白水民俗博物馆也建成开放。这些项目的建成，不仅美化了乡村面貌，更为村集体增加了可观的经济收益，郑宅村的旅游经营收入实现了大幅度增长。2015 年，村经营收入 125 万余元，比 2014 年翻了 3 倍，2016 年收入又比 2015 年翻了一倍。

郑宅村抓住机遇，高度重视美丽乡村建设，充分发挥自然环境和历史人文的天然优势，把绿水青山变为金山银山；坚持旅游兴村、环境美村的路子，带动村庄实现科学发展、和谐发展；休闲时尚农业日渐红火，成为龙湾区的

“后花园”；建成绿色文化长廊、白水公园、横山公园、南山小公园、沙河小公园、郑宅村居家养老服务中心、省级非遗郑家园麦麦酒基地等民生工程。乡村旅游精品项目有莲情谷文化园、东篱下农业生态观光园、滨河游行步道、天柱路美丽街区、前河文化楼、南山河皮划艇俱乐部。

莲情谷文化园获评省生态示范基地、市现代农业园区示范性农业观光园、区科普教育基地、区社科示范基地，龙湾东篱下休闲农庄被评为浙江省生态文明教育基地、省级示范性青创农场，白水民俗博物馆获评市未成年人思想道德建设阵地、区科普教育基地、区爱国主义教育基地、区未成年人教育实践基地，而郑宅村荣获省级旅游特色村，省 3A 级景区村庄，市级生态村、卫生村、文明村、“五美”乡村精品村等荣誉。

二、具体做法与成效

1. 提升村庄环境，营造美丽村居

（1）落实五水共治，全面治理白水河　郑宅村环境的改变，源于村民自发治水。在此之前，因为电镀小作坊聚集，工业废水和生活污水直接排入河道，导致唯一贯穿郑宅村境内的“母亲河”——白水河乌黑发臭。2011 年，村民自发筹集资金，开始了白水河的治理。村里在新开河道旁新建翻水泵站，每天持续将未受污染的新开河的水输送到白水河内进行更新，并新建水闸，加大河流的水容量。2013 年，郑宅村建立引水工程，引来大罗山上的泉水注入白水河，增加源头活水。同时，郑宅村联合相关环保部门，严查偷排废水的电镀作坊，切断毒源。村里还成立了“美丽河水巾帼志愿河嫂队”，负责定期巡查河道，监测水质状况（图 1），开展垃圾清理、植绿护绿活动。她们把家里废弃的果蔬残渣制作成环保酵素，用于净化河道水质，大幅度降低水中的氨氮或总磷含量。持续更新河水，定期清淤，净化水质，郑宅村经过三年的坚持，河水恢复了清澈，沿河增加的景观绿化和游览项目，使白水河沿岸环境得到进一步美化。

（2）整治村容村貌，改善生态环境　为确保村容整洁，郑宅村开展了全村道路的硬化和绿化工程，村委会高度重视创卫工作，建立起长期有效的管理机制。第一步，成立郑宅村村容村貌整治领导小组，并配备专业环保人员。

积极推广垃圾分类，确保垃圾日产日清，并在每月的第一个周二组织全村卫生清扫，这一举措杜绝了村庄脏、乱、差的现象（图 2）。第二步，通过强化日常宣传和引导，努力增强村民的卫生、环保意识。在节日组织“全面动手大扫除·清清爽爽过新年”等活动，进一步促进村民环境卫生意识的提高。第三步，重视生态环境提升工程，结合道路绿化、河道绿化、公园绿化，对白水河沿岸、南山河沿岸、主要道路沿线、各公园绿地等进行全覆盖式的景观美化（图 3、图 4），大大提高了村庄绿化覆盖率，营造优良的生态环境。

图 1 “美丽河水巾帼志愿河嫂队”护河（来源：郑宅村提供）

图 2 郑宅村整洁的村容（来源：自摄）

图 3 横山公园绿化（来源：自摄）

图 4 白水河两侧绿化（来源：自摄）

（3）完善基础设施，提升生活品质　近年来，郑宅村基础设施建设始终走在街道各村建设的前列，旅游基础设施的完善进一步促进了乡村旅游的发展，而生活基础设施的完善则全面提高了村民生活的品质。在天柱寺和郑宅村村内均建设了停车场，满足游客的停车需求；在天柱路、天柱寺山脚下、天中路、郑宅村横山公园等处的合理位置，建设旅游公共厕所；通往天柱寺景区、东篱下、莲情谷、白水民俗博物馆等各主要景区景点的旅游标识设置到位。开展村庄沿街立面整治，用墙面彩绘扮靓建筑。整洁宽阔的道路，精致美观的建筑外立面和店招，给人们带来了全新的视觉感受。新街安装了古色古香的候车亭（图 5）和路灯，村内增建了南山、沙河两个村级小游园，为村民提供了更多休闲场所，并建成集老年电大、幸福食堂、健身室等功能于一体的居家养老服务照料中心（图 6）。

图 5　郑宅村仿古候车亭（来源：自摄）

图 6　郑宅村居家养老服务照料中心
（来源：郑宅村提供）

2. 发展特色旅游，带动经济发展

（1）打造特色休闲项目，提升旅游吸引力　郑宅村早年的乡村旅游休闲项目类型不够丰富，特色不够突出，无法给游客留下深刻印象。近几年，自然与文化交融的郑宅村成功地吸引了一批投资者，莲情谷文化园、东篱下生态休闲农庄、白水民俗博物馆、郑家园麦麦酒基地等旅游项目先后在村里落户。郑宅村充分利用自身资源禀赋，结合这些新项目的落地，打造具有特色的休闲项目。作为温商回归重点项目，莲情谷文化园以莲花品赏为主题，开展莲花品赏、水上娱乐、自然山体攀岩、亲子游乐等各类休闲项目。东篱下生态休闲农庄以“种多肉·静生活”慢绿元素为主题，设多肉植物超市、咖啡吧、文化休闲区、生态菜园、露营大草坪、餐饮区等区域，游客可惬意地在农庄中享受田园文旅新生活。白水民俗博物馆，由白水姜氏族人在自家宗祠上修建而成，主要展示龙湾永强一带的各种民俗文化，现存民俗展物 500 多件。天柱寺景区，连接大罗山健身步道，景区内还有多条古道，颇受登山健身者的喜爱。这些各具特色的休闲旅游项目日益丰富，极大地促进了郑宅

村集体经济的发展。此后，郑宅村以莲情谷文化园和东篱下生态休闲农庄为依托，打造“形象美丽、生态示范、文化浓郁”的浙南最美农庄，并成功上榜“美丽温州示范创建项目”。

(2) 开展特色体验活动，提高项目丰富度　郑宅村各景点结合自身特点，开展各具特色的体验活动，打造集农业观光、生产示范、艺术体验、科普教育、休闲度假为一体的浙江省乡村创艺农业体验旅游目的地和生态文明示范基地。如莲情谷文化园，做好、做精“莲花”文章，设立泛舟采莲花、办莲情特色莲花宴、尝全生态莲花茶、水生花卉摄影等系列体验项目，并以民族风情游乐为补充，开发蒙古包、蒙古摔跤、草原射箭等蒙古风情体验项目，还通过水生植物净化水体功能、“莲鱼共生”种养模式等形式开展水生花卉生产示范、科普教育，让游客在休闲游览的同时，还体验了生态科技。东篱下生态休闲农庄，通过废弃物资源化利用展现生态环保理念，还进行了“海绵城市”元素的开发，设有特色的“DIY 多肉植物”体验活动。此外，郑家园的温州特色小吃姜蛋、素面，橘园的椪柑采摘游等体验项目，均吸引了众多游客前来。

(3) 开发特色地方产品，扩大景点知名度　郑宅村积极开发形式新颖、富有文化内涵的景点特色产品，满足游客旅游购物的需求，以期扩大景点知名度，赢得更多回头客。重点开发具有本土文化特色的创意农产品、工艺品，如莲情谷借助产品深加工、手工艺品制作等方式，积极打造莲情文化馆、莲情创意馆，开发莲韵画、莲如意等莲花系列产品(图 7、图 8)，还有东篱下的多肉馆、橘园的椪柑、天柱寺的土鸡、郑家园的麦麦酒等，均受到游客的青睐。

图 7　莲韵画（来源：郑宅村提供）

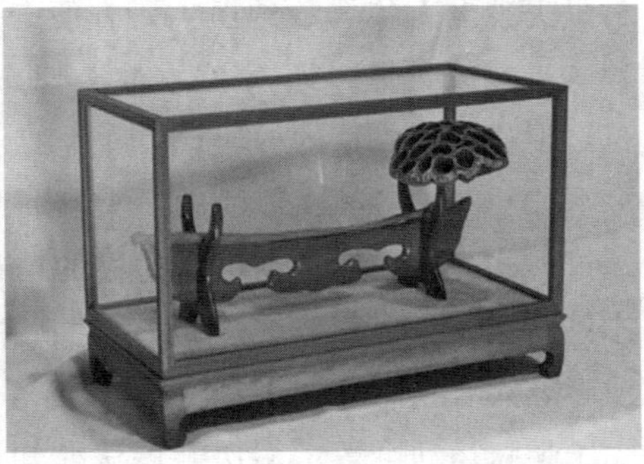

图 8　莲如意（来源：郑宅村提供）

3. 建设文明乡风，促进和谐生活

（1）加强思想道德教育，优化社会风气　郑宅村充分重视乡风文明建设，以打造“善”文化为突破口，树立社会主义新风尚，并通过制定《郑宅村道德守则》《郑宅村干部守则》进一步明确要求。多途径开展思想道德教育宣传，通过沿街设置宣传牌、分发宣传资料，入户分发科学知识、医疗卫生知识宣传册，组织开展计划生育宣传、流动人口健康教育宣传等形式，宣传“讲道德、尊道德、守道德”的良好风尚，提倡健康文明的生活方式。制定《郑宅村道德评议会制度》，每季度由 4 名村民对该季度村内风俗民情情况进行通报，经常性开展道德评议活动，若有群众举报不文明行为，则对行为人进行批评教育。郑宅村始终把党员的思想教育工作放在首位，深入开展农村基层党建，全面提升整村推进工作，认真组织开展以“联系一个网格、包干一片责任区，帮扶一家邻里困难户，组织一次义务劳动，认领一批‘微心愿’”为主要内容的党员先锋活动。

（2）弘扬中华传统美德，构建和谐农家　郑宅村村委认真制定村规民约，并积极宣传，弘扬中华民族仁爱孝悌的传统美德，努力增强村民敬老、爱老的意识，倡导创业奉献、爱家爱村、家庭和睦、邻里团结的和谐氛围。制定《郑宅村村民议事会制度》，定期召开村民议事会，鼓励村民行使村级自治事务决策权、议事权，讨论决定村级日常事务。大力开展志愿者活动，并制定《郑宅村志愿星级评定制度》，经常性开展全民清扫，发动村民积极投入爱心食堂志愿者服务，为老人们提供中餐服务，不定期开展结对关爱留守老人、留守儿童等各类帮扶活动，积极帮助孤寡老人、残疾人等生活困难群众，为村里失独老人签署签约医生，方便老人看病。落实上级精神，认真评选、推荐“十星级文明户”“家庭女性美德人物”“美丽庭院”等，通过活动树立典范，促进和谐农家的构建。

（3）开展各类文体活动，丰富村民生活　郑宅村借助文化礼堂等平台，通过形式多样的活动，丰富村民的精神文化生活，并结合各类文体活动推进志愿服务。举办春节“送春联·迎新春”、端午节包粽子比赛、“冬至汤圆甜·温暖老人心”、重阳节传统戏曲表演等一系列节日活动，开展富有农村特色的女子趣味运动会等。多次开展法律知识、心理健康、女性职场形象提升、电商培训等知识讲座和课程，丰富村民们的知识。各类活动的开展，拉近了村民间的关系，促进村民形成积极健康的生活方式，给村民生活增添了幸福感。

三、发展模式剖析

1. 建立健全领导机构，强化制度保障

郑宅村充分重视美丽乡村建设工作，成立了专门的工作领导小组，由村党支书记担任组长，村主任、老人协会会长担任副组长，村“两委”、老人协会其他人员担任小组成员。领导小组坚持季度例会制，定期探讨工作新思路、新举措，统一认识，明确目标任务。将美丽乡村创建列入村干部工作绩效考核，健全和完善了《郑宅村道德守则》《郑宅村干部守则》《村“两委”工作制度》《郑宅村村民议事会制度》《郑宅村道德评议会制度》《郑宅村红白理事会制度》等一系列规章制度，为建设工作提供了有力保障。

2. 充分发挥资源优势，找准产业发展重点

村“两委”从本村实际出发，研究制定了本村全面实现小康社会奋斗目标的近期和中长期发展规划，明确建设经费投入计划。旅游业作为郑宅村的主要产业，受到充分重视，村“两委”邀请相关部门编制了概念性规划设计，详细制定出特色鲜明、可操作性强的旅游发展方案。充分发挥本村自然山水资源和历史文化底蕴的天然优势，旅游兴村，通过提升完善天柱寺景区，引入休闲旅游项目，招商引资建设基础设施和景观绿化工程等举措，壮大集体经济，提高乡村旅游的竞争力、吸引力、影响力，真正将绿水青山变成了金山银山。

3. 搭建新型矛盾纠纷调处平台，促进社会稳定

以“红色细胞工程”为突破口，成立郑宅村人民调解委员会，以便妥善解决村民群众的内部矛盾。设立固定办公地点，落实工作制度、工作流程、工作原则、工作纪律、工作职责等内容上墙，并设立法律援助点；全面掀起挨家挨户开展走访、收集民情活动，及时发现问题；充分发挥全体党员及志愿者作用，实现社区和群众零距离接触、零距离互动，实现了红色细胞全覆盖。随着村民法制观念、法制意识的不断提高，近年来，村内纠纷事件逐年减少，村民生活和谐，安居乐业。

四、适用条件

郑宅村的发展有它自身的特点，其发展模式需要配合一定的条件才能适

用。首先，村庄应拥有可开发的旅游资源，有一定的自然风景或文化历史资源禀赋，如郑宅村的产业建设即是在原有旅游资源基础上进行提升、完善，从而推动经济快速发展。其次，村民应有较高的思想觉悟，对本村建设积极性高，郑宅村的变化源自村民自筹资金治水，良好的生态环境基础为后续产业发展铺平了道路。

执笔人：李　宇

校核人：施一骥

章薪妤

文中彩图请扫码查看

洞　头

洞头区乡村振兴示范带建设情况

一、示范带建设概况

近年来，洞头区坚持“大美洞头，海上花园”的发展理念，打造温州的大客厅、大景区、大花园，高水平建设海上花园，率全市之先创成省无违建县、省美丽乡村示范县，成功入选全国十大美丽国家海洋保护区、国家海洋牧场示范区、浙江省首批生态文明建设示范区。洞头区生态环境质量公众满意度居全市第一。2018 年，洞头全区地区生产总值达 101.15 亿元，同比增长 8.9%；一般公共预算收入 8.18 亿元，增长 15.1%，增幅连续三年全市第一；城乡居民人均可支配收入分别为 45 407 元和 27 130 元，分别增长 8.4% 和 9.2%。为深入实施乡村振兴战略，加快万村景区化和全域旅游工作，洞头区按照“一村一韵味、一路一特色、一岛一主题”的要求，突出点线面相结合建设，全面打造景区型花园村庄，将提升改造包括 28 个精品村在内的村庄环境，实现花园村庄“景观化建设、旅游化生产、休闲化生活”。2017 年，洞头投资 4.6 亿元建设 17 个花园村庄，3 年计划投入 22 亿元建成 70 个花园村庄，渔村面貌得到美化提升。随着“撤县设区”后洞头区“同城化发展”的进一步推进，海岛综合交通和基础设施网络的不断完善，全区将逐步改变相对孤立的现状格局，向连线成网、立体互联格局跨越，迈入新型城镇化加快推进的历史时期，这将会为洞头带来多层次多领域的政策红利，同时也对洞头经济社会发展提出新的要求。在此背景下，渔农村经济将面临融入都市产业、适应大市场等机遇和挑战，需要洞头渔农村经济加快转变增长方式、主动参与市场竞争、加大科技投入力度、积极应用现代信息技术。

表 1 为洞头区乡村振兴示范带已建成情况。

表 1 洞头区乡村振兴示范带已建成情况

序号	示范带名称	建设年份	建设内容
1	洞头两岸同心乡村振兴示范带	2018 年	示范带位于洞头区东屏街道，以“一山一海一蓝湾、同根同源同半屏”为主题，启动建设包括韭菜岙沙滩修复工程等 20 个项目，计划总投资 10.4 亿元，力争将东屏打造为海岛振兴样板先行区。
2	北岙古渔村乡村振兴示范带	2018 年	示范带位于洞头北岙西南侧，以蓝湾整治为纽带，通过花园村庄、农房集聚、民宿集群等项目建设，撬动 4.8 亿元社会资本下乡，先后开发白迭汐语、岩海凸垄等民宿项目，建设九亩丘海创园和总部经济园，使古渔村焕发出新活力、新魅力。
3	大门临港兴业乡村振兴示范带	2019 年	示范带规划范围为大门岛隧道西侧至小门村（含隧道），沿线约 16 千米，辐射 7 个行政村和小门岛东北部区域，总面积约 21 平方千米，重点建设大门民俗餐饮提升、对虾养殖基地、花岗岩加工集聚区等项目。
4	鹿西花园渔乡乡村振兴示范带	2019 年	示范带规划范围涉及鹿西乡鹿西村、口筐村、山坪村、东臼村、扎不断村、昌鱼礁村 6 个行政村。重点建设栖鹿湾人工沙滩修复工程、生态黄鱼休闲渔业综合体、白龙屿生态海洋牧场配套工程等项目。
5	洞头渔韵三盘乡村振兴示范带	2019 年	示范带位于洞头区北岙街道三盘岛，规划范围辐射西山头村、大岙村、阜埠岙村、擂网岙村、下尾村 5 个村。沿线全长约 4.3 千米。重点建设大隐海旅游综合开发项目、中玺月琴湾项目、三盘领海精品民宿群等项目。
6	元觉风情港湾乡村振兴示范带	2019 年	该示范带规划范围为花岗村经五岛公路至深门村，再沿 330 国道、活码线至青山岛。全程长 12.3 千米，其中陆线沿线 10.5 千米，海线 1.8 千米。重点建设花岗渔村文创旅游休闲综合体二期、彩虹湾植物迷乐园、沙角、活水潭、小北岙花园村庄项目。

二、洞头两岸同心乡村振兴示范带

1. 示范带基本情况

洞头两岸同心乡村振兴示范带位于洞头区东屏街道，沿线全长 8.2 千米，陆域面积 3.25 平方千米，海域 2 平方千米，受益人口约 8 500 人（图 1）。示范带覆盖的 6 个行政村有 3 个已纳入省级历史文化村落保护利用村。历史古建与虎皮石墙的老厝是渔村的建筑标志，区域内有具有百年历史的叶宅、陈府庙等 9 处文物古建，其中省级文保一处。半屏山景区是国家 4A 级旅游景区，天然岩雕长廊在全国堪称一绝，被誉为“神州海上第一屏”。2010 年启动“两岸半屏山旅游文化交流活动”，通过多年的对台交流，形成了闻名全国的半屏山文化。示范带以“一山一海一蓝湾、同根同源同半屏”为主题，力争将东屏打造为具有蓝色康养和两岸风情的乡村旅游示范带，凸显海峡两岸和合一家亲的文化主题，重点开发集旅游休闲、养生度假、两岸民俗、自然教育、生态文化于一体的乡村振兴带。

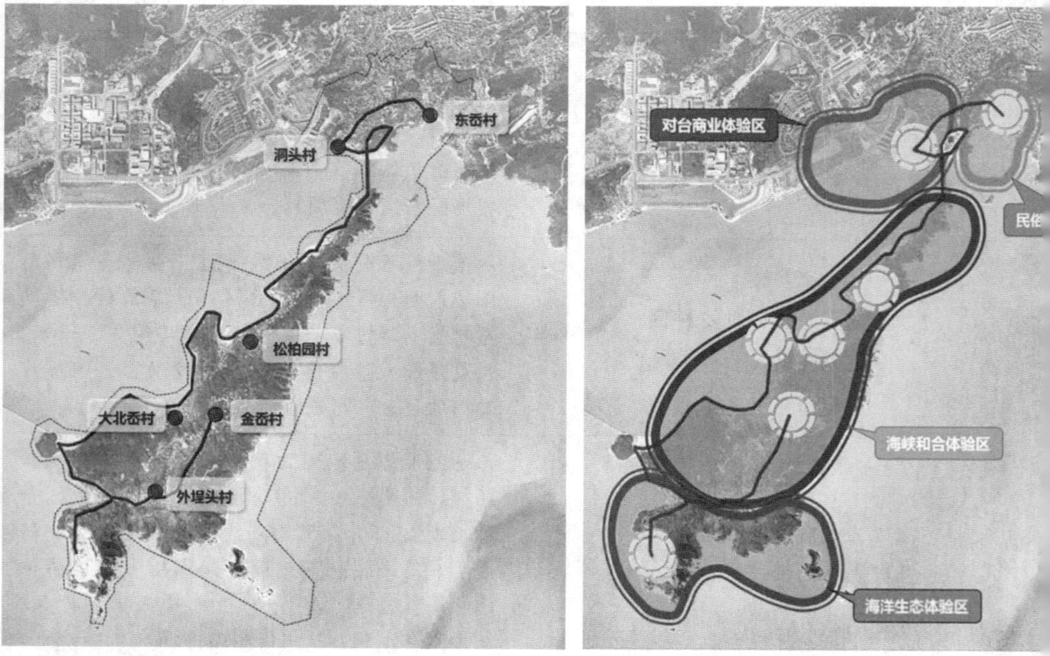

图 1　洞头两岸同心乡村振兴示范带基本情况（来源：编写组自绘）

2. 具体做法与成效

（1）两岸同心，加强海峡两岸交流合作 为进一步深化洞头区与台湾的交流合作，充分发挥地缘相近、人缘相亲、语言相同、贸易相通等优势，洞头区深入推进与台湾在青年“双创”、民俗文化、基层治理、特色产业、小额贸易等领域的交流合作，成为浙江对台开放、合作交流的试验田和主窗口，台湾同胞在浙江的实践地和主平台，最终建成两岸同心、同建同享的海上花园。项目规划构建“一带四区”功能格局。其中，“一带”为两岸同心乡村振兴示范带，“四区”为民俗文化体验区、对台商业体验区、海峡和合体验区和海洋生态体验区。依托半屏山景区内黑龙腾海、孔雀开屏、渔翁扬帆、虾将岩等景点，深度挖掘半屏山“同根同源”文化元素，设置乡愁馆、贝雕博物馆、人工沙滩和露营基地，同时开发半屏岛东侧生态廊道、西侧慢行系统，形成多元化旅游线路，提升旅游品质。建设两岸各省乡亲同心会馆、两岸妈祖文化同心会馆等八大两岸同心会馆，规划丰富的休闲旅游项目，置入“台湾夜市”元素，打造龟屿深夜食堂，制作地道台式美味（图 2）。

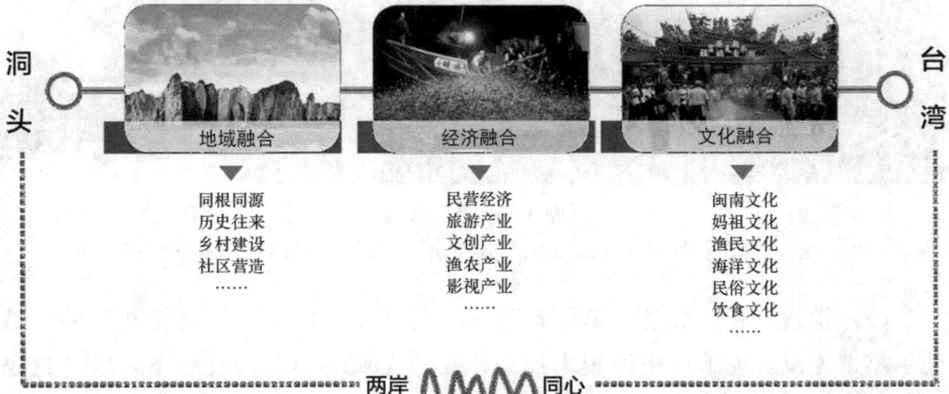

图 2 两岸合作交流领域（来源：编写组自绘）

（2）生态宜居，富民产业遍地开花 东屏街道大力实施美丽环境提升工程，总投资 10.4 亿元，通过花园村庄建设、蓝色海湾整治、小城镇环境综合整治等项目建设，环境面貌焕然一新。如七彩洞头村（图 3），3D 彩绘、色彩艳丽的石头房点亮了一条色彩斑斓的道路，让原本平平无奇的洞头村小巷成了温州市民和游客青睐的网红拍摄地。位于半屏岛中部的金岙村原本只是一个地处偏僻的小村庄，东屏街道引进了由 101 位两岸知名设计师联袂打造的海峡云村（101民宿）项目。目前，示范带旅游产业发展持续向好，区域内70%渔（农）民参与乡村旅游，示范带内已有民宿225家、渔家乐45家，返乡创业青年达200余人，村集体经营性收入从75.47万元增长到386.47万元，增长了412%，实现了老百姓家门口就业、家门口致富，村民收入和村集体收入成倍增长。围绕“两岸同心”主题，启动小镇实施类产业项目22个，基础设施类项目13个。按照4A级景区建设标准，完善旅游设施，促进产业融合。到2020年，年接待旅游人次达165万人次以上，实现旅游业产值达9.1亿元，创造劳动就业岗位约1 000个。通过同心小镇创建，洞头全区旅游休闲产业实力增强、旅游产品结构优化，旅游对当地居民就业增收带动作用进一步增强。

图3　七彩洞头村

（来源：网络 https：//zj.zjol.com.cn/news/831543.html）

（3）党建引领，红色引擎驱动发展　近年来，洞头区坚持党建引领，借助示范带建设实现了村庄面貌大提升。在“全域创建”的理念下，以“党建+花园村庄”建设为抓手，突出“产业、文化、旅游、村居”功能叠加，积极整合党的红色阵地与旅游要素，通过优化服务质量，将阵地建设与“花园村庄”、旅游发展深度结合，为洞头村级集体经济发展筑巢，为全域景区化战略助力。示范带村企合作模式助力强村富民，村集体经济收入增加了1 028%，经营性收入增加了532%。创新推出的美丽村约园丁制等草根治理载体，获得省市领导的肯定。2018年温州市全市深化“千百工程”推进乡村振兴暨大花园建设现场会上，洞头村围绕党建引领乡村振兴做典型交流发言。

三、洞头渔韵三盘乡村振兴示范带

1. 洞头渔韵三盘乡村振兴示范带基本情况

洞头渔韵三盘乡村振兴示范带位于温州市洞头区北岙街道三盘岛，范围辐射西山头村、大岙村、阜埠岙村、擂网岙村、下尾村 5 个村居，沿线全长约 4.3 千米（图 4、图 5、图 6）。洞头大桥从示范带经过，G330 国道贯通全程，交通区位优势明显。作为洞头传统捕鱼的发源地，渔业发展十分繁荣，海蜇、芒种虾远销国外，十分有名。由渔业延伸出来的渔民文化、神鱼灯等传统文化让三盘岛充满渔村韵味。区域内已建成 3A 级景区村、三盘五星开元度假村、花园村庄等，具有一定建设基础。示范带以海洋生态旅游为特色，实施“一心两翼三区五联动”发展战略。以开元酒店为中心，引领旅游产业发展；以下尾中玺·月琴湾项目、大隐海旅游综合开发项目、西山头三盘领海精品民宿群项目为两翼，引领产业双引擎。划分为临海产业经济区、康体养生度假区、生态宜居示范区三个区域，重点建设大隐海旅游综合开发项目、

图 4　洞头渔韵三盘乡村振兴示范带基本情况（来源：编写组自绘）

中玺·月琴湾项目、三盘领海精品民宿群等项目，建设集旅游观光、文化体验、特色度假、康体养生等多功能于一体的“海西湖伴、渔韵三盘”，成为温州乡村振兴样板、浙江“产业振兴”示范带。

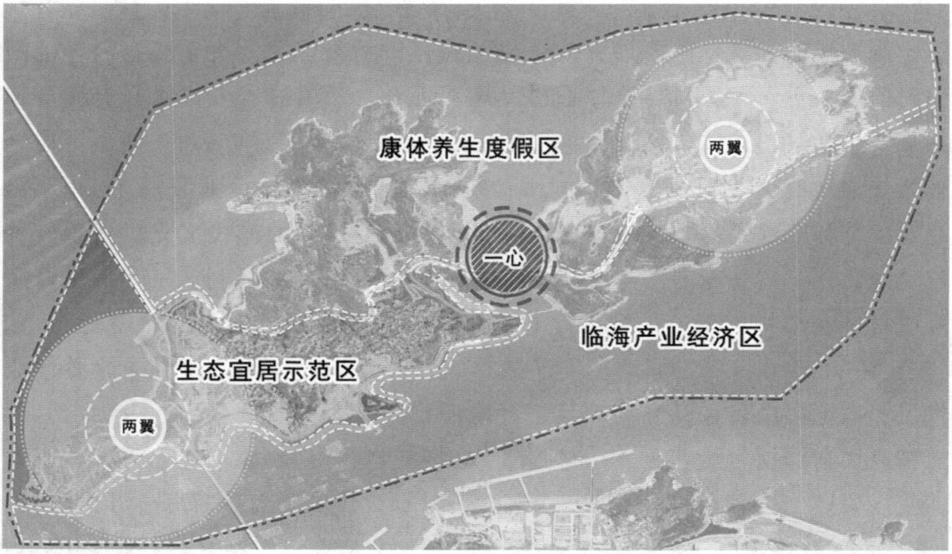

图 5　洞头渔韵三盘乡村振兴示范带功能分区（来源：编写组自绘）

图 6　三盘岛全貌（来源：北岙街道）

2. 具体做法与成效

（1）产业融合，打造乡村振兴“造血”体系　洞头渔韵三盘乡村振兴示范带以产业融合为设计核心，通过“农业＋旅游业”融合，构建三盘岛乡村振兴的“造血”体系，把三盘品牌优势转化成产业优势，解决经济与产业问题，吸引人口回流，实现乡村振兴。成立民宿创业联盟鼓励村民回乡创业，做好民宿的整体经营与包装，实现村民在家门口就业的目标。西山头、擂网岙充分挖掘临海区位和生态优势，鼓励引导社会资本投入，打造海岛特色民宿集群。大岙、阜埠岙主要依托渔获交易市场、海上渔排养殖、开元度假酒店（图 7）等资源，深化渔旅融合发展，突出亲子游、海上休闲体验等产业发展。下尾村要充分发挥景区后花园优势，依托中玺·月琴湾、大隐海等重点项目建设，推动乡村休闲旅游、养老养生等产业发展。示范带计划共涉及项目 34 个，总投资 13.95 亿元，社会化投资 13.58 亿元，其中产业类亮点项目占比 80%以上，社会化投资占比 95%以上。

图 7　开元度假酒店和三盘领海（来源：北岙街道）

（2）一村一韵味，打造“五彩三盘”　按照“一村一韵味、一路一特色、一岛一主题”的要求，突出点线面相结合建设，打造全域大景区、大花园、大客厅。立足整岛村庄布局，充分发挥各村地理区位和资源禀赋、特色产业、村落风貌、乡土风情等方面的独特优势，统筹实施个性化打造，实现三盘岛花园村庄统筹协调发展。擂网岙村依托于现有的渔农业资源，发展休闲体验，通过渔农旅融合，打造“绿色生态”康养小渔村，实现产业提质升级。西山头村依托于现有的三盘领海高端别墅区、渔业资源等，盘活三盘临海酒店，振兴传统渔业经济，做好物业服务经济，打造“紫色动能”村庄。实现三盘领海高端开发建设为基础，渔家乐、民宿、休闲观光配套的产业格局。大岙村依托于现有的自然资源优势、深厚的传统人文、较好的产业基础、富裕的村集体经济等，点线面融合发展，主打“红色示范”文化主题，构建撤村并居示范新模式。阜埠岙村依托五星级开元度假酒店，开发旅游资源，融合人文自然资源优势，围绕开元二期产权式酒店、蛇浴湾综合开发项目等，做强旅游服务配套基础设施建设，打造“蓝色港湾”村庄，实现产业提质升级。下尾村打造“景区后花园”，主打民宿、旅游，利用其自然资源优势，围绕着大隐海旅游综合开发项目、中玺·月琴湾项目，借助民宿联盟，助推村集体经济发展，开展亲子游等活动，探索建设“宿、游、静”一体化的新型旅游综合体（图 8）。

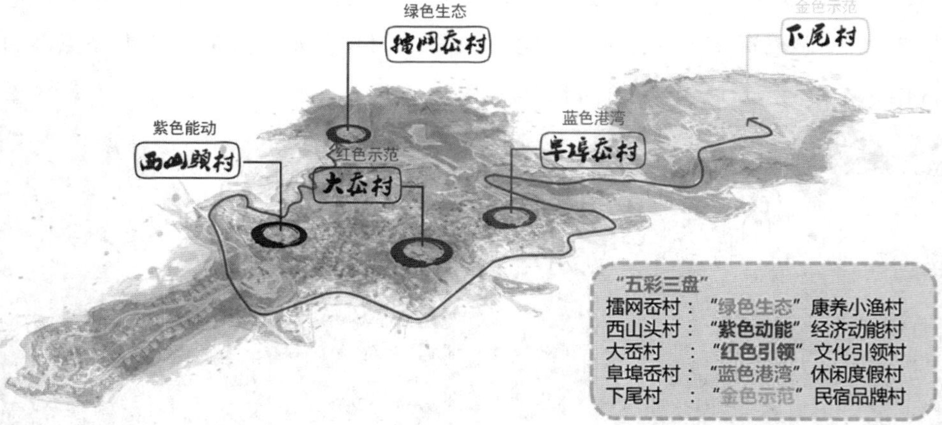

图 8　沿线乡村建设主体（来源：编写组自绘）

整治蓝色海湾，传承古渔村民俗文化

——记洞头区东屏街道东岙村

一、村庄发展概况

东岙村隶属于温州市洞头区东屏街道，是一个古朴的渔村。村庄自然人文景观独特，临近大沙岙、仙叠岩等景区，既有金色的沙滩、蜿蜒的海岸线等自然景观，又有红黑石滩、狮身人面像、陈府庙、张君声纪念碑等人文景观。全村陆域面积 0.35 平方千米，总人口 1 718 人。村民大多从事海上捕捞业、海上养殖业、交通运输业、渔家乐乡村旅游业。村里有大小渔船 10 多只，养殖户 30 多户，养殖规模 1 000 多亩，有餐饮、住宿、民俗馆等旅游项目，其中餐饮业 7 家，住宿经营户 48 家。

近年来，东岙村紧抓“文旅融合”发展主题，发挥资源优势，建设花园村庄，开展村庄环境整治。东岙村修复碎石满布的海滩，成为了远近闻名的旅游胜地。村庄先后获得市级卫生村、村庄整治合格村、小康示范村、生态村和省级“农家乐”特色示范村及省级百强魅力乡村等荣誉称号。东岙村是洞头区首个评为国家 3A 级旅游景区的村庄。2019 年 12 月 12 日，东岙村入选 2019 年中国美丽休闲乡村名单。

二、具体做法与成效

1. 建设花园村庄，提升乡村基础设施

随着洞头旅游的发展，东岙村抓住机遇，大力完善提升基础设施、综合整治乡村环境，使得村容村貌焕然一新（图 1）。得益于新一轮农网改造升级与美丽乡村建设的融合，2016 年以来，东岙村将农网改造升级与养殖业、旅游业等产业发展有机地结合起来，既优化了环境，又满足了渔村发展用电需求。东岙村启动退居返景及游步道的开发建设，激发广大群众发展潜能，积

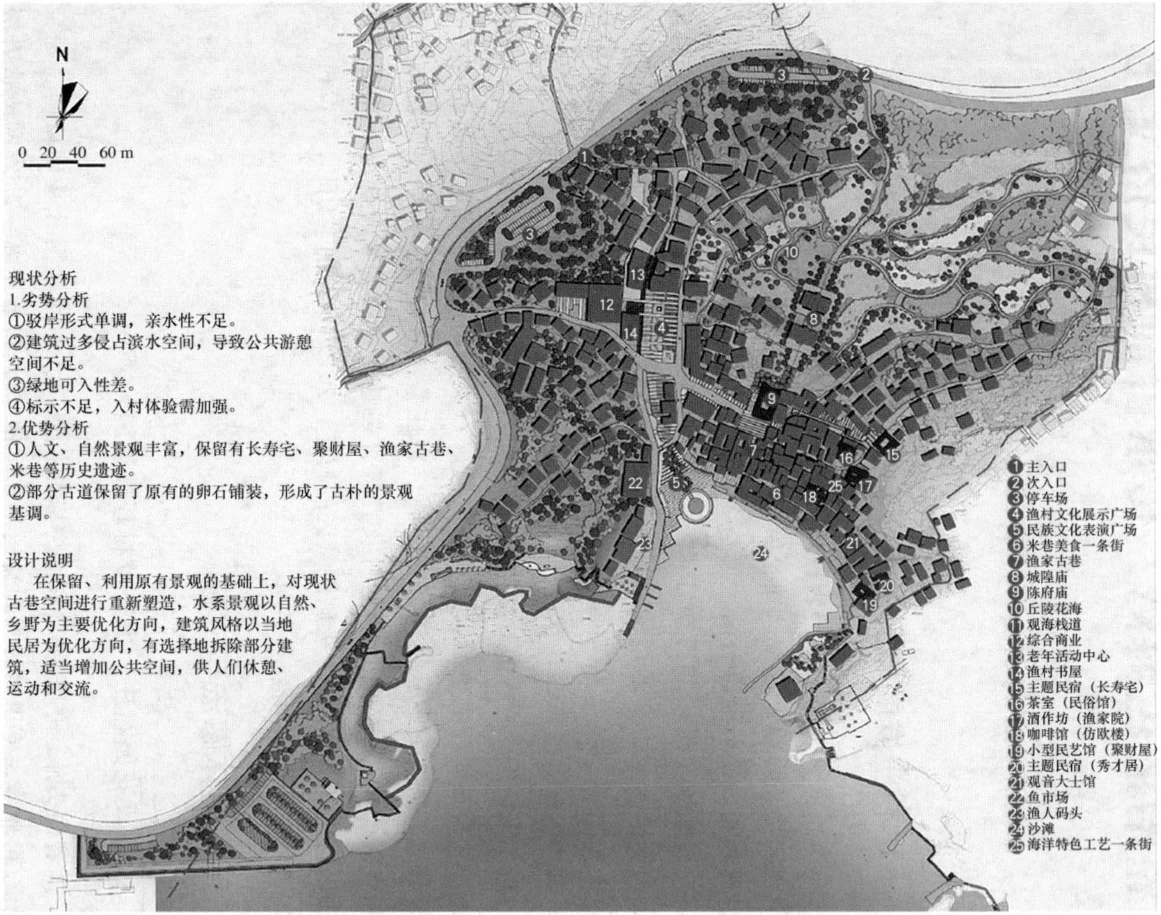

图1　东岙村花园村庄建设规划图（来源：洞头区东岙村改造提升方案）

级参与旅游配套设施的开发，推进产业链的形成。整合资源，优化环境，加大“三线”整治力度，安装了路灯45盏，道路硬化率达到100%，建成2个全民健身苑点及休闲花园等，营造宜居宜游的村庄环境，呈现出浓郁的度假渔村气息。

2. 蓝色港湾整治，撬动东岙旅游产业

洞头区推出蓝色海湾整治项目，涉及东屏街道、北岙街道、霓屿街道等，其中东岙沙滩修复是重点项目之一。长期以来，由于受台风、风暴潮等自然灾害和非法挖砂、采砂等人为侵占影响，东岙村沙滩破坏严重。为此，东岙村抓住洞头蓝色海湾整治机遇，结合“花园村庄”建设，开展排水箱涵建设、清理沙滩石块、埋地排水管、沙滩工程等项目，总投资约为3 270万元，修复岸线135米，打造沙滩主题旅游。沿沙滩渔民房和民宿立面改造，统一白墙+木装饰的主色调，简洁大气。三线入地、结点提升、海洋民俗馆建设、道路白改黑等建设内容使东岙环境更加优美。结合古渔村民俗文化，村庄又陆续开发了海钓、沙滩骑行、沙滩音乐节、海上快艇、美食、民宿、酒吧、文创体验等多种旅游产品，有效带动了东岙休闲旅游业。据了解，东岙村每年夏季民宿天天客满，一屋难求。目前全村共已发展民宿72家，渔家乐餐饮13家，渔家商店28家，洞头10余条旅游路线都经由东岙村。2018年东岙村70%以上村民参与乡村旅游业，渔家乐、民宿平均收入突破20万元，村集体增收40.8万元。图2为东岙村沙滩。

3. 沙滩催生文旅业态，非遗项目落户成网红

东岙村沙滩整治不仅为村民带来了资产的增值，更催生了很多新的业态。一是该村结合非遗项目推出文旅体验产品，举办大型节庆活动，如七夕民俗风情节、普渡节、放生节等。东岙举办过八届的七夕文化节，成为了洞头区的旅游文化品牌。目前，沙滩音乐节、帆板运动、国际铁人三项赛等纷纷落户，过去的小渔村已经成为了备受瞩目的“网红村”。二是开设民俗民艺展览馆。作为典型渔村，东岙村有着浓厚的渔民风俗人情，方言民歌都带有闽南符号特征。村内有《温州两家人》拍摄地“聚财屋”，还有东岙古街、秀才居、陈姓渔家小院、长寿宅、仿欧楼、民俗馆、张振声纪念碑、爱民井等传统文化元素。经当地渔民努力，民俗民艺展览馆收集大量村庄非遗工艺作品和渔船渔具，弘扬了村庄的民间文化精髓。据了解，民俗民艺展览馆设立在

图 2　东岙村沙滩

（来源：http：//news. 66wz. com/system/2019/07/23/105180189. shtml）

建立于抗日战争时期的古民居中，包括民间工艺馆和民俗馆两座展览馆。馆内的展品是由一批老艺术家四处寻访并号召海岛居民将几代人珍藏的“宝贝文物”捐赠而来的。

三、发展模式剖析

1. 探索文旅融合的海岛发展模式

近年来，东岙村紧抓“文旅融合”发展主题，以旅游为主业，实现了“以文兴旅、以旅促文”大发展。一方面稳定巩固渔业基础，发展以羊栖菜为重点的养殖业，建立羊栖菜养殖示范区，养殖规模从几年前的 12 亩发展到 1 500 余亩。另一方面引导调整产业结构。充分发挥本地自然资源和“省级渔家乐特色村”优势，大力发展休闲渔业、小吃一条街和渔家旅舍，成立了洞头区首家休闲渔业有限公司。取海洋沙滩休闲产业之“动”，融合古渔村民俗文化传承之“静”，东岙村开发了海钓、沙滩骑行、沙滩音乐节、海上快艇、美食、民宿、酒吧、文创体验等多种旅游产品。与杭州、温州两家帆板协会进行对接，将修复好的沙滩作为帆板协会训练、比赛的场地，从而带动整个村庄的餐饮、民宿等行业进一步的发展。村庄先后获得浙江省首批高质量就业村、浙江省美丽乡村特色村、浙江省百强魅力乡村、浙江省农家乐特色村等荣誉称号。

2. 探索一户一档的村庄管理模式

东岙村的花园村庄建设、投资量大，任务艰巨。为争取各项工作有序开展，走在洞头区前列，东岙村建立了由村"两委"成员及相关党员代表、村民代表组成的专门工作组，调动一切力量保证花园村庄建设工作有序开展。工作组对每户房屋现状进行摄像记录，对每户所提出的政策处理要求进行书面登记，宣传花园村庄建设政策。广泛动员知名人士、企业家以及社会各界人士参与花园村庄建设，发起了捐资倡议。通过入户宣传、悬挂横幅、发放倡议书等方式，营造了良好的花园村庄建设氛围。工作组努力把花园村庄建设与产业发展、村民致富有效结合起来，实现花园村庄建设为民、富民的目标。

四、适用条件

东岙村属于产业融合振兴模式。村庄以沙滩整治项目为支撑，鼓励推动运动休闲、民宿农家乐、文化创意体验等领域一批重点项目落户，逐渐形成海岛文旅融合的重要阵地。该模式依托丰富的海岛休闲旅游、独特的海岛民俗风情和时尚的海洋生态文化构建起"以文兴旅、以旅促文"的产业发展格局。该模式适合大部分的海岛渔村，可依托花园村庄建设优势，挖掘民俗文化优势，开展多方位、多层次、宽领域的深度旅游体验项目。

海上福地，金色下尾

——记洞头区北岙街道下尾村

一、村庄发展概况

下尾村（图 1）位于大三盘岛东北端，全村被东海环绕，总面积 0.6 平方千米，分为东坑、西坑 2 个自然村，现有人口 606 人、206 户，党员 30 人。村庄地处海岸线最末端，拥有独特的自然海景风光，紧依金海岸开元度假村，南面与海霞村隔海相望，港区能容纳 1 000 多亩羊栖菜养殖区，东面海域是近海（三

图 1　下尾村全貌（来源：下尾村村委会）

角棱）捕捞发源地，也是芒种虾和乌贼发源地，又是东海与台商的水上贸易区，更是观海上日出的最佳位置，北面近临鸟岛、笔架礁，和大门岛相望。

下尾村之所以称为金色下尾，主要有特色“三金”。第一个“金”是阳光，下尾属于三盘岛最东边，清晨第一缕阳光就洒在下尾。第二个“金”是果实（柿子），每到收获的季节，下尾房前屋后、公共场所遍地都是柿子。第三个“金”是晚年，下尾村长寿者多，80 岁以上老人的比例达到了 8%。好山好水好环境，成就了下尾村长寿老人多，这个村也因此被称为“长寿村”。

二、具体做法与成效

1. 融合发展，发展特色美丽经济

近年来，下尾村“两委”立足“能人回村、游客进村、旅游兴村”的思路，加快村容村貌提升，大力发展美丽经济，推进西坑部分荒地、闲置地块发展旅游休闲，加快改造提升步伐，探索建设“游、购、娱”一体化、现代化的新型农村综合体。村庄先后投入 380 多万元深入推进村庄综合环境提升，先后完成了 23 幢民房立面改造和公厕修复及“三线”治理；建成 380 米的村庄内部环线慢行步道、篮球场、寿康乐园、太极广场等一批与村民日常生活息息相关的市政设施；新增 22 户美丽庭院、12 处景观小品和 8 700 多平方米的公共绿地；做好环境洁化序化、房屋立面改造、环境美化绿化以及打造“美丽庭院”。下一步计划开发建设海边有氧慢道（环海栈道），全长约 6 千米，建设资金 2 200 万元，争取列入洞头蓝色海湾整治项目。见图 2。

2. 集聚提升，村级民宿“遍地开花”

近年来，下尾村依托金海岸开元度假村的优势，完善下尾村的旅游配套建设，促进村级民宿“遍地开花”，就地吸纳农业人口。历经 14 年未开工的月琴湾度假村项目已开工建设，曙光之旅露营基地打造房车营地，预计建设成为休闲旅游营地。联建房后的 100 亩生态采摘园预计总投资 500 万元，将建成以康养文化为主导的森林康养项目。种植果树达到 2 000 多棵，建造 3 幢可供康养的房屋，打造健康森林康养民宿。生态采摘园将与房车营地和大隐海集装箱民宿连成一体，形成一个旅游综合体。15 亩商服用地将建设成为集吃住玩乐为一体的综合性商业服务性旅游驿站。下尾村目前已成立了霞美专业合作社，牵头组建民宿联盟，建成 12 家特色民宿。见图 3、图 4。

图 2　下尾村花园村庄建设（来源：自摄）

图 3　生态采摘园（左）和房车基地（右）（来源：下尾村村委会）

图 4　集装箱民宿基地（来源：下尾村村委会）

3. 特色保护，传承渔村民风民俗

下尾村保留历史文化特色明显、自然资源丰富的“老房”，传承民风民俗。建设文化寿康乐园，打造一个兼具村庄文化礼堂、村史展示的和旅游体验等多功能的村民活动基地。下尾村有206户，600多人，精壮劳力基本都出去经商了，村里只有140多位老人和孩子留守。因此，村里鼓励村民把自家民房装修成风格各异的民宿，吸引游客。对村内相对偏远、生态环境脆弱、不宜生产生活、空心化严重的地段，在尊重农民意愿基础上，稳妥有序推进发展。以村股份经济合作社为龙头，选择符合下尾村发展实际的专业机构开展合作，将村内闲置民房统一收归村集体管理运营，最终实现农户（出租方）、村集体（中介方）、专业机构（承租方）三方共赢的良好可持续发展局面，为村集体带来每年至少5万元的经济收益。

4. 乡风文明，双岗双创多措并举

下尾村积极开展各种文化活动，组建了霞美健身队，除外出参加演出外，平时在村里自娱自乐，村里的文化氛围日益增强，很大程度上促进了乡风文明。发挥党员先锋作用，双岗双创多措并举。下尾村党员按照“就亲就近就便”原则认领联系户，形成“党员带全员”乡村治理格局。共同建设老人爱心食堂并于2018年9月10日正式启用，为下尾村80岁以上的老人提供“一元食堂”餐饮服务。设置党员红色大走访公示栏，实施环境卫生综合整治红黑榜，引导村民卫生三包、垃圾分类等。建立党员双岗双创先锋行管理制度，推行党员“四员五事”工作法，开展最美党员、最美庭院创建评比。以“有偿回收＋以奖代补”模式，设立环保银行，促进再生资源利用，降低村居保洁开支。下尾村通过美丽党建创建，巩固“花园村庄”建设成果，同时组建下尾村乡贤理事会，发动更多村民支持、参与下尾建设。见图5至图7。

图 5　下尾村文化礼堂
（来源：下尾村村委会）

图 6　下尾村村民中心
（来源：下尾村村委会）

图 7　下尾村党建展示墙（来源：下尾村村委会）

三、发展模式剖析

1. 转化美丽经济撬动僵尸项目

下尾村三面环海，只有一条小路和外界相通。由于特殊的地理环境，下尾村以前一直不为人知。下尾村成立了民宿合作社，帮助更多的村民经营民宿，统一打包宣传，把整个村庄打造成“民宿村”。随着基础设施的提升，曾经的“烂尾工程”也重新开工。早年，开发商到村里投标盖别墅，由于游客太少、基础设施建设跟不上等原因一度搁置。如今，村庄变美了，游客多了，投资方重新启动该工程。据透露，月琴湾别墅区计划建设独栋别墅 500 多幢，目前第一期在建别墅已全部被认购。见图 8。

2. 因地制宜分类设计振兴路径

根据发展现状、区位条件和资源禀赋，下尾村将建设项目划分成先行区、重点区、攻坚区等类别，因地制宜设计振兴路径，带动村民致富。先行区指现有公墓经营、各类民宿经济发展，结对中玺·月琴湾帮扶项目，为村民提供再就业机会。重点区指村股份经济合作社自建项目或服务管理维护项目，为村集体带来经济收益。如以村内 93 亩边角地块的土地租赁方式与中玺集团开展村企结对合作，提供路面维护管理，收取服务费每年近 10 万元。村联建房后的休闲旅游营地能同时停靠 40～50 辆房车，每年预计有 10 万元以上的经济收入。攻坚区指以村股份经济合作社为龙头，选择符合下尾村发展实际的专业机构开展合作。

图 8　月琴湾别墅区
（来源：下尾村村委会）

四、适用条件

下尾村属于“农旅振兴”模式。村庄以海洋经济、民宿旅游经济来实现产业振兴，构建以海洋生态旅游宝岛为特色，集旅游观光、乡村休闲、文化体验、特色度假、康体养生等多功能于一体的海上福地、金色下尾。作为海西湖中的一个重要部分，三盘岛在发展渔旅融合、亲子互动等产业中具有较大潜力，与海西湖区块发展相辅相成。通过有效整合资源，推进整岛一体化融合发展，开元大酒店二期、三盘领海、中玺·月琴湾等重点项目的开工建设，挖掘出三盘岛建设新农村典范的潜力。

该模式是当前乡村产业振兴的主要途径，把产业培育当作乡村振兴发展的动力源，因地制宜发展休闲渔业、民宿品牌业、养生养老业、亲子产业等，建设集旅游、食宿、娱乐、教育为一体的全新综合体。重点在提升品质、深挖海洋文化底蕴、渔村产业融合发展上下功夫，加快渔（农）民转产转业，提高百姓收入，促进乡村的可持续发展，最大限度地增进群众幸福感。

伴山观海，创紫菜新田园

——记洞头区霓屿街道下社村

一、村庄发展概况

下社村位于霓屿街道，是温州浅滩工程、五岛接线公路工程建设的主要地段，是温州进入洞头的第一村。全村陆域面积0.87公顷，山林面积555.99亩、耕地面积83亩。下社村辖两个自然村，分6个村民小组，共307户，总人口942人。全村以滩涂海水养殖为主产业，码头道路畅通，海陆运输方便。近年来，村党支部连续多次被省、市、县评为浙江省村务公开民主管理示范村、先锋工程五好党组织、五好党支部、先进基层党组织、市级计生“强基创优”先进村居、市级民主法治村、市级先进调委会、县级文明村、市级生态村、市级村庄整治合格村、市级卫生村、2017年度浙江省美丽宜居示范村等。

霓屿街道是浙江省紫菜之乡，紫菜养殖面积达3万多亩，产业规模占洞头区坛紫菜产业的90%以上，相关从业人口占到全街道的60%，紫菜养殖成为当地的优势特色产业。近年来，街道依托霓屿紫菜产业基础，以“紫菜新田园”为主题，“强化一产，萌芽二产，做活三产”，拓展养殖类型，开发海陆资源，形成有特色的渔旅产品，将霓屿紫菜产业打造为温州乃至浙南紫菜一号产业（图1）。其中下社村是紫菜项目最集中的村庄。

二、具体做法与成效

1. 海陆联动，促进紫菜产业融合发展

下社村积极发展紫菜产业，大力发展三产融合的现代农业，推进“两园”项目，海上建设美丽田园，岸上建设紫菜现代园。一是投资10亿元，沿330国道建设高新产业紫菜现代园，形成“企业生产＋产业配套＋生活配套＋企

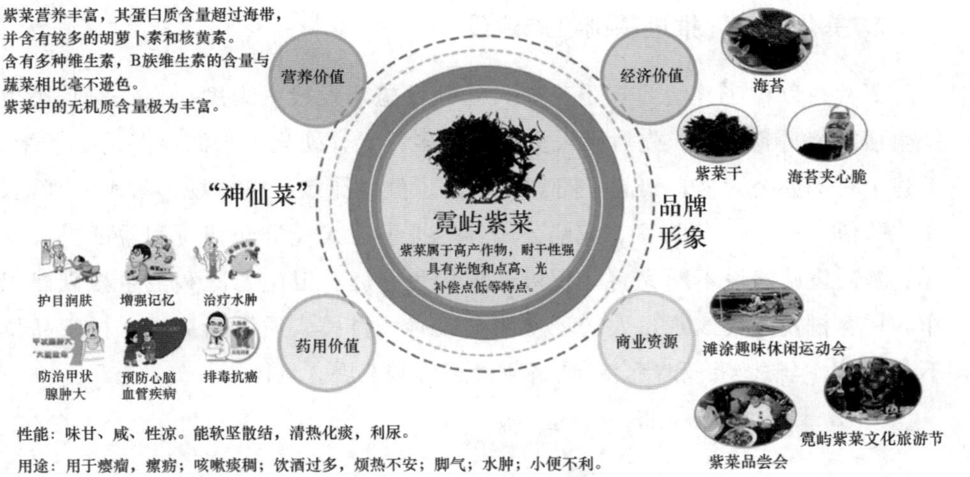

图 1　霓屿街道紫菜产业（来源：编写组自绘）

业公寓”四维一体，打造集智造厂房、企业办公、综合服务、特色文旅为一体的划时代产业集群新园区，用于紫菜等海产品深加工、物流、仓储、旅游休闲、销售等（图 2）。二是以霓屿海岛北侧约 1.5 千米范围内的浅海滩涂及海域为重点，总投资 3 028 万元，以紫菜养殖为核心，重点完成海上牧场建设项目，建设海区智能化管理平台（图 3）、滩涂运动场地、蟹公寓、紫菜渔具棚、紫菜育苗大棚、紫菜生产综合码头等。三是整治海区生态环境，建设红树林湿地公园，破堤通海，建设十里湿地、生态海堤，修复矿山公园，使霓屿海洋生态环境进一步改善。

图 2　紫菜现代园（来源：霓屿街道）

图 3　海区智能化管理平台（来源：霓屿街道）

2. 美化环境，推进基础设施建设

下社村以村庄整治为抓手，加大基础设施建设投入力度，渔（农）民生产生活环境得到改善。先后投入资金 300 多万元，硬化了水泥道路近 3 千米，新建了村部办公大楼，架起了路灯，建设了健身苑点、篮球场、污水处理池、文艺队伍（3 支）、望海亭、龙屿公园等一批事关人民群众切身利益的民心工程。基础设施建设不断完善，积极开展绿色家庭、卫生家庭和卫生村创建工作。村容村貌大大改观，人居环境明显改善，村民素质不断提高，村庄品位不断提升，全村经济和社会各项事业得到协调发展。见图 4。

图 4　下社村村庄环境（来源：自摄）

3. "三治"融合，探索"党建＋"模式

下社村牢固树立"党建＋"融合理念，探索法治、德治、自治"三位一体"的社会治理创新。①"党建＋乡贤"助力乡村新发展。下社村村委引导各位乡贤充分发挥他们各自的所长，为乡村发展出资、出智、出力。乡贤们既为花园村庄建设捐款，还带头创建美丽庭院。下社村还发动在外知名人士

设立村级慈善基金，为村里的爱心食堂出资，为 80 岁老人举办慈善宴等。②“党建+党员”深化乡村新风尚。开展以党员认领服务岗位、结对群众方式，划分垃圾桶、花园村庄责任区块，通过贴上的“二维码”，让村民监督，对外公示联系及包干情况。用红色网格凝聚基层组织力，带动村民主动参与村庄建设，让农村党员双岗双创先锋行和智慧党建建设落到实处。作为省级美丽宜居示范村，整村美丽干净，党员与村民齐心协力，文明和谐。③“党建+机制”提升乡村新面貌。下社村以“党建+”为载体，精心谋划、精准施策，积极开展双岗双创先锋行、“四会五议”深化、“四员五事”机制探索等工作，团结带领全村党员群众一块儿干、一块儿上，并通过加强指导修订村规民约，生态环境整治，力争以最大最足的信心、最实最细的措施，不断提升乡村法治体系发展。

三、发展模式剖析

1. 壮大主导产业，紫菜撬动村庄发展

霓屿街道从事紫菜养殖和加工行业共有 4 000 人，共有养殖面积 3 万亩，年产值高达 3 亿元。下社村是主要的紫菜养殖区。近年来，霓屿街道以紫菜养殖作为产业支撑，创新产业模式，结合粗深加工、仓储、保鲜、农家乐、旅游等行业，建设集培育、加工、交易、旅游于一体的紫菜三产融合体和城乡复合体，促进紫菜产业链发展。充分利用霓屿海域资源优势，深化海区智能管理，积极推广紫菜养殖新技术，联合区财政局，力争 0.6 亿元省级财政补助资金到位，盘活下社 175 亩闲置地，投建集培育、加工、交易、旅游于一体的紫菜综合现代产业园区，促进紫菜产业链发展。建成占地 4 000 多平方米的紫菜育苗基地并投入使用，解决近 3 000 亩紫菜供苗难题；拓展全浮式翻转紫菜养殖近 8 000 亩，经济效益实现翻番。同时深入挖掘下社村生态资源，联合区农林水利局启动山尾果树采摘园一期 15 亩的开发建设，进一步壮大村级集体经济收入，实现生态和产业融合发展。

2. 打造渔乡特色，振兴花园村庄活力

下社村通过花园村庄、渔旅结合紫菜现代园建设，吸引各种资源与凝聚人心，为逐渐萧条的乡村注入活力。充分发挥农村集体组织在乡村建设治理、项目推进中的主体作用，让集体、渔民和企业共享紫菜产业发展的成果。深

入开展以村容村貌洁化序化、植树造林绿化美化、景观小品彩化香化、全村景区亮化文化等为重点的“八化”建设，推动渔（农）业发展、渔（农）村繁荣、渔（农）民增收，实现“产村人”融合、“居业游”共进，打造乡村振兴的海岛样板。为将下社村培育为富有海岛特色的省级特色渔村，村“两委”做好村庄建筑外立面改造，完善村庄基础设施，发展休闲渔业，取得明显成效。

四、适用条件

下社村属于产业振兴模式。以紫菜现代园、海上牧场建设项目、万亩红树林湿地公园等项目为支撑，建设集旅游观光、休闲体验和紫菜等水产品深加工为一体的现代园区。该模式依托霓屿紫菜田园综合体和紫菜现代园项目，以紫菜优势产业为依托，重点实施与老百姓渔业生产作业密切相关的生产性配套项目和乡村旅游基础设施项目，通过“公司＋基地＋养民”的经营模式，提高了产品的附加值。该模式适合产业基础较好的乡镇，以产业带动当地渔农民从事专业生产和流通，促进渔农民致富。

执笔人：胡　春

校核人：刘拥春

谢海汇

文中彩图请扫码查看

瑞　安

瑞安市乡村振兴示范带建设情况

一、示范带建设概况

瑞安市位于温州市中部，是温州市下属的县级市，是全国综合实力百强县（市）。近年来，瑞安市依托全省美丽乡村建设的战略部署，以“村美、路美、田美、山美、水美、人美”等“六个美”为抓手，建设美丽乡村精品线、精品村。全市按照“两轴、五带、五片区”划分为“浙南邹鲁修学线”“绿道探幽线”“智慧感知线”“温州一家人精品线”“湿地明珠线”等美丽乡村精品线路，涌现出如“中华进士第一村”曹村、世界非遗木活字印刷村东源、“世外桃园”黄林、《温州一家人》拍摄地均路、“茶禅一味·养心圣地”东寺前等一批历史文化村落；陈岙、荣祥、呈店、河溪、大京等50多个美丽乡村精品村。瑞安市计划建成12条示范带，共谋划项目124个（产业类项目46个），计划总投资72.79亿元。截至2019年底，已建成5条，正在开工建设4条。见表1。

表1　乡村振兴示范带已建成情况表

序号	示范带名称	建设年份	建设内容
1	瑞安曹村“融合发展”乡村振兴示范带	2018年	示范带包括曹村镇许南、许北、姜山、丁凤、东岙等村。计划总投资1.8亿元，突出“融合”元素。主要亮点项目包括和美东岙美丽乡村建设、回味丁凤民族村建设、文武许岙三村联建、天井垟河道综合整治、农业科普体验基地建设等项目。
2	湖岭镇“温州一家人”乡村振兴示范带	2019年	示范带位于湖岭西部，东起永胜、西至均路，沿瑞枫公路展开，全长6千米，涵盖永胜、呈店、亦垟、直干和均路等5个行政村。重点建设沿溪山林绿道、文化休闲走廊、最美乡道等项目。

续表 1

序号	示范带名称	建设年份	建设内容
3	马屿诗画祥凤乡村振兴示范带	2019 年	示范带位于马屿镇篁社社区，处在天井垟粮食生产功能区的核心区域。沿线涉及篁社、岳一、协山、江桥、石垟等 5 村。重点规划建设江桥荷塘月色、石垟湖神州农家乐、江桥游乐园等项目。
4	平阳坑“活字古韵·休闲绿道”乡村振兴示范带	2019 年	示范带位于瑞安市西部，主要涉及平阳坑镇的 7 个村。重点建设善康农业产业园、绿道游乐项目（两线联系栈道建设）、老九间农家乐景观整合提升、“木活字印刷”配套设施等项目。
5	瑞安西部新引擎培育乡村振兴示范带	2019 年	示范带位于瑞安市北部，涉及陶山镇、湖岭镇、林川镇三个乡镇，全程长度约 8.8 千米。在已有的卧龙峡、林溪水库、溪水的基础上进行提升，同时开发温泉、水上游乐、湿地景观等项目，结合已经成型的礼品加工业、田园休闲业来丰富四季活动。

二、瑞安曹村融合发展乡村振兴示范带

1. 示范带基本概况

瑞安曹村“融合发展”乡村振兴示范带位于瑞安市曹村镇，主要涉及东岙村、丁凤村、许北村、许南村和姜山村 5 个重点村庄和宋岙村一个一般村，总长度约 8.2 千米。该区域自然资源特征明显，总体呈现“东西山地，中部平原”的布局，平原以稻田和河流为主。曹村有全省连片面积最大的天井垟粮食生产功能区，田园风光资源得天独厚。范围内人文景观资源丰富，特别是姜山村的南拳文化，许南村的宗教文化等。项目总投资 1.8 亿元，按照“产镇人”融合发展的理念，以打造中国耕读第一镇、国家级田园综合体、国家研学旅行基地为规划目标，建设曹村融合发展示范带。见图 1。

2. 具体做法与成效

（1）三带联建，打造“曹村样板”　瑞安曹村田园综合体是温州市首批 5 个市级田园综合体之一。为打造瑞安市“曹村样板”，曹村镇提出推进党建示范带、乡村振兴示范带、西部生态休闲产业带“三带联建”，建设荷美东

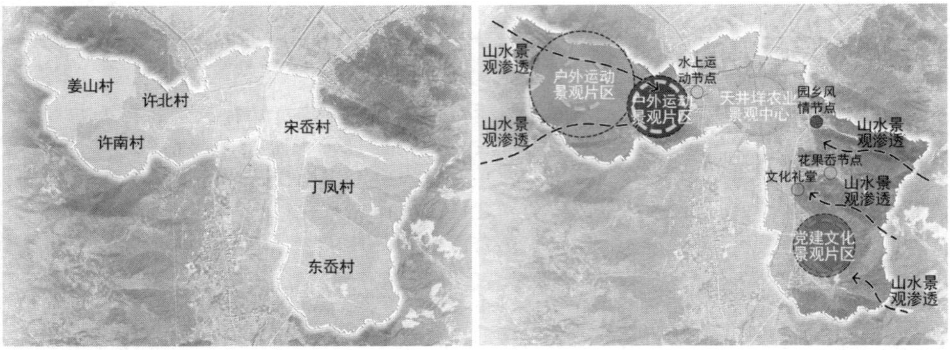

图 1　瑞安曹村融合发展乡村振兴示范带基本情况

（来源：瑞安曹村融合发展乡村振兴示范带规划）

岙、回味丁凤、梅龙文武、垟心岛、科普体验基地、东岙文化礼堂、田园综合体、艾米展示中心 8 大亮点项目，从而推进全域旅游化融合发展，促进产业有效转型升级。见图 2。

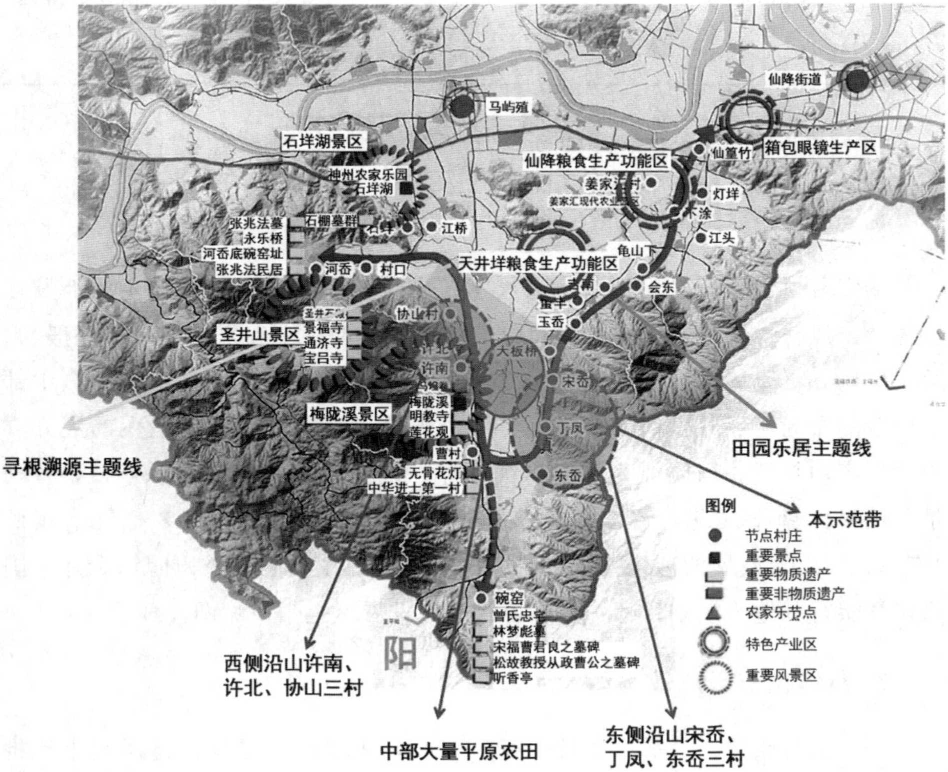

图 2　瑞安曹村融合发展乡村振兴示范带三带联建

（来源：瑞安曹村融合发展乡村振兴示范带规划）

（2）产业发展，带动致富新动能　曹村镇以温州首批市级田园综合体创建为契机，建设耕读广场等四大研学项目，结合“湖水”“田园”“山林”三大得天独厚的人文自然特色资源，分为田园综合体综合服务区、河岙绿谷风景区、协山和马岙粮食功能区三个部分，打造华东地区集文化旅游、高效农业、高新科技为一体的田园综合体。项目立足于自然、产业、人文资源特色，在石垟湖风景区的基础上，大力发展田园休闲产业，植入生态体验、科普文化、观光体验等一系列项目，完善配套服务设施建设，实现农业生产、人文资源与旅游产业的有机结合，从而带动村庄经济实现跨越式发展。依托天井垟大米、东岙索面、东岙莲子、丁岙杨梅等地域特色农产品，进一步做优农业品牌文章。田园综合体综合服务区主要分为综合服务中心、石垟湖风景区、农研基地、村居配套区、稻香园、农业博览园、雷公山乡情园和花卉苗圃园等 12 个部分；河岙绿谷风景区分为水上乐园区、森林氧吧区、水上漂流区、特色民宿风和养生别院区 5 个部分。见图 3。

（3）基层党建，提升发展引领力　曹村镇是全国环境优美乡镇、省生态镇，也是“三位一体”农村新型合作体系策源地之一。按照“文都武乡、瓯越粮仓”的发展主题，沿钱马线和江曹公路建设多个亮点工程，建设党建“高地”，为曹村产业融合发展提供组织保障。曹村镇东岙村文化礼堂（图 4）是以党建示范带建设为抓手开展的红色基地。江桥村以荷花文化为品牌，投资 380 万元打造 200 多平方米的仿古式文化礼堂。礼堂涵盖了便民服务中心、居家养老照顾中心和农村文化礼堂等三大功能，是村民的红色之家和爱心之家。

三、瑞安西部新引擎培育乡村振兴示范带

1. 示范带基本概况

瑞安西部新引擎培育乡村振兴示范带位于瑞安市西部，全程长度约 8.8 千米。沿线涉及陶山镇、湖岭镇、林川镇 3 个镇，途经新殿后村、岩头村、下街村、上街村、陶溪村、贾岙村、溪坦村、黄家垅村 8 个村庄。项目在已有的卧龙峡、林溪水库、溪水的基础上进行提升，同时开发温泉、水上游乐、湿地景观等项目，结合已经成型的礼品加工业、田园休闲业来丰富四季活动。项目以“乐水寻梦”为主题，以温泉、工艺礼品产业为双引擎，嫁接养生休闲、生态观光产业，力求打造一条具有生态健康特色的乡村振兴示范带，实

现温泉项目的延伸、古街古埠的人文再现、从新村到未来社区的升级、从工贸到创意的完美转身。见图 5。

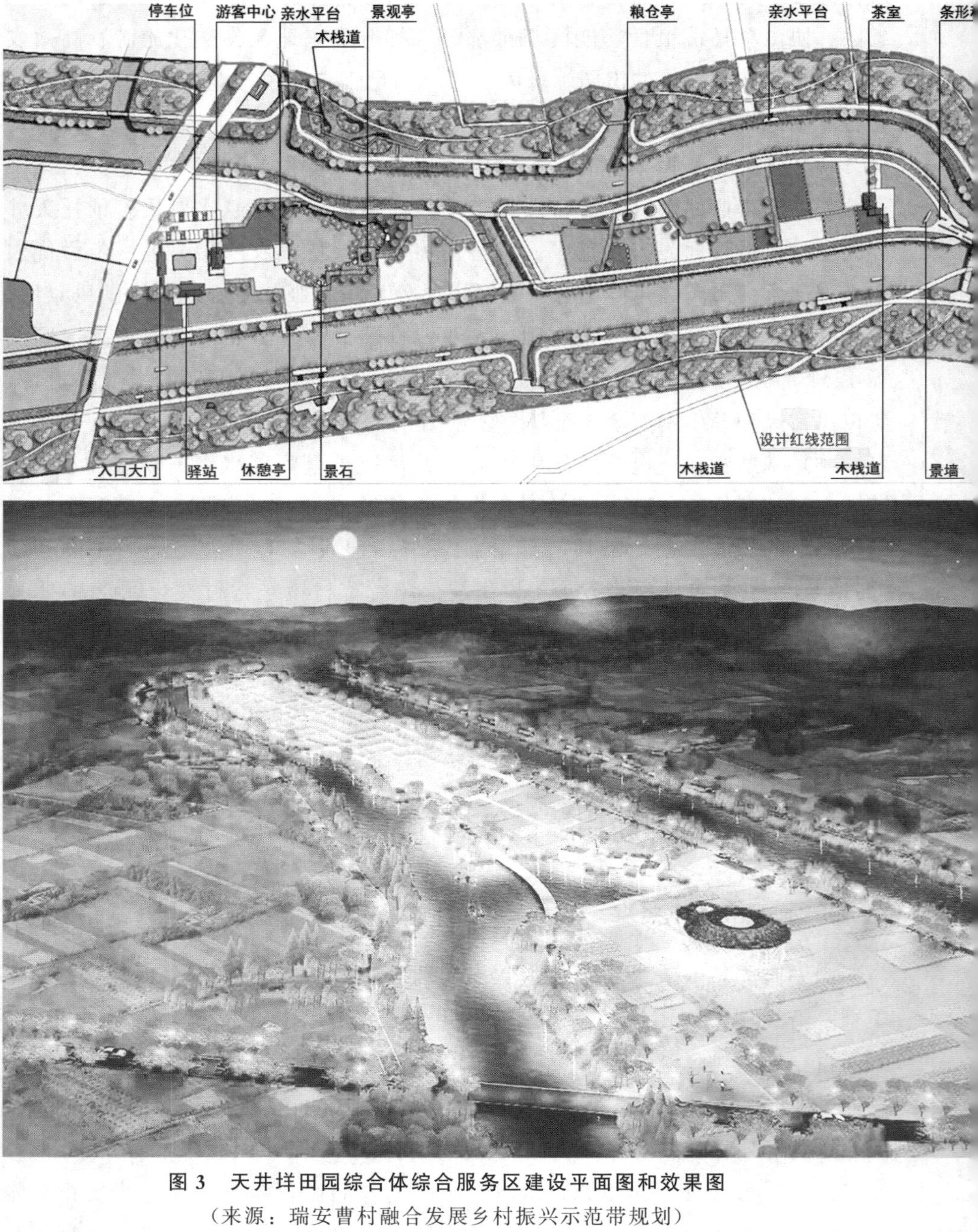

图 3　天井垟田园综合体综合服务区建设平面图和效果图

（来源：瑞安曹村融合发展乡村振兴示范带规划）

图 4　江桥村文化礼堂（来源：自摄）

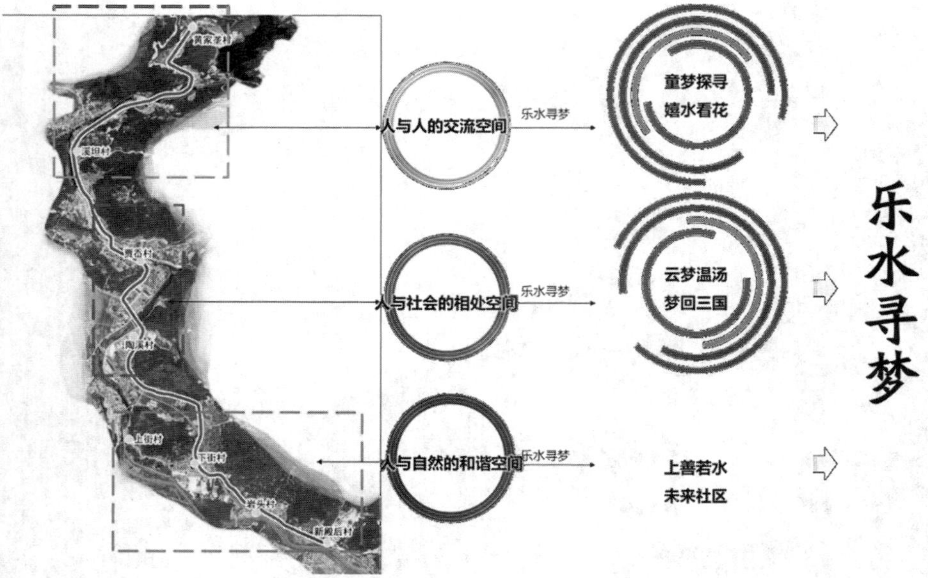

图 5　示范带范围与主题

（来源：瑞安西部新引擎培育乡村振兴示范带规划）

2. 具体做法与成效

（1）温泉引爆，衍生养生产业，激活乡村活力　湖岭温泉作为瑞安市西部新引擎乡村振兴示范带的重要节点项目，是瑞安市冬季旅游的一大亮点。湖岭温泉属省内花岗岩体水量最大泉眼，是旅游提升的“引爆点”。通过该引爆点及基础点，将线路上融入“养”“居”“赏”“休”“服”5 大核心思想，着力打造养生——健康、人行的深层居住内涵；栖居——肉体与精神的双重享受；观赏——感官享受，净化心灵；休闲——当代都市人的身心诉求；社区设施配套——便捷生活的保证，活力氛围的源泉。各旅游景点均衡发展，以水系为脉络串联，以时间为轴线开展寻梦游，形成梦系列旅游产品，通过人与自然、人与社会、人与人之间的融合开展山水田园间的寻梦之旅。见图 6。

（2）生态修复，环境整治，提升沿路自然景观　项目通过生态修复、回归弹性、环境整治、绿化建设来“修复”生态环境。对新 56 省道沿线的村庄建筑、环境进行梳理与整治；对建筑立面进行刷新；对道路沿线的菜地景观进行规范整治。在农田内放置艺术稻草人、稻田迷宫等景观小品，让游客参与其中，打造乡野趣味的户外体验场景。与美丽公路设计相衔接，利用原有

图 6　湖岭温泉项目

（来源：瑞安西部新引擎培育乡村振兴示范带规划）

山体设置组合式景墙、驿站等景观设施，如利用岩头闲置河滩地布置亲水游步道、亲水河埠头以及休闲平台、水上汀步等设施，打造滨水休闲体验公园。见图 7。

（3）空间梳理，还原乡村历史，建设未来社区　通过空间梳理、环境契合、功能优化、场所营造来“提升”空间品质，打造上下街、岩头古街、古

图 7　生态修复项目（来源：瑞安西部新引擎培育乡村振兴示范带规划）

埠。此处是历史上山海经济的转换点，从舟楫到舫进行物资交换转运。埠头、市集自然形成，规划通过对岩头古埠文化的恢复，再现水运繁忙的景象，作为沿三十一溪景观带上的一个重要节点，同时结合上下街打造市集。贾岙村入口处保留现状已有的诸葛亮雕像、八角亭、贾岙村景石，拆除部分建筑与简棚，对原有水泥铺地进行改造，增加绿化景观层次，依托银杏树打造林下交流空间。见图 8。

图 8　岩头古埠项目

（来源：瑞安西部新引擎培育乡村振兴示范带规划）

洼地造莲池，红色党建成样板

——记瑞安市曹村镇东岙村

一、村庄发展概况

东岙村始建于明末，距今约 400 年，是浙南地区革命老区，下辖下塆、上塆、大布山、枫树脚、东岙、范家塆等六个自然村。南北长约 2 千米，背靠畚箕形山谷，面朝天井垟万亩田园，远瞰圣井山。村庄既长又狭，故此又取名“扁担”村，同时也是曹村镇闻名的大村。村庄拥有耕地面积 1 000 来亩，林地面积 2 347 亩，村庄面积 3.74 平方千米。全村 617 户，有 2 643 人，其中党员 67 名。杨梅、马蹄笋和手工素面是村庄三大特色产业。见图 1。

图 1　东岙村所在区域（来源：曹村・东岙景观规划设计）

二、具体做法与成效

1. 生态环境整治，洼地造莲池

东岙村大力推进环境整治。东岙村支部书记陈先寅曾在天津经商 20 多年，回乡后看到村里现状，积极参与瑞安市委农办、旅游局等部门举办的各类村干部培训班，并奔赴多地学习乡村振兴先进经验。东岙村依托天井垟粮食主产区，历来以农业为主要产业，但地势低洼，负责泄洪的天井垟河道狭窄又连年淤积，因此屡遭水患。村庄原来道路狭窄，环境脏乱差，是一个经济薄弱村。近年来，曹村镇东岙村启动美丽乡村建设。考虑到低洼的农田不太适合种植稻米，于是引水为池，建青莲池、进士馆、廉政公园等。九曲连桥，荷叶田田，颇有江南水乡特色。莲池同时成为东岙村村集体经济收入的一个渠道。莲子亩产值约 8 000 元，因旅游带来的人气又拓宽了销量，原本 60 元/千克的莲子畅销时达到 80 元/千克。青莲池成了“网红”打卡点，成了新农村建设的标杆（图 2）。

图 2　东岙村青莲池（来源：自摄）

2. 干部红色结对，实施组织振兴

东岙村围绕“美丽东岙”目标，以党建基地为核心，采取“红色结对”方式，助力拆违，形成青莲论坛、稻作课堂、乡村集市、山野民宿和桃林寻幽 5 大功能板块。村里采取“支部吹号、党员报到”的做法，村里有事情或者谁家有困难，党员第一时间帮忙，有效提高了村班子的凝聚力和党员干部的威信。明晰“红色引领、绿色致富”的思路，党员带头拆违。村支书陈先寅动员父亲拆了屋前的违章建筑，其他村干部也积极配合拆除了近 200 平方米违章建筑。东岙村违章建筑自拆率达到 80%，自拆违章建筑 2 600 多平方米，乱点整治率达到 90%。

3. 特色文化礼堂，打造党建文化基地

东岙村文化礼堂总投资约 600 万元，利用废弃的学校、征用附近土地扩大到 5 亩。项目由 3 幢连廊互通的独立建筑构成，分乡情展示馆、人文道德讲堂、耕读书坊、乐活空间等五大板块，里面包括中心礼堂、3D 电影院、多媒体报告厅、唱吧和休闲茶吧等。筹建之初，由于资金不足，项目边开工边筹钱。除了村民筹集资金，村干部还专程去上海拜访在外乡贤谢钦贵，寻求资助，并获得 50 万元捐助。之后其他乡贤也陆续捐款，共筹集到资金 190 多万元。项目建成后，文化礼堂成为村民集会、喝茶、下棋的地方。见图 3。

图 3　东岙村文化礼堂（来源：自摄）

4. 挖掘进士文化，打造书法强村

瑞安自古以来钟灵毓秀，素有“东南小邹鲁”的美称。曹村作为“中华进士第一村”，书法艺术历史悠久。明代姜立纲以“善书”闻名海内，被誉为“一代书宗”；黄养正书法闻名朝野，深受明成祖喜爱；民国时期池志澂笔力遒劲庄重，人称“东南第一笔”。东岙村文风颇盛，近年来，通过挖掘传统的耕读文化、乡贤文化、田园文化、进士文化、组建东岙村“青莲书社”，开展书画学习与交流活动等，积极打造书法强村，成为瑞安新农村的文化地标。图 4 为东岙村文化礼堂书法室。

图 4　东岙村文化礼堂书法室（来源：自摄）

三、发展模式剖析

1. 科学规划，打好环境整治组合拳

东岙村美丽乡村建设的成功经验离不开前期的科学谋划。曹村镇抓住国家发改委国经中心、中青旅、浙江绿城等企业下乡接项目的机遇，通过编制“1＋6”规划方案，科学谋划乡镇规划蓝图，提出建设“中国耕读文化第一

镇”，建设美丽田园综合体。天井垟河道两岸的绿化提升项目整体规划先后征求专家、乡贤意见10余次，修编50余处。天井垟河道宽度拓展到35～40米，种植水生植物，净化生态系统，水质得到极大改善。农田泵房改造成观景台，成为河道两侧景观的重要节点，游客站在观景台上可眺望整个田园牧歌片区，万亩田园、千里河道、百里绿道浑然一体，天井垟田园综合体在“零新增用地”前提下打造出一副世外桃源景象。

2. 塑形铸魂，拓展电商产业

曹村坚持全域景观化，把握绿城集团投资等投资机遇，串点成线，让天井垟成为瑞安的“世外桃源”。生态是乡村的底色，乡村振兴必须首先坚持生态振兴，曹村镇的做法印证了这一观点。东岙村依托曹村田园综合体，做足莲花文章，接下来村庄计划利用31间闲置农房，鼓励更多村民开发农家乐、民宿等，打造小吃街，修建登山步道和观景平台，整村打造高端农旅项目，发展乡村旅游。同时将乡村旅游与“消薄”相结合，村集体出资成立电商公司，利用莲子、索面、天井垟大米等特色农产品，统一农产品品牌，加快一二三产业融合，拉长农业产业链，提高附加值、知名度，带动村民增收致富。该模式以田园综合体为依托，以产业融合发展为重点，守护好生态自然底色，做好“旅游＋农业”文章，接二连三延伸产业链，真正让农村成为村民安居乐业的家园。

3. 文化引导，传播正确价值导向

文化礼堂作为新时代文化浸润之所，是群众的精神家园。东岙村当地村民及乡贤筹资约200万元高标准打造文化礼堂，以文化礼堂为载体，从根源上改变村庄农民的落后面貌，引导健康生活方式，潜移默化地将乡村振兴的价值导向传播给村民，使他们在“产业兴旺、生态宜居、乡风文明、整治有效、生活富裕”中树立正确的价值观，拓展创业思路，真正实现新农村面貌的提升和拓展。

四、适用条件

村庄与田园综合体联动统筹发展。东岙村的发展离不开天井垟田园综合体的统筹指导。村庄在周边良好产业基础上，创新农业发展模式，实现企业效益与村集体经济、村民利益的有机统一，打造资本下乡推动强村富民的乡村振兴新模式。

整村拆建，温州农房改造领头兵

——记瑞安市陶山镇新殿后村

一、村庄发展概况

新殿后村（图 1）位于陶山镇西部，素有宗教文化特色村之美誉。村庄与湖岭镇接壤，距陶山镇镇区约 4.2 千米。村庄南临（新）瑞枫公路，与飞云江支流金潮港隔路相望，东、西、北侧被大清山、老虎山和饭蒸山所环绕，规划范围用地面积约 5.99 公顷。整个村庄自然条件较为优美，对外交通条件相对较为便利。全村共 101 户 438 人。村庄三面环山、一面临河，自然环境良好，且作为著名道教圣地白岩山风景区南入口门户，具有深厚的文化底蕴和旅游资源。但在项目建设之前，整村环境较差，村内农房年代久远，基础设施落后，村民人居环境差，且旅游资源缺乏合理规划，旅游品位较低。

图 1　新殿后村（来源：https：//www.sohu.com/a/291373059_467464）

2012 年底，该村启动旧村改造暨美丽乡村工程建设，旨在通过整村改造，改善村民居住条件，并通过美丽乡村建设，深挖旅游资源，开辟旅游精品线，发展村集体创收项目，壮大村集体经济。该项目总投资 5 700 万元，规划建设用地面积 2. 22 万平方米，总建筑面积 3. 06 万平方米。目前已完成 6 幢房屋封顶，其余 4 幢已完成桩基建设，预计 2015 年 12 月底前完成主体工程建设，并启动道路、桥梁等附属设施建设。

二、具体做法与成效

1. 整村改造，打破碎片化改造格局

作为温州市中西部地区第一个以整村改造的形式实施的旧村改造项目，村庄打破了原有碎片化的改造方式，以整村联动的方式，通过大拆大整、大建大美，更有效、更快速、更科学地推动旧村改造，让村庄在短期内能实现村容村貌的颜值提升。同时，在改造过程中，充分发挥群众的力量，以众筹的方式，集中力量办大事，推进村庄的建设。见图 2。

图 2　新殿后村农房集聚项目（来源：自摄）

2. 先建后审，突破传统章程，加快项目进展

在启动初期，由于整村改造项目审批流程长、耗时久，为能尽快启动项目，减少等待项目审批中出现的意外情况，陶山镇积极和市委市政府沟通，最终于 2013 年 3 月 15 日经市政府专题会议通过，予以先启动项目，再逐步

按程序进行项目审批。争取提前开工后，在时任村“两委”和一批党员的带领下，新殿后村于2013年5月7日正式启动旧房拆除工作，当时共拆除房屋102间，为工程建设争取了时间和空间。

3. 金融创新，保障项目建设资金

整村改造项目，村民原有房产证、土地证注销后，不能按常规申请房贷，项目建设资金一度陷入困难。为促使项目建设资金能尽快到位，确保项目资金周转正常，村“两委”向农商银行争取了农民联保建房贷款，以5户为单位，每户村民可根据自身情况和房屋数申请最多15万元/套的建房贷款（每户最多申请2套，15万元是以一套建设成本的70%确定），解决了村民资金问题，当时共有60户申请了建房贷，合计贷款金额约1 300万元。但随着原材料、人工等建设成本的增加，为确保后续建设资金，目前村庄正在与农行沟通协商，以村经济合作社为单位申请建设贷款，当前进展顺利，预计可贷额度为1 000万元。

4. 商旅结合，壮大村集体经济

按照“改建大区块，打造大社区”的总体思路，在实施旧村改造的同时，将美丽乡村建设、旅游开发同旧村改造相结合，充分利用村特有的道教文化资源，挖掘旅游项目，打造村庄的致富之路。除去现有的1期工程，该项目2期工程将重点开发商住项目，规划用地7 200平方米用于商品房、旅馆、民宿等作为村集体经济创收项目，撬动今后村庄发展的源头活水，把新殿后村打造成温州市中西部的“陈岙村”，甚至要做得更好，为其他村的旧村改造提供典范。图3为新殿后村美丽乡村建设规划总平面图。

三、发展模式剖析

1. 保留记忆，合理布局村庄肌理和建筑院落

新殿后村具有悠久的道教文化历史底蕴，规划依托白岩山杨府殿和村内的杨府殿，结合旧村改造塑造“青瓦灰墙、硬山式屋顶”的建筑风格。规划延续了村庄原有的布局机理，突出院落空间。在建筑布局上，采用周边式、行列式与锯齿形相结合，保证每户良好的朝向和通风，强调环境的均好性；在建筑造型上，采用马头墙、坡屋顶、天井、廊道、门庭等江南民居的建筑元素，设计小体量的多层住宅，体现村庄原有风貌。在建筑单体设计中，将

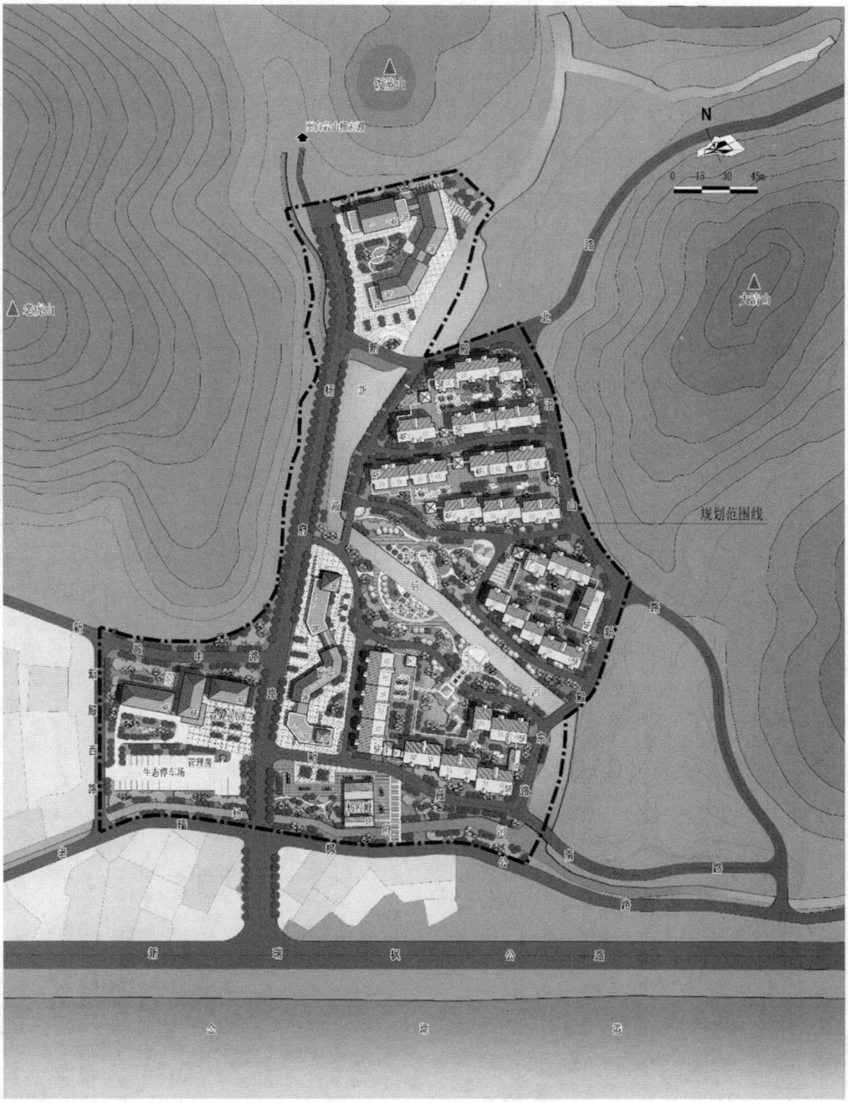

图 3　新殿后村美丽乡村建设规划总平面图

（来源：瑞安市陶山镇新殿后村美丽乡村建设规划）

底层设计为每户一间附属房和公共活动空间，二层以上为村民住宅。附属房直接开向外围道路，可作停车房也方便放置农具，黄道吉日来往香客车辆过多时，可作为公共停车库对外经营。底层靠近楼梯入口为公共活动空间，可设置棋牌室、茶室、健身室、物业管理室等，满足村民茶余饭后互相串门、互相交流的传统生活习惯。

2. 带动产业，内化村庄发展动力

在村庄建设中，不仅要改善农民的生活环境，更要从农村生产和就业出发，提供新的经济功能和就业机会，增强村庄内的发展动力。新殿后村依托白岩山风景区的开发建设带动村庄“一产、三产”共同发展。发挥充足的一产资源，形成杨梅、枇杷、番茄等果林基地和宗教文化游的旅游主线，建立体验农村生活的农家乐旅游副线。经过“村入口的牌坊—村内杨府殿—村庄格局—白岩山杨府殿”一路道教文化的熏陶，形成以宗教文化为主线的旅游景点，加强新殿后村旅游业的发展。见图 4。

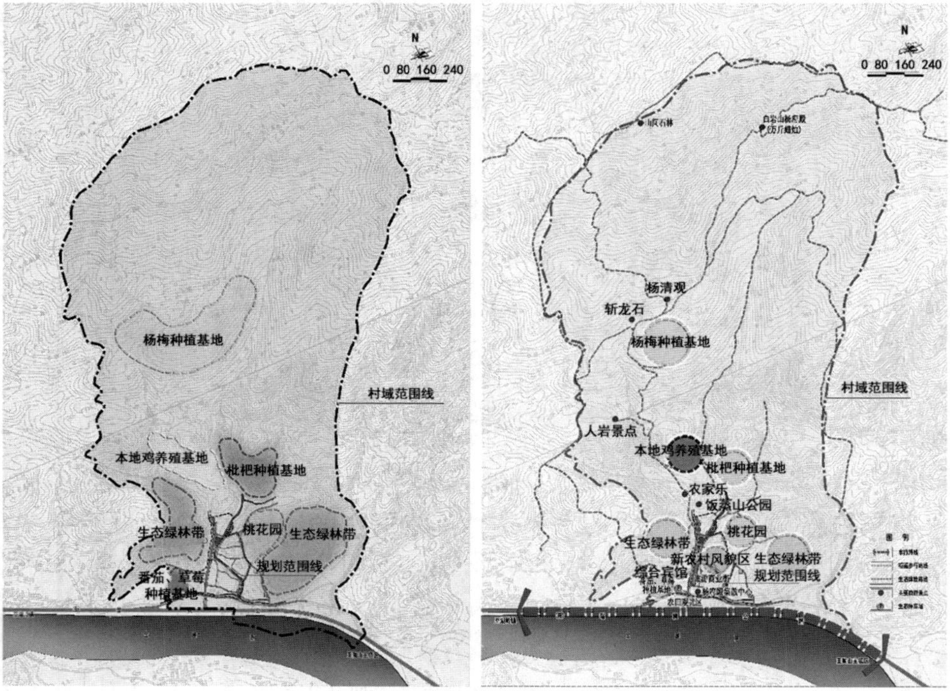

图 4　新殿后村种植产业布局和旅游景点规划

（来源：瑞安市陶山镇新殿后村美丽乡村建设规划）

四、适用条件

（1）乡村振兴，农民思想解放是关键　当地政府和村“两委”修路、建村、美化环境的规划落实需要村民的积极配合。若村民各自为政，甚至处处阻挠，那村庄的发展就会严重受限。作为政府，则要切实办好民生实事，保

障村民利益，不断增强群众获得感。新殿后村采用整村农房改造的方法，突破村庄发展限制，统一改造政策，分批分类推进，逐步改善村内百姓的人居环境，这当中离不开村民的支持。

（2）资金是美丽乡村建设项目落地的重要保障　多渠道争取资金做出样板才能真正带动村民参与乡村振兴。新殿后村农房建设中采取金融创新举措才能保证村庄建设的有序进行。因此该模式需要村庄有一定的经济基础，能统筹好补助资金、专项资金、扶贫资金等，且能发动乡贤，鼓励村民参与投资。

以水活村，成就诗画江南的花园村庄

——记瑞安市塘下镇陈岙村

一、村庄发展概况

陈岙村（图 1）位于大罗山山脚，隶属于瑞安市塘下镇，与龙湾区接壤。村庄山清水秀，环境优美，面积 0.42 平方千米，山林面积 2 805 亩，耕地面积 160 亩。十几年前，村庄因发展电镀、水暖、冶炼等工业，曾是一个交通偏僻、违建厂房遍布、污染严重的落后村庄，集体经济空白。2002 年，凭借美丽乡村建设、乡村振兴战略等东风，村庄进行了治水、治山、旧村改造

图 1　陈岙村（来源：自摄）

“三大战役”，开辟天然游泳池、活水游泳、激情漂流等水上项目，做足了水的文章，实现了曾经的“倒数村”向“明星村”的转变，从重污染工业村变身浙江生态名村。据了解，村庄年接待游客达 35 万人次，村集体净资产从 2002 年的年收入不足 30 万元、累计负债 130 万元，变成超 1 亿元，真正实现“人人住别墅、年年有分红”。近年来，陈岙村相继获得首届全国乡村文明先进村、浙江省首届魅力新农村、浙江省全面小康建设示范村、全国卫生村、温州市十大最美村庄和国家 3A 级旅游景区等众多荣誉。村党支部还获得浙江省先进基层党组织、浙江省先锋工程五好村党组织等称号。

二、具体做法与成效

1. 做“水”文章，助推村庄经济发展

陈岙村拥有温州生态绿肺——大罗山这一天然的山水资源，然而一直以来都未合理地开发和利用，而且由于途经村庄的溪流狭窄，村庄在汛期常年遭受涝灾，造成经济财产损失。2003 年起，在温州水利局的支持下，陈岙村开始治水、蓄水到卖水的以“水”脱贫之路。一是村庄陆续建成一座山塘、三条蓄水堰坝和一座自来水厂，不仅解决了村民用水困难，还将多余的水资源有偿供应给附近企业，每年为村集体增收 286 万多元，赚得了“第一桶金”。二是村庄投入 2 200 余万元，开展长达 3 千米的溪流生态景观提升改造。整治周边工业污染源，迁出 100 多家污染企业，拆除 3 万多平方米违章建筑。三是开发众多水上项目，活用水资源。九龙峡谷激情漂流位于陈岙溪中游，总长度 1 100 米。陈岙村陆续开发了九龙皮划艇、生态游船等水上项目，主打生态、康养、运动产业。

2. 创新土地利用方式，建设江南花园民居

村庄生态环境治理取得初步成效后，陈岙村为破解土地制约，响应“三改一拆”政策，开展“青山白化”整治行动，通过迁坟换地和发展山坡经济，整理置换出几十亩山地。之后村“两委”集中民间资金投入村庄建设，启动旧村改造，成功出让 75 亩高端住宅用地。陈岙村通过村庄整体规划，启动农房集聚改造项目。据了解，新村居排屋有序、古榕成荫，具有充裕的地下车库，户均拥有 2 个车位，可实现人车分流。2011 年 216 套别墅式套房分房到户，全村大部分村民住进了新房子，村民也享受到城市的高品质住宅，而且

周边无城市中的污染问题。下一步村庄启动木屋别墅、温泉、养老健康产业等项目，发展乡村旅游业、养老生产业、农家乐，实现“退二进三”的产业转型，着力打造生态、宜居、宜业的休闲村庄“陈岙样板”。见图 2。

图 2　陈岙村旧村改造项目（来源：自摄）

3. 多业态旅游项目，促进产业转型升级

陈岙村依托山水资源优势，先后开发激情漂流、活水泳池、皮划艇、风情摄影基地、登山健身步道、生态游船等项目，开发自然风光、康养度假游，打造生态度假区。据统计，陈岙村夏季日接待量最高达 1 万人次，年接待量达 35 万人次。一是风情摄影游。景区内现有九龙、青青、竹韵三家摄影工作室，能提供各种服装摄影，推出亲子照、闺蜜照、结婚照等业务，特别适合家庭聚会、朋友聚会、公司活动、户外游玩。二是登山健身游。村文化中心和养生度假酒店两个地方各有步行入口，与大罗山国家级登山步道连接。步道呈现双环线分布，全程 9 千米。步道沿途还有九龙采石场遗址、叮咚泉、狮子口、十八档等自然人文景观，环境优美宜人，村民和游客在锻炼的同时还可以享受一路的风光。三是农家乐。陈岙村拥有 4 家农家乐和 1 家水上烧烤店，旺季时 5 家店每天客满，特色美食给村民带来了较高的经济效益。

三、发展模式剖析

1. 党建强农，开辟“乡村治理”新格局

中央第四督导组组长、十三届全国人大监察和司法委员会副主任委员（曾任浙江省委书记）车俊曾说：村社党支部书记是推动浙江发展、维护社会稳定的重要力量。陈岙村的崛起之路主要得益于“三大法宝”，分别是一个同心同德的好班子、一支善作善战的好队伍和一套管用实用的好机制。在村庄发展过程中，以村支书陈众芳为核心的村党支部从三个方面为村庄发展奠定基础。一是维护内部稳定。主动上门做好干部群众的思想工作，引导他们一致向前看，把争论的焦点及时从个人私利转移到集体发展上来，切实统一了全体党员群众的思想。二是发挥带头作用。不论是违章建筑拆除、基础设施建设、青山白化治理、旧村改造房屋拆迁、公益事业投入等工作，往往都是党员干部先带头，不管是多么难的工作，到了陈岙村总能进展迅速，村级组织的凝聚力和战斗力得到大幅提升。三是制订长远规划。如何壮大村集体经济发展成为村“两委”班子的首要任务。针对陈岙村的现状，村“两委”通过反复研究之后，大胆提出坚持“退二进三”，逐步融入大罗山生态区规划的长远规划，明确了发展的具体思路。

2. 依托资源，抓住机遇脱贫致富

对村内水资源利用进行了科学规划，通过开发和管理并重的措施，变废为宝。一方面，加大了水资源的开发力度。积极争取上级有关政策支持，专门开展了小流域治理工程，打响了“陈岙山水”的品牌，从 2002 年起至今，仅水资源供应每年为村集体增收 150 多万元。另一方面，切实抓好水体保护工作。全村大大小小的百多家电镀企业集中起来，由村里和企业共同出资，对污染实施统一治理。除此之外，还与 8 家合法企业达成协议，筹建股份合作企业——瑞龙电镀公司，由村集体控股，实行统一管理，达到治理目标，并组建了工业废水集中处理中心，彻底实现了废气达标排放，以科学发展观为指导，走可持续发展的农村工业发展之路。

四、适用条件

陈岙村在村庄建设中坚持党建引领、规划先行、村民共建、和谐共荣，美化环境带动村庄产业发展。村里依托陈岙溪，经历治水、蓄水、卖水，赚到了“第一桶金”，将旧村改造、打造成美丽新农村样板。该模式适合目前大多数美丽乡村建设。

孝美亦垟，乡村振兴中的文化认同

——记瑞安市湖岭镇亦垟村

一、村庄发展概况

亦垟村位于瑞安市湖岭镇三十三溪上游，常住人口 150 户，总人口 863 人，村“两委”6 人，党员 15 人，其中预备党员 1 名，村民代表 32 人。地域面积 1 587 亩，耕地面积 134 亩。

亦垟村原本是一个山区贫困村，近年来，村庄认真贯彻落实党的十八大精神，扎实推进美丽乡村建设，在上级领导和有关部门的关心支持下，村干部结合实际，紧紧围绕着美丽乡村建设标准，创新方法，突出孝文化特色，努力创建人居环境优美，社会环境和谐的美丽乡村。村庄相继荣获省级卫生村、省级文明村、温州市级卫生村、温州市级文明村、温州市孝敬文化示范村、瑞安市级文化村、瑞安市生态先进集体、瑞安市精神文明先进集体等荣誉称号。图 1 为亦垟村入口。

图 1　亦垟村入口（来源：自摄）

二、具体做法与成效

1. 做好村庄生态环境整治工作

亦垟村美丽乡村的建设以突出孝文化为特点，并按照“六美”标准，以整治村庄生态环境为主线，做好村容村貌的美化亮化工程。开展拆违行动3次，拆除违章建筑10处；创建美丽庭院1处；整修美化民居墙面34处，面积1 000多平方米；加固修缮古屋3幢。另外，村庄投入208万元进行以鹅卵石、黄石、青砖等为材料的路面修复以及青瓦白墙为格调的孝文化宣传牌、历史族谱文化牌、木质护栏、水泥踏步、百草墙、树木名称牌、孝园边青砖围栏以及村史馆、孝文化长廊建设，还建造了月亮湾标志、自行车驿站等，实现了村居环境的整体提升。见图2。

图2　亦垟村村居环境（来源：自摄）

2. 坚持制度创新

亦垟村在创建过程中，坚持制度引领，力求精致规范。一是建立党员环境整治“分片包干”制度。通过划分落实党员包干制度，督促检查包干区的环境卫生工作，将全村村“两委”成员、党员划分为四组，开展每周一组环境监督轮值。二是开展卫生评比活动。开展形式多样的卫生检查，发挥典型激励示范，共授予12户“文明卫生家庭”荣誉称号。三是巩固制度管理。为实现乡村风貌建设工作的正规化、制度化，制订了《亦垟村村规民约》《亦垟村环境管理制度》《亦垟村家禽圈养规定》《亦垟村“门前三包、门内达标”标准》《除“四害”工作标准》等系列规章制度，确保各项工作有据可依。四是健全和完善了村民理事会和项目管理机制。专门成立了亦垟美丽乡村建设理事会，选举威望高、影响大、责任心强、肯为群众办事的老党员、老村干部、老教师为理事，并建立了一套有效的理事会运作机制。同时，积极加强对新农村建设项目的后续民主管理长效机制。

3. 坚持突出特色

亦垟村自然环境优美，民风淳朴，以打造古香古色的秀美村庄为定位，重视突出保护好古代的孝文化特色，不断挖掘文化底蕴，坚持因地制宜、注重生态、彰显个性的要求。在开发利用中，重视保护好自然生态和古民居的关系，把握现代发展与传承传统文化的关系，做到在彰显村庄文化底蕴的同时，又让村庄的长远发展更具生命力。村庄通过合理规划、精心设计，把“孝文化”元素融入到村口、路边、公园、农舍等与村民日常生活相关场所。按照“一村一品”产业发展思路，因地制宜，积极鼓励侨资回归家乡建设，目前已接洽一个“水上乐园”旅游项目（村民代表大会已通过），全力推进农民经济和旅游经济发展。以社区的农家乐、漂流等产业集聚优势，发展特色产业，支撑美丽乡村建设发展的新格局。

三、发展模式剖析

1. 探索德孝文化治村模式

亦垟村“孝文化”处处可见，以“孝德”治村，成了这个仅500多人口的小村庄的文化名片。村口广场中央布置着一个“孝园”文化石，石头周边墙上贴着二十四孝图，广场中“孝树”上挂着祝福小卡片。长达100多米的孝文化长廊中每隔几米有一块故事板，图文结合记录着关于孝德的经典故事。通过法治标语、家规家训、道德人物展示，让村民能够在休闲娱乐时潜移默化地了解民族传统文化，宣传抵制农村旧风恶习，学习法治理论知识，为丰富农村法治精神世界添砖加瓦。从 2012 年起，村庄连续举行了孝德模范的评比，先后评选出一批孝德家庭、孝媳妇、孝孙子、最美孝心少年等。持续开展乡风评议，大力开展诚实守信和传统美德教育，促进文明有礼、移风易俗，引导农民群众自觉修身立德，村内的“小善举、大文明”的行为，会通过村里的宣传窗被“广而告之”。

2. 探索志愿普法讲堂模式

亦垟村利用移风易俗馆（文化礼堂），围绕“宣孝”“学孝”“倡孝”“行孝”“评孝”五大内容创作村歌——《亦垟，我们共同的家》，建成孝文化园、孝文化墙、孝文化室等设施，开设“孝德讲坛”，邀请专家、行孝模范上孝文化课、办孝文化讲座，引导群众读孝德书籍、懂孝德道理，成为远近闻名的“孝德之村”。亦垟文化礼堂对村民和中小学生开展特色普法活动。一是借助法治文艺演出、邀请农村法律顾问讲座和巾帼女子宣传队发放宣传资料等一系列的活动将普法知识融入村民的文化生活当中，让村民理解相关行为产生的法律结果，让普法形式更加接地气。二是开展志愿服务活动，让法治走进校园，开展未成年相关法律讲座，发放趣味性插图法律读本，将亦垟移风易俗馆作为法治道德宣讲基地，预防未成年犯罪（图 3）。

图 3　亦垟村移风易俗馆（文化礼堂）（来源：自摄）

3. 探索孝文化推广盈利模式

为深入开发孝文化旅游资源，亦垟村推出亲子冬令营活动。利用寒假开展“传承好家风，重言行身教”亲子冬令营活动。引导孩子读国学经典《孝经》《弟子规》等，学习孝德礼仪知识，接受品德教育，该活动被中央电视台《新闻联播》栏目报道。孩子们通过学习传统礼仪、制作非物质文化遗产——手工剪纸、体验趣味运动，对国学经典和传统文化有了更深的感悟。此外，亦垟村的孝德之风，影响着瑞安市周边村镇。如相邻的呈店村利用侨乡文化，积极开展村居环境整治，建设美丽乡村（图 4）。

图 4　呈店村文化礼堂和侨史馆（来源：自摄）

四、适用条件

乡村振兴离不开文化的引领，文化能激发农村发展的内生动力。亦垟村突出“孝文化”，建设“孝文化”设施，开设“孝德讲坛”，宣传乡贤孝德故事，以“孝德”治村兴村。亦垟村模式打造道德教育基地，创建村民“精神家园”的做法，具有创新性，但可复制性不强。

执笔人：胡　春

校核人：谢海汇

刘拥春

文中彩图请扫码查看

苍 南

百年陶文化，助力美丽乡村

——记苍南县桥墩镇碗窑村

一、村庄发展概况

碗窑村位于苍南县桥墩镇境内，地处玉龙湖河谷中上游、玉苍山脉南麓，毗邻平阳、泰顺两县，始建于明朝洪武年间，是有着600多年历史的传统古村落（图1、图2）。村域总面积17.5平方千米，共有309户1 293人，包括桥墩水库移民800人，仅有200余名常住人口，且多为老年人。村庄盘山而建，有玉龙湖、三折瀑、碗窑古道等景观，是苍南“滨海—玉苍山”省级风景名胜区的重要组成部分，生态环境优美。

图1　碗窑村街景（自摄）

碗窑村拥有高岭土、林木、水源等优越的自然条件，曾以手工制陶业远近闻名，商风鼎盛，是清代浙南地区较大的青花瓷生产基地，后来经历市场更迭而逐渐走向衰落。近年来，在镇“两委”及上级有关部门的支持和正确的指导下，碗窑村立足传统村落保护，挖掘和利用文化遗产、生态资源组合优势，以“瓷韵”主题为推手，围绕景区提升、文化渗透、业态植入、产业转型等开发理念，打造集山水风光、古村保护、旅游休闲于一身的乡村综合体，与周边村落串联成了瓷韵风情小镇精品旅游线，获得首批中国传统村落、中国民族民间建筑魅力名村、第六批中国历史文化名村、国家4A级旅游景区、浙江省特色旅游村、浙江省历史文化名村、浙江省美丽乡村特色精品村、省市级生态文明教育基地、温州市十大最美历史文化村落等荣誉，吸引了国家文物局专家组组长罗哲文、著名音乐家周大风等重量级人物的到来。

图2 碗窑村环境（自摄）

二、具体做法与成效

1. 规划为先，4A景区换新颜

随着全域景区化的步伐加快，碗窑村的现状条件已不能满足日益增长的旅游开发需求，存在环境卫生脏乱差、基础设施陈旧老化、部分建筑破损严重等问题，村庄发展陷入瓶颈期。借着创建国家4A级景区的契机，苍南县旅游投资集团有限公司自筹资金，规划建设碗窑景区改造提升工程。基于对村庄原有脉络的梳理，确定了“一带一心两脉三片区”的总体布局，其中“一带”是指古玉龙湖河谷中上游的滨水景观带，以游览栈道将景点串联，增设休闲廊和观景平台；“一心”为碗窑古村核心游览区，依托村落原生态风貌和历史遗迹，重点整治局部不协调的景观及建筑，主打手工制瓷业复兴和传统文化体验。“两脉”为东西两侧的溪涧，以增加种植品种等自然手法进行改造，凸显山水环境；“三片区”指分布于“一心”周边的三大功能区，即“碗窑印象”景区入口区、“大地印象”四季体验风情区和“生态天堂”休闲漫步区，丰富游客体验内容。村庄通过空间重构和硬件设施优化，碗窑景区形象和接待能力得到升级。图3为碗窑村街巷与商业。

图3　碗窑村街巷与商业（自摄）

2. 生态宜居，培育文明树新风

在“两山”理论的引领下，碗窑村按照县委、县政府“建设浙江美丽南大门”的战略部署，打出“五水共治”“四边三化”“三改一拆”等组合拳，以清单项目化、项目具体化的方式，推进环境综合整治，培育文明新风尚。

一是村容整洁环境美，着重从人居环境治理入手，结合“白改黑、线拉直、灯点亮、田园美”等高标准要求，积极开展“清洁家园”“两违”整治、污水处理、植树绿化、河道清理、垃圾分类、美丽庭院等行动，建设自来水供应站、生活污水处理池、地下电网等基础设施，实施环境卫生整治长效机制，改善村容村貌。

二是乡风文明身心美，通过制定村规民约、推崇优良家风，加强公民道德教育，以喜闻乐见的形式普及社会主义核心价值观、政策法规等，广泛开展“讲文明、除陋习、树新风”活动，发挥“五好文明家庭”“平安家庭”等典型示范作用，营造邻里和睦、遵纪守法、移风易俗的良好社会风气，构建和谐稳定的农村新风尚。

三是绿色发展生态美，坚持将可持续发展理念贯穿于传统村落的保护，维持自然山水生态格局，做好大气、水、土壤污染的防治，比如为做好横阳支江水源保护，碗窑村杜绝污染企业进驻，限制村民养殖规模，积极走产业转型升级路线，正确处理生态与经济之间的关系。

3. 内化于心，个性文化显深度

碗窑村是省内为数不多的完整保存着商品经济萌芽时期以手工作坊制瓷的古村落，为研究浙南民俗文化、传统民居建筑和制瓷发展史等提供了珍贵资料，具有极高的历史、科学和艺术价值。村内至今保留有36栋332间山地木构古建筑群，以及窑炉、三官庙、古戏台等多处文保单位，其中以吊脚楼、八角楼最有特色，而仅存的一条古龙窑建于清朝康熙年间，是省内唯一一座保存完整的青花瓷阶级窑（图4）。2009年，由村里朱氏故宅改建的碗窑瓷器博物馆正式落成，博物馆耗资120多万元，大部分靠村民集资，展示的物品主要来源于村民捐赠，它的建成为碗窑村的文化底蕴添上了浓墨重彩的一笔。2016年，由温州海西公司开发投资的碗窑陶瓷艺术展览馆建成开馆，进一步提升了碗窑村的文化档次。

除了珍贵的物质文化遗产，碗窑村传统制瓷技艺作为非物质文化遗产，是当地乃至浙南地区重要的文化资源，村里的手工制瓷非遗传承人通过技艺活态展示等方式，呈现出生动的碗窑文化。同时，碗窑村历来传承的地域民俗也是村落文脉的重要部分，如向窑神表达尊敬之情的窑神文化、沿袭久远的祭祀信仰、农历五月三十日的五显大帝巡游活动、集合民间信仰和娱乐的庙会活动、民间戏曲表演（单档布袋戏）、曲艺表演（渔鼓）等，推动了碗窑村文化的活力复兴。图 5 为碗窑村古戏台。

图 4　碗窑村古龙窑（来源：自摄）

图 5　碗窑村古戏台（来源：自摄）

4. 守正创新，富民兴村强发展

近年来，根据《苍南县全域旅游发展总体规划及三年行动计划》的指示，作为“桥莒瓷韵·生态旅游”乡村振兴示范带上的重要节点，碗窑将全村作为景区打造，突出旅游“第一服务业”地位，做强做大核心景区，辅以农业、文化等产业，全面打响“瓷文化”品牌，加速“两山”价值转化。

依托大玉苍山 5A 级景区创建项目有序推进，在县旅游局主导下，碗窑景区通过游客中心、环湖栈道、照明亮化、道路交通等工程建设，完成了木栈道拆建 2 420 米、主水渠修建 1 200 米、护栏翻新 800 米、水系修复 500 米、基础服务设施建设近 1 000 平方米、四季花海培育 30 亩，启动运营碗窑村首家农特产品平台，桥墩月饼、仙堂酒等当地特产陆续入驻展销，实现了景观综合、环境美化升级，文化遗存得到有效保护，且丰富了旅游产品供给。

为进一步丰富旅游业态和产品，碗窑村引进了中国高级工艺美术师、龙泉青瓷大师徐定昌的工作室，作为碗窑青花瓷系列产品和旅游文化开发的重要创作和研究基地（图 6、图 7）。此外，全县最大的桑葚种植基地于 2019 年落户碗窑村，种植面积近 300 亩，约 6 万株桑葚苗，有利于休闲农业、观光采摘等乡村旅游新业态的形成，扩展消费新空间，村庄下一步计划建设桑葚加工厂，以弥补产业链延伸的短板，提升农产品附加值，带动山区经济发展。

图 6　碗窑村大师工作室外景（来源：自摄）

图 7　碗窑村大师工作室内景（来源：自摄）

三、发展模式剖析

1. 以保护促发展，传承百年古村本真

碗窑村最大的特点在于历史文化积淀深厚，整村原生态程度高，成为全国保存最完整的明清制瓷古村，这得益于以下四个方面。一是政策氛围浓厚，省、市、县三级政府对古村的保护、开发和利用高度重视，多次开展专项调查、座谈、研讨，形成“政府牵头、镇村主导、村民配合”的机制，先后出台了《加强历史文化村落保护利用工作若干意见》《关于加快推进文化遗产保护传承及开发利用工作的意见》等，并在《苍南县“十二五”文化发展规划》中为古村落的保护指明了方向，积极推动历史文化遗产开发利用项目，着力将碗窑打造成“没有围墙的手工业博物馆”。二是注重内外兼修，坚持原真性、完整性的基本准则，强调“大遗址”概念，保护范围涵盖村落传统空间形态、历史风貌、生存生态环境等物化结构以及社会形态、民风民俗、宗教文化、人文传说等精神内涵。三是走可持续发展路子，建立“政府主导、村民主体、社会参与”的资金筹措机制，加大投入力度，借用媒体宣传力量提升碗窑古村知名度，开发特色文化旅游项目，释放出经济红利。

2. 以旅游为抓手，壮大集体经济实力

在制瓷鼎盛时期，碗窑村有龙窑 18 条，3 600 多名工匠，是赫赫有名的

商贾云集之地。随着生活、科技水平的提高，碗窑粗瓷逐渐退出市场，当地手工制瓷业走向衰落。虽然受水源保护、地形因素等限制，碗窑村的养殖业和种植业规模不大，产业单一，集体经济薄弱，但其旅游资源储量丰富，种类较多，涵盖8大主类、18个亚类、39个基本类型和63个旅游资源单体，包括优良级旅游资源18个，具有得天独厚的区位优势。借着县级旅游管理体制改革的春风，碗窑村秉承保护与开发并重的原则，深度挖掘人文历史内涵，将“旅游+”作为突破口，以政府性投入为主，大力开展景区建设，通过门票反哺、隶属景区产权的经营项目设施租赁、经营资金分成等措施，发挥旅游扶贫效应，形成产业优势与全域旅游良性互动的局面，如根据景区门票收入情况，每年可获得县级补助10万元，直至村集体收入达20万元为止；景区内三折瀑栈道和绿色通道两个区域的小卖部，采取招标方式出租经营，其中50%租赁金归村集体所有。如今，碗窑景区年接待游客量达50万人次。

3. 以党建做保障，巩固乡村建设成果

在美丽乡村建设中，碗窑村“两委”着力突出党建引领地位，重点提升组织力，培养党员干部的业务能力，打造过硬党支部，推动基层党建工作与产业培植、文化挖掘、脱贫攻坚紧密结合、互促互进，实现“支部有作为、党员为示范、集体增收入、群众得实惠”。一方面，村党支部充分发挥好领导核心作用，村民自治机制和村民代表会议制度规范化运作，建立健全“一约四会”组织，开展党员教育主题学习日、党员联户、“两学一做”学习教育、民主生活会、学习党章党规等活动，激发全村党员的责任感和荣誉感，进一步密切党群干群关系，党组织的凝聚力、向心力有了明显增强。另一方面，村“两委”深度挖掘资源优势，科学谋划，调动群众积极性，形成合力，一开始群众不理解古村落保护的意义，缺乏主动参与性，村“两委”从村庄环境卫生整治入手，党员以身作则定期开展清洁工作，用实际行动引导村民加入建设队伍中来。

四、模式适用条件

美丽乡村建设离不开自身的优势，扬长避短、因地制宜方能彰显个性。碗窑的成功经验为其他同类型乡村提供了有益借鉴，若复制该模式必须满足以下条件：

（1）符合历史文化传统村落的特性，既具有悠久的历史渊源与深厚的文化底蕴，又有丰富的物质文化遗产与非物质文化遗产。

（2）对于碗窑这样集体经济薄弱的村庄来说，资金支持是切实保障，其建设资金主要依靠政府补助、县旅投集团投资、农户集资等多方渠道。

（3）强有力的村“两委”班子不可缺，“两委”成员要不仅能够起到以点带面、率先垂范的领头雁作用，而且要有本领、讲奉献、重品行，具备较高的履职能力和服务意识。

念好土地经，变身花园村

——记苍南县龙港镇中对口村

一、村庄发展概况

中对口村（图 1），位于苍南县灵溪镇与“中国第一座农民城”龙港市交界处，地处横阳支江东岸、钟山（七字山）北麓，灵龙大道、灵宜公路穿境而过，东临龙港新城 9 千米，西至县城新区 4.2 千米，是龙港国家新型城镇化综合试点农村就地城镇化示范村。全村现辖渡头陈厝、板桥、东垟内 3 个自然村，面积 1 050 亩，共 395 户 1 705 人，全村党员 35 人，其中大专以上文化程度 8 人，村“两委”班子成员 11 名，村配套组织齐全。村庄河港纵横、水系发达、水陆交通便利，是典型的江南水乡。

图 1　中对口村（来源：自摄）

曾几何时，中对口村是名副其实的“脏乱差”后进村，零散分布的402间农房中大部分属于C级、D级危房，而且耕地碎片化，难以有效利用，还有13家无证无照、无安全保障、无环保措施、无合法场所的“四无”企业。在河道两边随意搭建的简易厂房杂乱无序，村里没有像样的公路，集体经济处于负债状态。近年来，中对口村深入贯彻“两美浙江”和构建“浙江美丽南大门”的决策部署，以全域土地综合整治作为美丽乡村建设的重要抓手，融入绿色发展理念，带动产业振兴和农民致富，建成“生态和谐、美丽宜居”的花园式村庄，落实“一村一品、一村一景、一村一韵”的要求，打造出可复制、可推广、可持续的乡村振兴模板，获得省级土地综合整治示范村、省级美丽乡村特色精品村、省级森林村庄、省级“一村万树”示范村、省级3A景区村庄、省级生态文化基地、省级民主法治村以及市级五美乡村示范村、市级生态文明教育基地、市级先进基层党组织、市级文明村、市级卫生村等荣誉。图2为中对口村村内环境。

图2　中对口村村内环境（来源：自摄）

二、具体做法与成效

1. 全域规划，优化“三生”布局

为了彻底摆脱过去的负面形象，中对口村立足“山水林田居”生态共同体，引进专家团队编制美丽乡村发展规划，以道路、河流、山体等自然地物为界，形成边界清晰、布局合理的生活、生产和生态空间。一是统筹山水林田湖草系统治理，科学安排各类土地整治项目，将散落的原住民集中安置于灵海大道沿线区域，拉近与中心城镇的地理距离；二是树立环保生活理念，推广垃圾分类收集、资源利用，从生活习惯入手倡导文明新风、美化人居环境；三是基于村里留守人口老龄化严重的问题，规划建设一座集居住、休闲、应急医疗为一体的居家养老服务中心，探索新型农村养老模式（图 3）；四是规划推进 2 个集观光、展览、创意、体验、加工、销售于一体的农业大棚建设。

图 3　中对口村居家养老服务中心（来源：自摄）

2. 拆旧建新，土地综合整治

中对口村借助“大拆大整、大建大美”的契机，坚持“拆建并举、拆绿并进、拆复同步”的原则，全力推进农村土地综合整治、农村危旧房改造、农房集聚项目、建设用地复垦等，盘活存量土地资源，打破土地规划空间、土地计划指标和耕地占补等限制，完成整村改造搬迁。

首先，针对私搭乱建、居住隐患、交通拥堵等问题，全村整治违章建筑 2.35 万平方米，拆除危旧房 300 间，整治四无生产经营单位 27 家，修建主干道 800 多米，铺设机耕路宽 2 米、长约 2 000 米，并在保证耕地面积的前提下，开展零星耕地归整、土地复垦和耕地质量提升等工作，有效利用拆除、复垦土地建成村民中心、文化礼堂、生态公园、运动场馆等公共设施以及现代农业示范园，改善村内硬件设施条件。

其次，农房集聚项目是中对口村的亮点工程，有利于优化村内土地资源要素配置，拓展城乡建设发展空间。项目分两期实施，用地 93.4 亩，建筑规模 14.56 万平方米，总投资 4.3 亿元，共 25 幢住宅 934 套住房，除了妥善安置拆迁户，还有效解决了 60 户无房户居住的问题。见图 4。

图 4　中对口村农房集聚项目（来源：自摄）

再次，在土地综合整治过程中，中对口村通过增减挂钩节余指标收益、示范奖励等渠道，筹集各类资金补助共计 1 100 余万元，陆续用于复垦拆旧、表土剥离、过渡房拆迁、居家养老服务中心和新民居建设中，盘活后的资金转化为乡村改造的动力。

3. 治污控源，生态环境复兴

以前，中对口村的产业主要集中于废布角料褪色加工、初级气流纺生产、废旧物品回收等，与环境污染有直接关系。为了恢复生态，中对口村拆除环境污染企业，切断污染源，包括一家产值高达 2 000 多万元的再生棉纱企业，并着手开展河道治理，助推“五水共治”，注重沿线自然生态的保护，清淤疏浚、防洪固堤、改善水质，建成美丽河道 1 200 多米，铺设污水管网 1 100 多米。

污染源头问题解决了，清洁家园也是重中之重。作为省级垃圾分类试点，中对口村逐步建立实施、管理、考核、奖惩等一套完整制度，以党员干部网格责任制为抓手，落实垃圾分类教育、指导、监督、检查等工作，摒除随意丢垃圾的农村陋习，实现生活垃圾削减率超 70%，关键措施包括以下几个方面：一是建立生态资源化利用中心，实现垃圾减量处理和变废为宝，平均日处理厨余垃圾达 500 千克，生产的有机肥料恰能满足全村农作物和绿化区域施肥的需要；二是引进智能回收设备，采用垃圾分类得积分、积分兑换生活用品的方式，充分调动村民垃圾分类积极性和主动性，整村环境面貌得到极大改善；三是建立门前“三包”责任制、垃圾分类实施办法和考核细则、“红黑榜”制度，以户为单位进行考核，包括户内垃圾分类投放、门前卫生状况、垃圾桶维护等内容，按月评选出“最美丽家庭”和“不美丽家庭”并公示于“红黑榜”；四是组建常态化的党员先锋队、老人文明劝导队、巾帼义工队参与垃圾分类公益活动，形成合力监督、人人参与的新局面。见图 5。

4. 农业根基，助推产业振兴

中对口村是苍南县绿野朝阳乡村振兴示范带的起点，是整体形象气质展示的最佳节点，具有明显的特色农业优势。在传统种植业支撑下，中对口村坚持走大农业、大生态、大旅游的生态农业之路，营造农业种植、采摘、观光的吸引核，同时完善旅游配套设施，投入建设农业采摘园、林木培育公园、农家休闲观光园，扩延关联产业，形成农旅综合体。

图 5　中对口村垃圾分类与法制宣传

在苍南县建设“沿江番茄农业产业集聚区”的背景下，中对口村着手“番茄农业可持续发展示范园”项目，围绕中对口美丽乡村的优势，辐射山前村、鲸头村、下湾村、三大庙村等周边村落，按照产业、旅游、科技、农创等功能融于一体的目标，构建绿色、生态、可持续的农业发展新模式。示范园规划面积 3 000 亩，计划投资金额 1 800 万元，以设施番茄产业为重点，引进不同类型、品种的观赏性农产品，建立番茄观光采摘展示园，并结合现有的葡萄园、瓜果园及油菜花观赏基地，形成乡村休闲旅游为基础的产业链；探索利用县垃圾发电厂产生的热能为越冬设施番茄保温供暖，集成应用番茄新品种、新技术、新设备，打造番茄高新技术示范区；出台创业优惠政策，吸引“农创客”“新农人”等主体投入示范园的创业活动，打造番茄主题的农创园；充分利用村内集聚农房的架空层开发产业经济，比如休闲、养生、科普、餐饮、仓储等，带动村民致富和壮大村级集体经济。图 6 为“一村万树”示范园。

图 6　“一村万树”示范园

5. 党建核心，引领三治融合

近年来，在县委县政府、镇委镇政府的领导下，中对口村党支部充分发挥领导核心作用，着重抓班子、带队伍，强化自治立规矩、德治提素质、法治作保障的“三治融合”机制，深入实施“红色细胞”工程，依托“党建＋网格化”模式，开展“党小组进网格”行动，结合“绿色、协调、创新、共享、开放”五大发展理念，将“四边三化”“三改一拆”等具体工作细化到党员五星争创中，树立先锋模范。

其一，自治实干有力量。重视民主协商，规范基本程序和环节，提升决策的科学化和民主性，通过红色信箱、网格信息、上门走访等形式收集民意，以问题为导向确定议题；实行开门议事，鼓励各类人群为村庄发展献计、献智、献策，助推村内各项事业发展；坚持效果导向，聚焦解决群众普遍关心的问题，并落实专人跟踪负责；修订村规民约，把移风易俗、礼让斑马线、垃圾分类等重要内容纳入其中，形成村民自我管理、自我约束、自我教育的行为规范，保障村民抉择、知情、参与“三权”；充分发挥妇联、共青团、老人协会等各方面力量，培育一批积极参与村级社会治理的骨干力量，增强集体发展的活力。

其二，学法用法有保障。始终把法治教育放在依法治村工作的首位，利用党建广场、文化礼堂、宣传长廊、公共场所电子显示屏、微信公众号等平台开展形式多样、生动活泼的法治宣传教育；把普法宣传与社会主义核心价值观、党建文化、清廉文化、安全文化有机结合，进一步提高党员干部遵纪守法、崇德向善意识；结合村务中心工作开展法律法规和政策宣传，进一步提高村民办事依法、遇事找法、解决问题用法、化解矛盾靠法的意识。

其三，道德教育促和谐。利用文化礼堂开展家风、家训、家规教育，营造崇德向善、见贤思齐的良好氛围，规范群众道德行为，广泛开展各类评选表彰活动，以榜样标杆作用带动乡风文明；成立龙港首家村级慈善帮扶基金，主要以村民互助形式，汇聚善心爱心，开展扶贫助残、关爱孤寡老人、慰问留守儿童活动，是推进新农村发展的新举措。图 7 为中对口村居民中心。

图 7　中对口村居民中心（来源：自摄）

三、发展模式剖析

1. 探索建立“一个中心，三治围绕”的基层治理模式

作为龙港市“清廉村居”示范点，中对口村以“红色引领、绿色发展”为主线贯穿于“党风、政风、民风、家风”建设，以党建工作统领全局，深化“十招破十难”专项行动，创新推行“三抓三力”工作法，突出政治功能，不断发挥基层组织的战斗堡垒作用，按照自治、法治、德治的要求，遵循乡村治理规律，尊重群众的主体地位，建立健全现代乡村治理体系，实现基层治理与新农村建设同频共振。

2. 探索建立“农房集聚、美丽宜居”的农村建设模式

结合美丽乡村发展规划，中对口村以“江南水韵、田园生活、美丽民居”为内涵，依照洁化、绿化、彩化、亮化、文化、序化、美化的“七化”要求，围绕全域、全要素土地整治和集约高效利用，进行违建拆除、城中村改造、省级美丽宜居示范村创建三个重点工程和土地复垦、绿化美化、清洁家园建设、垃圾分类处置、污水集中处理、居家养老服务等多个配套项目建设，以农房集聚形式安置分散居民，完善基础设施和公共服务，优化乡村空间结构布局，统一修复乡村人居和经济社会发展环境，做好生态宜居的文章，建设服务完善、管理有序、环境优美、文明和谐的新型农村社区。

3. 探索建立“集中供养，五位一体”的农村养老模式

随着农村空心化、老龄化问题日益突出，为了提升农村养老服务整体水平，倡导孝道传统文化，中对口村秉承服务民生的宗旨，通过土地流转方式，建立以党委政府倡议指导、党员干部带头、村民积极参与、乡贤能人赞助和志愿者帮扶相结合的“五位一体”居家养老服务中心，组建养老护工、老年人协会、养老志愿队、养老信息化“四支”队伍，探索集中供养、集中照护的新型农村养老模式，实现老有所养、老有所乐、老有所医。

养老服务中心共有两栋公寓，能够容纳 100 户，设施完整、功能齐全，年龄 60 岁以上的老人符合申请条件，每人只需交纳 3 万元押金便可入住，且以后不住的情况下押金可以退还。同时，设立村卫生室，建设服务配套设施，为老年人提供涉及医疗保健、文化、护理、健身、娱乐等一体化服务，定期

邀请名医来服务中心，开展义诊活动，更好保障老年人的健康身体状况。这种多元化、社会化、专业化的养老服务模式走在全省农村前列。

4. 探索建立“优势转化，生态兴村”的富民强村模式

随着基础设施和特色景点落成，“美丽乡村”成为中对口村的金名片，依托土地、环境、生态等方面优势，全村达成发展乡村旅游的共识，在做好返回用地指标文章的前提下，结合现有的亲水平台、滨水公园、休闲花园、健身绿道，大力推进月亮湾旅游休闲项目，打造集观光、休闲、度假等于一体的立体空间观光带，初步形成中对口乡村特色旅游格局，走出村民致富的路子，实现村集体经济从无到有、由弱至强的转变。目前，人均年收入超 1.5 万元。

四、模式适用条件

在全域土地综合整治的推动下，中对口村以优化产业布局，做活产业政策，初步实现了农村产业创新发展。如今，中对口村在党建工作、美丽乡村建设、垃圾分类、养老事业等方面走出了具有自身特色的发展路径，模式经验可复制的同时离不开注重个性、统筹要素，且必须满足以下条件：

（1）有高起点、高标准的整体规划，目标定位合理，这是美丽乡村建设实施的前提条件。

（2）延长产业链、提升价值链、完善利益链。利用全域土地综合整治的政策红利，解决区域范围内耕地碎片化、土地资源利用低效等问题，使村庄得到闲置“优享资源”发展的红利，实现资源扩容。

（3）村“两委”班子有长远眼光和大局意识，有思路、有魄力、敢担当，深入群众，了解民情，处理问题全面到位。

亮四季柚品牌，助村集体发展

——记苍南县马站镇中魁村

一、村庄发展概况

中魁村（图 1）地处马站镇东侧魁里山脚，背山面田，环境优美，风光旖旎，气候宜人，区位禀赋优越。村域总面积 3.5 平方千米，其中耕地面积 1 450 亩，包括农田 550 亩和林地 900 亩。全村 394 户共 1 350 人，现有党员 53 人。中魁村以农为主，农副产品生产为辅，享有“华夏柚乡第一村”的美誉。

图 1　苍南县马站镇中魁村（来源：自摄）

在“千村示范、万村整治”实施背景下，按照党的十九大报告提出的“产业兴旺、生态宜居、乡风文明、治理有效、生活富裕”总要求，中魁村深入贯彻“建设幸福村居，打造美丽乡村”的工作部署，坚持将美丽乡村建设与产业发展、农民增收和民生改善紧密联系，结合生态人居、生态环境、生态经济、生态文化四大工程，重点推进人居环境整治、历史文化保护、基础设施建设、现代农业增效等工作，着力打造省级美丽宜居示范村，全面建设宜居、宜业、宜游的“五美”乡村，提升群众生活品质和幸福感。中魁村所获荣誉有国家级生态村、全国文明村、全国民主法治示范村、浙江省特色旅游村、浙江省森林村庄、浙江省文明村、浙江省科普示范村、浙江省农村基层党风廉政建设示范村、温州市十大最美村庄、温州市卫生村、温州市先进基层党组织、苍南县清洁家园示范村、苍南县平安家庭创建活动示范村、苍南县先进基层党组织等。

二、具体做法与成效

1. 村容整治，生态宜居

围绕县级“碧水仙山、浙南门户、山海苍南”美丽乡村建设主题，在各级党委、政府的支持和指导下，中魁村按照“村容整洁环境美”的标准，将与日常生活密切相关的民生问题作为切入点，因地制宜、突出重点、连线成片、健全机制，切实做好环境综合整治和基础设施建设，两手抓、两手硬。见图 2。

一是农村清洁多举措，提倡垃圾分类，全面落实“户集、村收、镇运、县处理”的垃圾清理机制，做到垃圾日产日清，每户配备垃圾收集桶，引进垃圾高效处理设备，达到源头减量、资源再利用的目的。

二是控源截污惠民生，针对日益凸显的污染问题，全村借力“五水共治”，投入 50 多万元用于生活污水集中治理，铺设污水管网和新建日处理能力达 500 吨的生活污水处理池设施，约 98%农户受益，同时开展畜禽养殖污染防治行动，劝导农户退养、圈养，拆除河道附近的棚舍，关闭排污不达标的养殖场。

三是改水改厕齐发力，顺应农村公共供水管理体制改革，统筹解决饮水安全问题，整治露天粪坑厕所，投建无害化生态公厕，彻底摆脱曾经蝇飞虫长、臭气熏天的状况。

图 2　中魁村环境（来源：自摄）

四是绿化提升增亮色，对村庄道路两旁、房前屋后进行全面绿化，全村绿化面积 50 亩左右，覆盖率 92%以上。

五是基础设施大建设，实施农房规范建设示范村工程，建成约 3 700 平方米的多媒体远教广场、古建式文化长廊以及 2 300 平方米的和谐广场，建设通村公路、康庄路和10 千瓦光伏发电站等。

2. 以农为本，多方融合

中魁村嵌于苍南县“四季风采、生态休闲”美丽乡村精品线的重要节点，属于“马站·碧海金沙”乡村振兴示范带“一心一带三片多点”布局中的现代农业发展片范围。近年来，中魁村坚持以农业为主线、农民为主体，重点突出精品果蔬特色，通过引导培育家庭农场、精品园主等新型经营主体，拓展“生态＋农业”“科技＋农业”“文化创意＋农业”等多元化理念，促进农业转型升级，实现主导产业引领下的一二三产业融合，打造多功能、多维度的涉农产业发展平台，提升农民就业空间（图 3）。

图 3　中魁村文创农业园（来源：自摄）

依托独特的地理位置、土壤条件以及亚热带海洋气候，有着 260 多年栽培历史、享有“仙家名果”美誉的马站四季柚成为中魁村的支柱产业，甚至成为苍南县的“金名片”。但小农经济思想普遍、种植散户居多、粗放型发展为主、产业链条短、市场竞争力弱、农业现代化程度低、智慧农业发展落后等问题阻碍了当地特色农业的进一步发展。为了补齐发展短板，中魁村凭借“名、特、优、新、稀”四季柚品种资源优势，秉承保护优先、突出特色、生态融合、富民益民、持续发展的原则，采取政府主导、社会参与、市场运作、资源整合的方式，以四季柚果园为依托，精心打造近 700 亩的主题公园，修建 2 200 米的半山腰公路以及长 8 000 米的园区内游步道，方便游客开车上山、观光采摘，并开辟相配套的文化花田、观景台，树立“文化创意为先导，特色产业为主导”的园区旅游品牌（图 4、图 5）。

在完成园区供水、道路等农业基础设施建设的基础上，中魁村通过灯光驱虫、架设滴灌喷灌、科学安排采种时间等方式，不断提高四季柚品质和产量，逐渐扩大规模化种植；除了传统的农户经营之外，村内还成立了 20 多家四季柚专业合作社，对产品进行统一包装、宣传，走规范化管理、规模化经

图 4　中魁村特色主题公园（来源：自摄）

营的路子；顺应互联网、大数据、人工智能、“物联网＋VR”的科技潮流，将四季柚产业与前沿技术相融合，利用智慧农业综合服务平台形成农产品“一物一码”，实现农业生产全过程可追溯和可视化，推动农产品到“农商品”“农旅品”的转型升级，并利用电商平台扩宽农产品销售渠道；为了提高农产品的知名度和美誉度，中魁村以四季柚为媒、采摘节为窗口，充分发挥文化软实力作用，树立良好的社会形象，对外输出“中魁四季柚”品牌文化和内涵；谋划推进四季柚精深加工，开发柚皮糖、柚肉干、柚子茶等多种加工品，延伸四季柚产业链，挖掘农产品附加值；科学开发利用四季柚林下空间，合适的林下作物、畜禽等能与四季柚协同作用，保水保肥，带来良好的生态、经济效益。如今，全村四季柚年产量约 200 万斤，年产值近 1 500 万元。

3. 全面普法，深入人心

中魁村的变化很大程度上得益于社会治理创新向乡村基层的延伸，纵深推进基层民主法治建设，为美丽乡村构筑安定有序的坚实屏障，具体有以下三个方面内容。

图 5 中魁村四季柚采摘园（来源：自摄）

首先，在宣传教育阵地上注重“文明＋普法”，坚持法治与德治相结合，将“大拆大整”“五水共治”等重点工作法律法规融入乡风文明、社会公德、家庭美德的倡导中，依托法治文化广场、党建示范带、法治宣传栏、先锋走廊、文明招牌等宣传平台，营造处处有法、时时学法的浓厚氛围，增强普法效果。图 6 为中魁村普法长廊。

其次，在法治宣传内容上注重“生活＋普法”，用通俗易懂、生动活泼的形式开展与村民生活、生产、权益等密切相关的法律法规教育，比如听政策小广播、发法律小折页、看文艺小演出、挂宣传小挂图等常态化、形象性的“四小”宣传活动，促使普法教育渗透进村民的日常生活。

最后，在法律服务性质上注重“党建＋普法”，着重抓好党员干部这个关键群体，发挥党员干部尊法、学法、用法、守法的示范带头作用，以“支部主题党日”活动为载体，通过自主学习和集中学习相结合的方式，开展党内法律法规教育。

图 6 中魁村普法长廊（来源：自摄）

4. 金融环境，自治创新

随着城镇化水平的提高，农村居民创业和扩大经营规模的意识逐渐增强，对贷款融资的需求越发迫切，然而一直以来，贷款难、贷款贵限制了农民享受金融服务的权利。农村成为金融市场的“洼地”，也是未来发展新的增长点。温州在“农村金融自治”方面的新尝试始于中魁村，以村“两委”为纽带，在自愿、互信的基础上，实现农民自荐、担保自组、借款自主、用款自律、服务自助、授信自励，这种新型农村基础金融模式真正将村民自治与农村金融需求、金融供给、普惠金融政策有机结合，打造自给自足、自律高效、风险可控、信用递增的自治和谐农村金融生态环境。作为首个“金融自治村”，中魁村四季柚产业规模的不断扩大，离不开银行金融自治村优惠政策的扶持，村“两委”成为农民与银行间的桥梁，定向破解农户贷款“五难”，既增强了领导班子服务能力和经济自主权，提高村委与村民间的信任度，又有助于推动农村信用体系建设，为农村带来多重利好。

三、发展模式剖析

1. 探索建立“多措并举、全域推进”的环境整治模式

改善农村人居环境，建设美丽宜居乡村，是实施乡村振兴战略的一项重要任务，事关全面建成小康社会、广大农民根本福祉、农村社会文明和谐。中魁村认真贯彻落实中央、省委、市委、县委精神，坚持问题导向，因地制宜、突出重点、细化任务、多措并举、加大投入、强化保障，确立了综合整治与积极引导相结合、集中整治与常态管理相结合、重点管理与经常性管理相结合的原则，全面开展以垃圾清理、治污治水、厕所革命、拆违建绿、亮化家园、基础设施建设为主要内容的全域环境整治提升行动，成为苍南美丽乡村建设的典范之一。

2. 探索建立“特色农业、品牌效应”的产业发展模式

中魁村秉承“一村一品、一村一业、一村一景、一村一韵”的特色发展，基于现有农业资源与产业基础，围绕“果香中魁、四季柚之源”的定位，以四季柚、荔枝等地方名特优产品为亮点，探索“园区＋新型经营主体＋农户”的产业发展模式，推进农业与旅游、加工、高科技、新技术等深度融合，打造集生产示范、农业观光、农耕体验于一体的一二三产业融合精品果蔬产业园，创建区域公共品牌，有效提高农产品核心竞争力，实现农业高质量发展，乡村旅游业态初具雏形。

3. 探索建立“党建领航、三治并进”的基层治理模式

中魁村坚持以加强党的政治建设为统揽，注重从顶层设计抓改革创新，刚性做好党员教育管理、后进党组织整顿等工作，充分发挥基层党组织领导核心作用，法治为纲弘扬浩然正气、德治润心唤回淳朴民风、自治固本营建和谐大局，积极健全“三治合一”的农村基层治理体系，形成稳定有序、朝气蓬勃的乡村精神面貌。一是发挥“支部带村”作用，配齐配强村“两委”班子，持续开展基层党组织标准化建设，实施“村干部素质提升”工程；二是制定了《村民自治章程》《村规民约》，坚持“群众事、群众议”，强化民主决策，村级党务政务按时按要求公开，进一步保障党员和群众的决策权和知情权；三是开展法律惠民活动，积极推动法律服务资源下沉，健全矛盾调解

机制，切实推动基层平安建设向纵深发展；四是通过制定文明公约，积极推动移风易俗工作，倡导健康、文明、和谐的生活方式，开展“十星级文明户”“平安家庭”等创建活动，树立典型，发挥榜样模范作用，提升村民道德素养，深化美丽乡村内涵；五是坚持把阵地建设、提升服务能力和解决难点问题作为推进服务进村工作的重要抓手，以高质量服务贴近群众，团结群众。

四、模式适用条件

从中魁村的成功经验可以看出，美丽乡村建设可借鉴、可复制、可推广的前提是遵循村情村貌实际，充分认清和挖掘自身区位优势，走定位准确的发展之路，运用这一模式必须满足以下条件：

（1）乡村振兴，交通先行，中魁村依托于S78新省道的开通，成了去渔寮的必经之路，村里知名的四季柚不愁销路，因此交通优势明显的村庄成为乡村开发的首选对象。

（2）村庄的农业自然条件优越，具有培育特色产业的实力和开发新业态的潜力，如中魁村就是依靠四季柚产业带动整村致富。

（3）有多渠道的资金保障各建设项目顺利实施，如中魁村除了财政支持，还得到金融自治优惠政策的扶持。

（4）村级组织配套健全，富有凝聚力、战斗力，能够较好地履行职责，有干劲、敢担当、有作为，创新思路抓改革，一心一意谋发展。

执笔人：刘益曦
校核人：陈洁琼
周圆圆

文中彩图请扫码查看

泰顺

“党建+”农村，精准产业扶贫

——以三魁镇薛内村村企合作模式为例

一、村庄发展概况

推进乡村振兴，破解山区的资源禀赋瓶颈，党建引领下的社会力量参与农村精准产业扶贫是精准扶贫的重要形式。浙江省温州市泰顺县三魁镇薛内村（图1）在基层党建背景下引导社会力量参与农村精准产业扶贫，村企合作，创新实践了“党建+”模式下泰商、公司、集体、农户“四位一体”的新型扶贫合作模式。通过总结提炼该改革成效及特点，分析其存在的困境，

图1　薛内村入口景观（来源：自摄）

提出对策与建议，可以为同类地区精准扶贫提供实践依据和经验启示。

党的十八届五中全会从实现全面建成小康社会奋斗目标出发，明确到2020年中国现行标准下农村贫困人口实现脱贫，贫困县全部摘帽，解决区域性整体贫困。以习近平同志为核心的党中央提出的“精准扶贫”，要坚持精准扶贫、精准脱贫，重在提高脱贫攻坚成效，关键是要解决好“谁来扶”“怎么扶”的问题。2014年，国务院办公厅印发了中国首个社会扶贫方面的文件《关于进一步动员社会各方面力量参与扶贫开发的意见》，指出要培育多元社会扶贫主体，大力倡导民营企业扶贫，积极引导社会组织扶贫，广泛动员个人扶贫。2017年10月，习近平同志在十九大报告中指出，实施乡村振兴战略，按照产业兴旺、生态宜居、乡风文明、治理有效、生活富裕的总要求，建立健全城乡融合发展体制机制和政策体系，加快推进农业农村现代化。其中，乡村要振兴，产业是支撑，如何开展“资源变资产、资金变股金、农民变股东”的改革，创新农村增收新模式，夯实脱贫致富的基础，值得深入研究。因此，实施精准产业扶贫，需要着力构建政府与社会力量的有机结合，积极鼓励并高效地引导社会力量扶贫潜能转移至贫困地区与贫困人口。其一，鼓励并高效引导社会力量参与精准产业扶贫，有效补齐政府资金的缺乏与救助的滞后，尤其是引导其投身到教育扶贫、产业扶贫模式上去，真正实现精准社会救助。其二，由被动“输血”到主动“造血”的转型升级，鼓励和吸引社会力量到贫困地区投资兴业，实现救助的上门服务，提高救助主体的经济收入，使被帮扶地区获得新的经济动力，形成整体脱贫致富新模式。其三，将各类资源有效整合，形成合力。积极动员社会各界力量参与社会救助，强化社会互帮互助的和谐氛围。

纵观农业精准产业扶贫，它是一种“造血式”的内源扶贫形式，不仅能解决大量土地闲置，而且能解决农民再就业，促进增收。基于农业产业开发的精准扶贫的相关研究较少，亟待系统性地开展相关研究，理清其内在机理及其与农村治理、生态环境保护等的相关问题。浙江省温州市泰顺县三魁镇薛内村在新农村建设中积极探索，大胆创新，党建引领下的社会力量参与的精准产业扶贫发展模式，取得了较好的成效，给农村的改革与发展带来了一些新的启示，是社会力量反哺农业的成功案例，促进了农民增收。

二、具体做法与成效

基层党建和精准扶贫密不可分。一方面，党的根本宗旨是为人民服务，基层是服务群众的前沿阵地，最需要基层党建的有效作为，党建带扶贫，将基层扶贫落到实处，实现目标任务无缝对接。另一方面，基层扶贫关系到党执政的成败，只有基层群众脱贫致富，才能促成党建长效的核心凝聚力。这不仅需要懂实情、重实干的党员干部到脱贫攻坚的一线，更重要的是健全责任机制，实施精准“滴灌式”的长效扶贫。将基层党建与精准扶贫有效衔接，完善其内在的机制，必将形成党建与扶贫互惠互利的局面，使得各项工作更好更快地推进。

“党建＋”模式下的创新扶贫模式，调动扶贫对象的积极性，提高其发展能力，发挥其主体作用。坚持动员全村农民参与，构建了“党建＋”模式下的社会力量参与社会救助的精准扶贫新机制，形成了政府、企业、社会共同参与的多元主体的社会扶贫体系。齐抓“六大精准”工作，确保各项政策好处落到扶贫对象身上。薛内村通过改革创新，将贫困山区原本闲置的生产资源转变为资本要素，经过集体流转，分享资本红利，带动贫困农民脱贫增收，享受多重收益。

“党建＋”模式下的创新扶贫模式的核心是党组织的战斗堡垒与党员干部务实肯干的精神，构建“一心两翼”的扶贫新机制，即以党支部（领导核心）引领为核心，村集体（村民委员会）、企业（社会力量）为两翼的合作运作模式。从管理层面看，充分发挥党员的领导核心作用，在村党支部、村民委员会和企业班子中担任重要领导职务，相互兼职、相互制约、相互渗透，充分发挥基层“五议两公开”“民主集中制”等制度的优越性，始终把群众的利益放在首位的决策必将引领着扶贫工作的发展；从经济层面看，党建引领使村企合作成为可能，推动资本与资源的有效融合，使得村企合作成为基层党建的重要载体，表现为企业的资金效益与农户、土地等为代表的生产资源效益的有机融合与有效衔接，既满足了双方共享的经济效益，又使资源效益在党建平台得以释放红利，为推动村企合作共赢和谐发展奠定良好基础；从具体实现路径看，基层党建为路径的实施提供了保障，调动了原本闲置的土地、资金、人员的能动性和资源优化配置，并为其提供保障，村民以不同的形式入股，在遵守自愿性原则的基础上，调动其积极性，并交由企业经营，按股分红，形成了长效的保障机制；从现实意义看，“党建＋”共建模式不仅使企业的资金投放与农村的分散要素在党建平台上得到了合理的释放与凝结，而且由于平台的搭建，使得资金、土地、人才有效融合，进而实现了农业产业组织化、规模化、产业化、现代化，并使得农业产业得到全方位的有效发展，以此达到解决矛盾的目的，应鼓励社会力量多渠道参与乡村内生性力量建设。

三、发展模式剖析

1. 创新模式，互利共赢

一是由在外创业的成功人士牵头，担任村支书，做好领头雁，搭建平台，成立温州瑞雪农业开发有限公司。由村支书发动村内十余位在外泰商先期以300余万元资金入股，解决了农业资金匮乏的问题。二是由村内的党员骨干成立业务班子，做好谋划和政策宣讲工作，在保障农村土地集体所有、家庭经营基础性地位、现有土地承包关系不变的前提下，鼓励村民将闲置的土地入股，形成合力，解决了土地流转的问题。三是搭建平台，村集体和全体村民将土地经营权折成股本金约160万元，并按照每人0.1万～3.0万元不等资金分别入股，占股本总额的49%。以此引导村民以地入股、全员参股、联合经营、共同受益，全村约467公顷土地已全部流转给公司，全村220余户村民成为公司股东，解决了合作共赢的问题。四是村农民专业合作社、村资金互助会等与温州瑞雪农业开发有限公司融为一体，充分发挥党员的领导核心作用，在村党支部、村民委员会和企业班子中担任重要领导职务，实现村、企两套班子之间相互融合、相互促进、相互监督，解决了管理监督的问题。

2. 收入倍增，成效显著

（1）农民受益方面，包含三重保障　其一是股金，以地入股的村集体和村民，每年按照股权可获得分红收益。其二是租金，以土地流转年限分别给予每亩300～500元/年的固定租金回报。山林租期是30年，田地租期是15年，山林前6年每年按照66千克/亩的稻谷价格计算，6年后翻倍；田地前6年按300元/亩的租金支付，6年后按500元/亩的年租金支付，而且村民可以自主选择以现金提取或重复计入股本。其三为薪金，参与公司生产的当地农民、技术工人可分别获得100～140元/天的报酬，月工资累计达2 500～4 000元不等。

（2）公司、村集体受益方面　经过短短5年的发展，成效显著。公司资产由 1 200 多万元已增值至 4 500 余万元，全村农民人均收入增长至约 20 000 元，比全县农民人均收入 12 973 元高出了 54%。目前，公司已拥有油茶基地 223 公顷、茶叶基地 13 公顷、杨梅基地 20 公顷、猕猴桃等水果基地 30 公顷。现有茶叶加工厂、油茶加工厂、冷库等，基本建成了集休闲观光、科普教育、农业体验于一体的现代农业园区，走上了一二三产业融合发展的产业脱贫致富之路。图 2 为薛内村自然景观。

图 2　薛内村自然景观（来源：自摄）

3. 党建出成效，扶贫促党建

三魁镇薛内村连续三年被县委评为优秀党支部。形成泰商受益、公司蓬勃发展、村集体收入倍增、农户脱贫致富的泰商、公司、集体、农户的“四位一体”的良性循环模式。其一，“党建+”的先锋带头作用。村党支部带头引领、鼓励农民以地入股，盘活沉睡的土地资本，促成了当前村内“一分多统、自建自营”的运行机制，极大地增进党群凝聚力，并有效防止农村腐败，最终实现了由村内先富带后富的典型成功案例。其二，“党建+”的组织保障作用。党组织作为农民土地入股的组织者与护航者，在保障其市场经济与农村改革之中，更多考虑农民的切身利益，避免农民享有的权益被少数人侵占，长期延续与保护农民享有的土地增值与公司盈利带来的红利。其三，“党建+”的平台搭建作用。努力搭建社会资本要素平等交换平台，使得各生产要素在平台上互相融合，促进各资源要素互惠互利发展，实现以往靠外力“输血”向自身经营“造血”上的转变。

4. 精准产业扶贫困境

村企合作共赢的精准产业扶贫模式，既是把握精准施策的技术靶向，锻造精准扶贫核心力量，也是社会力量参与社会救助的新形式、新业态，是推进产业开发、资源整合、脱贫致富的一种有效途径。在精准产业扶贫的背景下，党建发挥了主导作用，使得村企合作成为可能。同时，党委政府主导扶贫开发政策，具有实践导向性和制度针对性，在一定程度上促进了农业产业的发展，为农业集聚化发展提供了政策便捷。然而，基于党建下的社会力量参与农村产业精准救助仍存在以下困境。

（1）破解资源要素的多元因素仍然存在　农业资源要素是产业开发的前提与基础，但由于传统农耕思想的影响，贫困地区更容易存在思想狭隘、安于现状、思维固化等问题，导致农业基础弱、组织化程度低、技术落后、生产效益低下。如何有效破解成为关键。此外，权利与利益之争也会阻碍农业产业化的发展，造成农民抵触，从而影响土地等生产要素的流转与集聚；

（2）多渠道吸引外部资金的渠道有限　精准扶贫需要社会力量多元参与，需要通过招商引资，吸引更多的资金投入到现有的资源禀赋中，发展适合当地的特色产业。然而，农业投资见效慢、山区多交通不便捷、劳动力素质不高、土地政策难以突破等问题直接影响社会资金的投入，加之全民扶贫意识不强、要素流通渠道欠通畅、机制不完善等也在一定程度上影响外部资金投入。如何寻求突破，也是急需解决的问题。

（3）权益分配的倾向性不明确　企业追求利润与承担社会责任两方面协调的广泛参与式扶贫显得尤为重要。企业挤占农户利益及过于强势的利益分配机制，往往伤害了农户的积极性与信心。利益分配机制是村企合作的前置条件，利益共赢是建立在权衡利弊与资源配比为主要前提之上的，如何分配土地资源要素与资金投入配比，更好地调动村民将土地入股，进行资源化流转，集聚经营，发挥农业产业化的最大效益，也是摆在经营者与农户面前需要协调与关注的问题。因此，利益分配时既要调动农户的积极性，又要考虑社会资金投入的经济效益。

四、模式适用条件

在贫困地区实行精准产业扶贫，无论外在的社会力量还是内在土地资源禀赋，在党建作用缺失的前提下，都无法发挥其对农业资源的有效配置与利用。党建引领下的农业产业化精准扶贫，是社会力量参与精准扶贫的优势所在，是将社会资源、农村资源禀赋、农户等特有的资源进行有效利用，实现所有资源的纵向化发展，不仅能考虑各经济主体的利益，而且使得社会力量参与农村产业救助的长效机制得以建立。

1. 正确认识党建下的各主体之间权责平衡

农业产业精准扶贫实施过程中，党组织作为各方主体利益的维护者和监督者，发挥着重要作用。其一，党组织作为企业与农户之间的桥梁，保护弱势群体，为农户争取更多的利益。其二，党组织作为代表农民群众的谈判家，在考虑弱势群体利益的前提下，也需要考虑全局，争取更多的社会力量参与农村产业扶贫，其角色是建立在互惠互利的基础上。其三，党组织作为党委领导下的基层组织，可以调动政府的力量参与扶贫，政府则更多是公益性的，可以在一定程度上弥补社会力量资金不足的困境。因此，党建下的社会力量参与农村产业精准扶贫是实践过程中总结出来的经验，是社会救助的新形式。党建作用的发挥使得合作成为可能，也使得合作更为长效，最主要的是使得合作利益达到最大化。

2. 因地制宜、与时俱进，探索村级集体经济发展新路径

以山区农村集体资产、资源、资金等要素有效利用为抓手，因村施策、因地制宜，探索多种集体经济发展路径。一是走农旅融合资源转化促增收的路子。鼓励自然资源、田园风光、民俗风情、历史遗迹等较为丰富的村集体参办实体经济，促使其转变生产生活方式，秉承“两山”理念，坚持保护和开发并重，盘活闲置农房，保护好传统古村落，发展特色民宿等新型业态，引入市场机制，实施招商引资，积极发展乡村旅游，走可持续发展的路子。其创新路径是实现“以旅游换保障”，实现旅游经济功能向社会功能转变。二是走发展新型绿色产业促增收的路子。利用山区山、水等天然资源，积极开发太阳能、风能、生物质能、地热能、潮汐能等可持续性绿色新能源项目，助力村集体经济发展。要完善政策扶持，加大资金支持力度，鼓励村集体入股水电、光电等新型绿色产业。三是走产业化合作经营促增收的路子。利用山区闲置的农地、山地等资产资源，采用合作共赢的方式开展租赁、承包经营、股份合作等多种形式对集体资产进行盘活，采取“农户＋村专业合作社＋龙头企业”“内股外租”等开发模式进行资源有效开发，发展现代高效生态农业，促进多产融合发展。四是走“第一书记”帮扶促增收路子。选派“第一书记”、驻村工作队、大学生村官、攻坚专员等到贫困村尤其是扶贫帮扶重点村，同时促进党建和精准产业扶贫，帮助村集体选准发展路子，整合资源，发展壮大村集体经济，推动“造血式”的集体增收新模式。

3. 选好“红色领头雁”，用好管好村级带头人

以强化党的领导、推进基层治理体系和精准产业扶贫为目标，以“红色阵地”“红色细胞”为抓手，选好用好村级带头人。按照干事创业有思路、服务群众有感情、带领队伍有办法、甘于奉献、吃苦耐劳的要求，深入开展优秀村支书的选拔工作，发挥政府“元治理”的核心主体作用，构筑多元协同参与的精准培育格局，实施农村带头人工程，阻止贫困代际传递。尤其是吸引村内声望较高、乐于奉献的党员加入村内的领导核心，科学化管理党员队伍，激发精准扶贫正能量。解决好“谁来扶”的问题，关键是选好“记得住乡愁”的党员先锋来帮扶村集体建设，才能真正在精准落地上见实效。

4. 用好“红色乡愁”，搭建信息平台

实施精准扶贫，基础在于加强与社会力量主体的交流合作，潜力在于构建社会信任体系、健全需求供给等，后劲在于社会力量的大集合。其一，拓渠道，融资金，利用好在外创业的有为之士，搭建好信息平台，将致富思源、反哺家乡的深情厚谊落实到具体行动中，并在政策、技术帮扶上给予倾斜，吸引带动更多的企业家和社会力量参与家乡建设。其二，激发回乡创业热情，积极鼓励在外人才回流。要积极鼓励乡土专家、企业家、技术人才等回乡帮扶家乡建设，使之成为农村创业结构调整和实用技术推广的“主力军”。其三，保障措施到位，建立协调机制，为广大在外工商资本以工补农、回报家乡搭建一个更有效、更直接的平台。倡导全民社会力量参与精准扶贫，搭建点、线、面结合的大扶贫格局，让先富带动后富，让“红色乡愁”成为推动扶贫工作顺利开展的重要基石。

5. 推行“党建＋”扶贫模式，提升战斗堡垒作用

推行“党建＋”工作方式，把精准扶贫导入党建工作，充分发挥“五星争创”“党员先锋指数”“红色细胞工程”等活动的优势，逐步构建红色细胞、红色阵地、精准扶贫的网络党建新体系。加快推进新形势下精准扶贫的主体党建工作。强化“第一书记”的工作职责，练就精准扶贫“滴灌术”，切实肩负起“干在实处永无止境，走在前列要谋新篇”的新使命，引导基层党组织创先争优，努力形成一批基层党组织示范群和党员先锋群。

6. 创新改革，激发资源活力

一是深化农村集体资产产权制度改革。加快推进农村土地承包经营权、农村房地一体的宅基地、集体建设用地以及承包地等不动产确权登记颁证工作，加快实现各类农村集体资产产权流转交易、抵押、担保权能，进一步提高集体土地资产效益。二是激活农村资产。积极稳妥推进农村土地承包经营权和农民住房财产权的抵押贷款工作，加快推进农村集体资源要素参与市场化、社会化配置，更好地盘活农民集体财产权能。三是强化股份合作。政府政策、资金支持，鼓励村集体以资源、资产、资金等按保底分红的方式参股经营稳定、资产质量好的企业。鼓励村集体入股水电、光电等新型绿色产业，鼓励村集体抱团发展，摒弃资源瓶颈，共享资源优势，按照现代企业经营理

念组团式发展集体经济。

在精准扶贫方面，既要实现其差异性、精准性、系统性、发展性、托底性等特性，更应该抓住农村改革试验区的成果，大胆尝试，冲破体制机制束缚，达到资本与资源“共建”到“共赢”的目的。进一步完善全社会扶贫开发组织管理，通过政策杠杆、PPP 模式和金融扶持推动市场化扶贫。同时，鼓励和支持工商资本回归，吸引央企和跨国公司到山区投资建设。大力推进低丘缓坡开发利用试点，科学合理开发低丘缓坡资源，盘活沉睡的“土地资本”。鼓励家庭经营、集体经营、合作经营、企业经营等共同发展的农业经营方式创新，加快构建新型农业经营体系。

打造畲乡品牌，振兴乡村发展

——记泰顺县司前畲族镇左溪村

一、村庄基本概况

左溪村，坐落于泰顺县司前畲族镇南 1 千米，地处珊溪水库源头飞云江上游，毗邻乌岩岭国家自然保护区，S52 省道和童东公路穿境而过，距县城 13 千米。村域总面积 20.3 平方千米，辖 27 个自然村，划分成 41 个村民小组，全村共 657 户 2 285 人，是浙江省畲族人口最多的少数民族村落。左溪村依山傍水，自然资源充足，森林覆盖率达 81%，毛竹面积 7 460 亩，拥有红岩、石柱、朱家潭等多个自然景区。见图 1。

过去的左溪村只是一个偏远又穷困的山窝窝，集体经济薄弱，村民世世代代以务农为主，人均年收入不足 4 000 元，中心村落被一条大桥拦腰截成两段，村内林立着高低不平的危旧房、赤膊房，随处是坑坑洼洼的泥土路面，

图 1　泰顺县司前畲族镇左溪村（来源：自摄）

给人留下的第一印象就是脏乱差。近年来，左溪村理清发展思路，坚持践行“两山”理论，以生态建设、美丽乡村精品示范村创建、要素生态化配置综合改革等为契机，发扬民族特色，守住绿水青山，谱写出“五水共治”“三改一拆”“农房集聚”“畲乡改造”的秀美篇章，确立浙江“畲族第一村”的风貌和格局，荣获了浙江省十佳特色村寨、第二批中国少数民族特色村寨命名挂牌名录、第四批中国传统村落名录、浙江省美丽宜居示范村、浙江省农村基层组织先锋工程建设“五好”村党组织、浙江省“十佳三八水利工程”、温州市十佳示范文明村、温州市“五美”乡村先进村、温州市党建样板村、温州市先进基层党组织等多项荣誉，连续吸引三任浙江省委书记前来调研视察。

二、具体做法与成效

1. 规划引领绘图景，紧抓特色推建设

左溪村属于行政村，除中心村外，大部分自然村分布于山上。1995 年，左溪村开始启动司前镇首批下山移民搬迁工程，开始集中式发展。早在 2010 年，左溪村就委托浙江农林大学制定完成了《左溪村村庄建设和旅游发展详细规划》，成为泰顺县首个自掏腰包做规划的村，后陆续投入 60 万元编制《左溪民族特色村建设与乡村旅游规划》等系列规划，科学指导畲族特色村寨的建设。从 2011 年起，浙江省财政厅连续 3 年、每年按 2 亿元“特扶金”标准，对泰顺县进行补助，而早有准备的左溪村被列入优先名单，迎来了难得的发展机遇。这些年，左溪村获得各类政府扶持资金累计达 3 000 万余元，为实施美丽乡村建设提供了可靠的经济支撑。

在高起点规划布局下，左溪村立足民族特色，通过实施畲乡小院改造、外立面改造和滨水景观建设三大工程，将传统村落保护和生态人居改善、群众增收创收紧密结合，全村面貌焕然一新。其中，畲乡小院改造是泰顺县农房审批改革试点项目，耗资 3 300 万元，将左溪南岸旧村的危房旧房拆建成山水田园民宿群，建筑面积 14 669 平方米，受益农户 43 户（图 2）。这一举措反映了左溪村应对农村建房难的先试先行和突破创新，比如用地方面，充分利用现有农村宅基地，破解建房用地标准受人口限制的难题；资金方面，大胆发挥农户的主体作用，由村民自行建设房建工程，政府配套建设外立面和基础设施。外立面改造工程投入资金 900 多万元，将“青瓦白墙蓝腰带”元素融入建筑中，采用统一标准，分两期对民舍外立面实行改造，形成了长 400

图 2　左溪村畲乡小院改造工程（来源：自摄）

米的畲族风情街，进一步凸显左溪村的民族特色。如今，走进左溪村，破旧的砖体房改成了整齐排列的别墅式畲乡小院，曾经“碍眼”的拦腰大桥，被绘上畲族特色花纹，宛若一幅绵延不绝的写意山水画。

2. 治水先行美环境，因地制宜治污染

在温州吹响饮用水源地保卫号角的背景下，左溪村以守护珊溪“大水缸”的碧波清流为己任，全面开展畜禽养殖污染整治行动，削减生猪 4 908 头，拆除猪栏面积 2.6 万平方米，引导 20 余户养猪大户转产转业；投入 2 000 多万元，集中实施农村生活污水治理工程、生态河道建设工程、滨水文化公园、沿溪景观改造工程等项目，创造性地采用“一户一池”方式基本实现全村截污纳管，实施生态河道治理及防洪堤建设 2 千米，并沿溪两岸设置亲水平台、游步道、洗衣台等，实现人水和谐；全面推行村规民约，严格执行全流域禁渔，发挥小鱼治水的生态修复功能，确保原石不外运和河道原生性，打造“会呼吸”的河道；结合“百名泰商结百村”活动，知名左溪泰商、亿联控股集团董事长严立森带头捐资 100 万元助力家乡“五水共治”，带动了村民参与的积极性。左溪村通过多措并举，赢得了劣五类水剿灭战的胜利，力保溪流水质在二类水以上。

3. 文旅融合促产业，畲乡品牌谋发展

发展生态休闲产业是推动美丽乡村建设的破题之举和打开“两山”转化通道的优选路径。左溪村依托领跑全省的生态优势和得天独厚的山水资源，深入挖掘民俗文化内涵，探索出符合地域特色的文旅融合之路，通过“生态＋休闲旅游”模式打造富民产业，催生新乡村经济，树立畲乡品牌。

2014 年，左溪村畲歌文化基地成立，签约“畲歌王子”蓝永潇为培训导师，组建了畲歌表演队。畲族山歌还被评为第五批国家级非物质文化遗产。作为村民的“精神家园”和文化传承的“乡愁基地”，左溪文化礼堂（图 3）自 2017 年建成以来，一直承担着研学、党建、文化等功能，成为学生课余的文化阵地、农村党员的红色殿堂、民俗文化的展示载体，为乡村振兴注入了新活力。比如每年农历三月初三的大型畲族风情民俗活动，沿袭了唱歌会客、迎亲、千人乌饭宴等特有的畲乡习俗。

图 3　左溪文化礼堂（来源：自摄）

在响应全县狠抓旅游的号召下，左溪村成立畲寨乡村旅游公司，整合资源，统一营销和管理，引导民宿主业化，促进村集体和农民双增收，提升品

牌竞争力。目前司前镇有 15 家民宿，其中 11 家民宿落户左溪村，有月蓝舍、山里人家、曲岸溪边、畲家小筑等；在现有农舍基础上改建特色农家乐，直接使当地村民受益；结合大峡谷、红岩双瀑、红枫古道、筱条梯田等景观资源，拓展出峡谷探险、飞瀑垂吊、户外野营等户外体验项目，丰富乡村旅游的内容，提高吸引力；立足特色生态资源，开发了以葡萄为主，竹木、猕猴桃、樱桃等为辅的特色农业，打响“畲乡明珠”葡萄品牌，成功引进美国红提、醉金香等葡萄品种；曾经的沿河滩涂和山间荒坡，转变为采摘园，建设葡萄现代农业园区 1 000 亩，内设观光游览步道、科技展示走廊等；同时借助品鉴会、采摘节及电子商务等平台，组织生态采摘，提升农产品附加值。

三、发展模式剖析

1. 文化传承，以民族特色建村

左溪村坚定贯彻党的十九大精神和“绿水青山就是金山银山”的重要指示，以实施乡村振兴战略为契机，围绕民族特色和地方特点，发挥生态资源禀赋，成功挖掘文化内涵，用实际行动着重做好生态宜居乡村建设的文章，采取水源保护、生态搬迁、村貌整治、民居改造、文化保护等举措，从整体规划到基础设施建设，完成了河道治理、滨水景观、畲族民宿群、民俗展示馆、文化广场等项目，一步步实现美丽乡村愿景，并对传统村落所在地的非遗、风俗、歌舞及集体记忆等文化形式“就地”保护，擦亮了“畲乡文化”金名片。

2. 产业支撑，以乡村旅游兴村

按照“全域景区化”的思路，在“强产业、促旅游、带增收”的战略部署下，左溪村运用“政府扶持，自主参与，多元投入，市场运作”的旅游发展机制，以打造国家 4A 级旅游景区为目标，依托乌岩岭、飞云湖、畲族风情园等重点旅游板块，从原来单纯以农为业，走向多元化，串点成线、连线成面，形成了集观光、休闲、体验、采摘、餐饮、住宿等为一体的旅游产业链；并积极探索公司化运作模式，充分发挥农民的主体作用，以资金或资源入股的方式组建村民股份有限公司；同时引进社会财团，推进“中国左溪畲寨”旅游项目的开发，充分发挥产业扶贫在精准扶贫中的重要作用。如今，左溪村相关产业年营业额达 1 000 多万元，年接待游客量达 30 多万人次，村民的人均年收入增至 2 万多元。

3. 党建核心，以红色堡垒强村

左溪村围绕着建设发展型和服务型党组织，以“五好”村党组织创建活动、“红色细胞工程”等为载体，突出党组织核心和党员先锋模范作用，实施了能人治村、素质提升等工程，培养出一支懂经营、善管理、能力强的“领头雁”队伍，做足“红色”文章，比如民族乡村创业致富带头人——村支书蓝学许。村“两委”班子团结合作，积极进取，引领村民走上“乡村旅游兴村、效益农业强村”的发展之路。村务管理按照“五议两公开”的要求，将民主贯穿于农村工作的全过程，凡是涉及群众利益的重要事项，都需提交村民代表会议集体讨论通过，同时加强村务监督，建立定期汇报制度，提高村级工作管理的透明度，规范村“两委”干部的行为，有效预防和消除独断专行及各类腐败现象的发生。

四、模式适用条件

（1）村庄有自身的民族特色和人文环境，如传统建筑的可改造价值，民俗、方言、歌舞、工艺等地域性的文化传承形态，尤其适用于少数民族村落。

（2）村庄的发展离不开科学合理的村庄规划，明晰思路、准确定位、周密部署、突出重点，补齐短板，积极寻求扶持力量，比如政府投入、乡贤助力，借助项目带动建设，重视村民的主体作用。

（3）多渠道培育新的经济增长点，奠定乡村休闲旅游的主导地位，带动生态农业生产，采用公司形式进行市场化运作，推动乡村集体经济的新突破，提升资源整合效益，实现从“自给自足”的农耕时代，跨越到“小有盈余”的农旅时代。

（4）村“两委”领导班子有谋略，有强劲的行动力和攻坚力，整治问题不手软，落实责任不松懈，改革创新不停顿，做好带头发展的榜样。

执笔人：刘益曦

校稿人：刘拥春

陈洁琼

文中彩图请扫码查看

文 成

“民宿+” 产业模式，破题古村蝶变

——记文成县西坑畲族镇让川村

一、村庄发展概况

让川村因数百年前与邻村互让田地山林而得名，位于文成县西坑畲族镇，距镇政府所在地 3 千米，离县城 16 千米。随着新 S56 省道的开通，村地理位置优势愈发凸显，不仅融入县城 15 分钟交通圈，而且与安福寺、龙麒源、百丈漈等著名景点相串联，是文成县山水奇观寻幽带上的一个重要节点村，也是刘基（刘伯温）故里旅游景区创 5A 重点建设村。村庄依山而建，错落分明，背靠千年古樟，毗邻红枫林，民风淳朴，人文历史悠久，始建于乾隆年间的叶氏祠堂坐落于此，还遗存着浙南山区特色四合院、节孝牌坊、石桥古樟等历史古迹（图 1）。村域面积 0.6 平方千米，下辖 7 个自然村，共 331 户 978 人，其中畲族人口约占 1/4。

过去，让川村只是犄角旮旯里一个不起眼的边远山村，是全县“脏乱差穷”的典型代表，村里没有一条像样的水泥路，破旧的赤膊房比比皆是，随处可见的露天厕所和灰斗更是有碍观瞻，村集体经济几乎空白，村民仅靠房前屋后的种养或外出务工为生，2010 年人均收入仅 6 400 元。借着美丽乡村建设的契机，让川村立足自身特色和规划布局，围绕“绿水青山就是金山银山”的理念，因地制宜开展环境整治、农村污水治理、基础设施建设，积极探索乡村旅游综合体的创新模式，推动村容村貌焕发新颜的同时，促进产业融合，助力乡村振兴，成为传统村落复兴、蝶变的“生态样本”，获得浙江省美丽乡村特色精品村、浙江省 3A 级景区村庄、浙江省老年养生旅游示范基地、温州市特色旅游村、温州市民主法治示范村、文成县美丽乡村建设工作先进村、文成县平安创建优秀村、文成县先进基层党组织等多项荣誉。如今，让川村集体经济年收入 35 万元，人均年收入达 24 600 元。

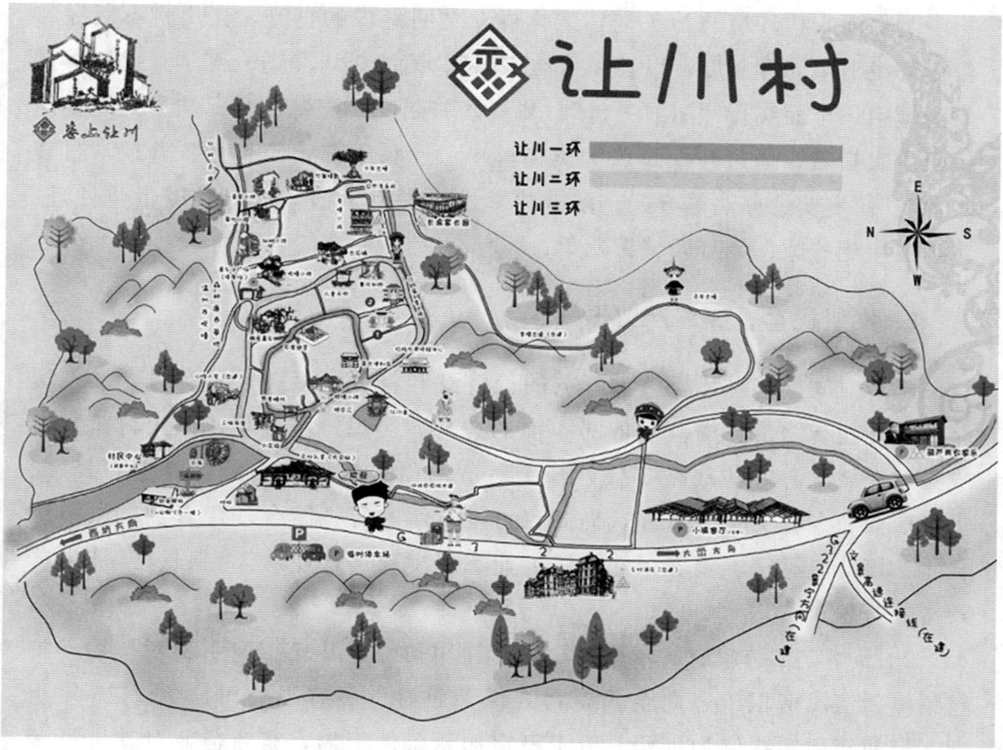

图 1　让川村手绘地图（来源：自绘）

二、具体做法与成效

1. 整治环境，扮靓乡村面貌

依托山区道路交通条件改善带来的地理区位优势，让川村自 2013 年“挤”进全县美丽乡村创建名单以来，坚持人居环境整治先行，着重改善农村基础设施薄弱的现状，全村上下齐心协力、破难攻坚，累计共拆除露天厕所、灰斗 100 多处，粉刷砖裸房 70 余间，改造民房外立面 92 间，建成栏杆 2 000 多米，清理河道 700 多米，配套绿化 1 000 多平方米，硬化村内道路 2 000 多平方米，安装路灯 150 余盏，令原本灰头土脸的空壳村焕发出新的生机与活力。2017 年，西坑镇投入 2 000 万元用于让川村整体环境提升工程，涵盖了基础建设、景观节点改造、外立面改造和文化融入等多方面，使之成为环境再造的典型示范，比如打通断头路，建成“让川八景”。铺设排污管网有效处理生活污水排放问题，显著提高污水治理率。

为保障农村环境长治久洁，强化群众文明意识的提升，让川村不断完善健全环境卫生管理制度，以县“清洁家园”、镇“村居联动、互学互比”等活动为牵引，全面实行“门前三包”、禽畜禁养制度，配备专职保洁员，定期组织卫生大扫除，通过建立垃圾分类体验中心、村干部上门指导、开展“日查月评”、落实奖惩办法等方式，多措并举推进农村生活垃圾分类减量化处理，实现卫生无缝隙、无盲区、无死角。

2. 发展民宿，探路产业振兴

随着时间推移，环境整治释放的经济红利将逐渐减缓，只有另谋发展出路，才能扭转增量放缓甚至停滞不前的态势，实现经济赶超。让川村紧跟文成县“全域旅游”的战略步伐，基于对“两山”的探索实践，以核心景区、优势产业、乡村文化为依托，做好点、线、面的有机结合，打造乡村旅游综合体，培育出民宿、康养、文旅三大业态，实现了产业从无到强、经济由贫到富的跨越。

2015 年，在镇政府的牵线搭桥下，让川村经过几轮招商引资对接后，将村集体新建民宿租给客商企业温州天悦天旅游发展有限公司，协议 20 年租期，最初年租赁费仅为 1 元。由于民宿初始条件粗糙，客商企业对其进行深入规划、装修、打造，继而第一家精品民宿悦慢小院亮相并投入运营（图 2）。由此，让川村特色民宿一炮打响，客商企业趁热打铁，再耗资 300 万元打造了香樟小院和红枫小院。如今，村里民宿发展至 11 家，总床位超过 150 个，原来的 1 元租金上涨到现在的 10 万元，不仅盘活了村里闲置的农房资源，而且吸引不少外出务工村民争相回村就业创业。

作为农业供给侧结构性改革的重点，民宿经济成为农村产业融合发展的有效切入点。依照《文成县林业发展“十三五”规划》指示，让川村大胆探索“民宿＋康养”之路。2017 年，由悦慢小院、香樟小院、红枫小院、翠竹小院、畲家小院组成的悦慢森林康养基地被列入温州市首批森林康养基地名单，依托安福寺禅修养生和畲乡人文旅游，建成生态保育、运动康养、静态康养、禅修养生、中医草药和文化康养等 6 个区块，现有森林面积 50 公顷，森林覆盖率达 66.31%，负氧离子浓度平均为 2 000 个/立方厘米，常年空气质量优良，基地内有红枫古道、千年古樟，生态环境优良。另外，让川村的日渐闻名引来不少花卉种植产业在此落户，并初具规模，显现出生态富民效应。同时，依托文成“特农汇”电商平台，精心打造农产品展销中心，以拓展当地农产品的销售渠道，为农户的创收致富再添助力。此外，伴随着森林氧吧小镇城市客厅、毛泽东像章展览馆、乡村酒店等项目相继落地，让川村未来将迎来更多发展机遇。

图 2　悦慢民宿——温州市森林康养基地（来源：自摄）

3. 厚植文化，打造特色畲乡

底蕴丰厚的祠堂文化、畲文化、孝文化、石文化源远流长，赋予了让川村深刻内涵与时代灵魂。在推进环境整治和产业培育的同时，让川村非常注重传统文化的挖掘与植入，做好古建筑、门台、牌坊等文物的保护和修缮工作，肩负起民族文化的传承责任。

“三月三”是畲族人民的传统节日，节日期间男女老少盛装打扮，通过拦路歌、竹竿舞、踏摇锅、婚嫁表演等民俗活动展示独特的民族风情，如今，让川村的畲族风情旅游节已走向常态化。畲族人民以大山为伴，靠山吃山，在长久的岁月沉淀中，形成了独具地域特色的饮食文化，而长桌宴便是畲家宴席的最高形式和隆重礼仪，也是让川村主推的旅游项目，备受游客欢迎。目前已建成畲乡千人长桌宴文化长廊，大幅提升接待能力。除此之外，让川村还制作了村歌《恋上让川》、村舞《跳起来》，将它们与节庆文化相结合，比如元宵节舞龙灯、二月二芥菜饭、三月三畲乡节、端午节包粽子等系列民俗活动，乡村小舞台俨然转变成文化大餐桌。另外，让川村是叶氏与畲族杂居地，在宗族村落中，祠堂是尊宗敬祖最有力的物化表现，也是宗族文化得以传承的实质载体，叶氏宗祠记载着族群三百多年来的历史，属于县级文保单位。

4. 强基固本，发动红色引擎

“火车跑得快，全靠车头带”，这些年，让川村坚持将农村党建与乡村治理结合起来，发挥党支部的战斗堡垒作用，依托“党员责任区”机制，全村38名党员划分对应10个责任区，不断在提升农村基层自治能力、增强集体经济自我造血功能、促进群众增收致富、美化村庄环境等方面作出表率，认真落实政策宣传、村庄改造、环境整治等各项工作，引导村民讲文明、改陋习、树新风，积极营造文明和谐的民俗乡风。起初，村庄改造的进程并不顺利，村民不理解，遭到了诸多阻碍，但村干部、党员自发成立拆违工作组，分头入户做思想工作，村监会主任叶国东带头将自家搭建的超市钢棚拆除，支委叶新琰主动把10多年的围墙拆除，从而赢得了村民的信任与配合。

2017年以来，让川村在居民中心成立党员“红服之家”，一是开展便民利民义务活动，比如帮带民宿业主办理三证、调解纠纷、紧急求助等；二是公开党员服务热线，为村民和游客提供咨询引导、环境保洁、交通疏解等，营造“有困难找党员”的良好氛围。三是设置“创业助跑员”“行业督导员”等党员先锋岗位，开展帮扶活动，培育了8名致富带头人，扩大红色阵地共建共创的影响力，帮带群众共同致富。

三、发展模式剖析

1. 探索“筑巢引凤”的招商引资模式

让川村集体经济基础薄弱，依靠自身开发难度大，招商引资和社会资本的注入起到“筑巢引凤”带动效应。近年来，让川村借助乡村振兴战略和美丽乡村建设的东风，改善各项硬件条件，从乡村环境再造和提升入手，为招商引资奠定了良好的物质基础。如干净整洁的青石路、整齐划一的小块田地、风格相近的民宿、郁郁葱葱的林木、由茅厕改造的小公园、赤膊房的改造提升、鱼塘的美化、家禽的科学养殖等，加之全村水、电、路、医疗、文化等公共资源也为招商引资奠定较好的物质基础。

虽然村庄环境状况大有改善，但多年来“养在深山人未识”的让川村依旧没有获得投资商的青睐。如何破题？于是村民想出了“1元钱”将自建民宿打包出租的办法。思路转变后，归国华侨陈爱琴看到了其中商机和魅力，打造了悦慢小院，成为文成民宿经济的领路人，并在第二年便回收了投资额的70%。为满足市场需求，陈爱琴担任法人的旅游公司以市场价向村集体流转农房，相继推出好几家民宿，陆续形成集聚效应。同时，在取得《特种行业许可证》的基础上，多家民宿更是拿下“浙江省放心消费示范区”金字招牌，促进消费市场的规范管理与消费环境的品质提升。由此，从过去的无人问津到现在投资商会主动上门找项目，实践证明这一创新举措带来的效应在不断扩大，也吸引了越来越多的外出务工村民回村就业创业。如今悦慢小院民宿联合了温州市中山国旅旅游有限公司成立了浙江文蓝·悦慢旅业发展有限公司，开始实行企业化运营，逐步实现村落景区化。

2. 探索“民宿经济”的生态旅游模式

最大的优势在生态，最根本的出路在旅游，这是让川村多年求索得出的结论。2013年，文成举全县之力布局全域景区化战略，打造玉泉侨情枫彩带、云江秀水闲情带、山水奇观寻幽带、刘基故里民俗带四条美丽乡村精品线，而让川村是“山水奇观寻幽带”上浓墨重彩的一笔。在大力推进西部生态休闲产业带项目建设的背景下，让川村高举生态旗、打好生态牌，实现区域资源有机整合，构建旅游融合发展大格局，培育经济增长点，走上绿色发展、生态富民、后发崛起的路子。依托民宿产业的蓬勃发展，让川村开发了畲族文化体验、休闲养生等项目，最终落脚点是旅游业为主导的美丽经济。如长桌宴原本只是在特定节日举办的，而随着游客需求的增加，已经成为当地畲之旅品牌的重头戏，逐渐走向常规化经营。同时，打造的畲乡风情一条街，可以让游客们亲身体验打弹弓、赶犁牛、跳竹竿舞等更多畲族民俗。经过前期的努力，森林康养基地的落成，让川村被命名为省级森林人家。如今，让川村年接待游客达6万余人，实现旅游综合年收入已超过2 000万元。

3. 探索“三治融合”的乡村治理模式

让川“速度”的背后，离不开基层党建的引领，坚持共建、共治、共享原则，不断凝聚基层治理工作合力，推进自治、法治、德治相结合的基层治理机制，三管齐下、相辅相成，走出乡村善治的实践之路。

自治为本，由管到议显民主。将选择权和评判权交给群众，激发群众自治的内生动力，是基层治理取得实效的重要方法论，比如村规民约由村民讨论、制定并自觉遵守，调动村民的主人翁热情。又如进一步建立健全村务监督委员会，明确监督内容、权限和程序，保障群众的知情权、参与权、决策权和监督权等。

法治为纲，乡村稳定有保障。一是通过征询律师为民宿发展提供法律意见，增强经营者法律意识，优化民宿营商环境；二是培养一批普法骨干，发挥引领示范作用，推动全村普法工作不断深入；三是利用标语横幅、广播、宣传栏、图书角、微电影等易被人理解和接受的形式，营造法治宣传的良好氛围；四是引导广大村民学法、知法、懂法，逐步提高办事依法、遇事循法、化解矛盾靠法的觉悟。

德治为基，春风化雨重熏陶。一是注重核心价值观融入，利用文化长廊、文化礼堂等阵地，开展多样化的社会主义核心价值观教育活动；二是移风易俗措施得力，破陋习、树新风，倡导婚事简办、新办、廉办，深化丧事“三项治理”；三是积极开展道德模范、最美人物和好邻居、好婆媳等评选活动，以身边典型引领和规范农村新风文明。

四、模式适用条件

（1）要致富先修路，这是让川村得以发展的重要试金石。没有大交通就没有大发展，便利的交通条件是必不可少的。让川的快速发展得益于新修G322 国道大岀至西坑段，加之周边安福寺、铜铃山、龙麒源等景区的协同发展，使其依托于优势资源蓬勃发展。

（2）软硬兼施，突出特色人文资源。让川村在具备可招商引资的软硬环境和较鲜明的人文特色资源的前提下，在招商引资上出奇招，才有了民宿产业的腾飞，而畲族文化、祠堂文化亦使让川大放异彩。

（3）党建引领下的村“两委”班子强有力的领导是成功的关键因素。村“两委”班子重实际、办实事、求实效，勤于思考、善于谋划、抓准机遇，寻得村级经济发展的突破口。

文化当先，擦亮乡村金招牌

——记文成县西坑畲族镇梧溪村

一、村庄基本概况

梧溪村因溪得名，位于文成县西坑畲族镇，距县城西北 21 千米，镇北 2.4 千米，南邻天圣山安福寺，北达刘基故里，属百丈漈-飞云湖国家重点风景名胜区的交通枢纽中心地带，辖区内有国家 4A 级景区龙麒源风景名胜区。随着新 56 省道的开通，梧溪村被纳入文成县“半小时交通圈”。梧溪建村始于公元 1 209 年，迄今已有 720 余年历史，现仍完整保存着富相国祠、文昌阁、富文故居、新闻泰斗赵超构出生地故居等文物古迹。村域总面积 5 平方千米，拥有林地面积 10 000 余亩，森林覆盖率达 85%，户籍人口 1 200 多人，包括 1/6 的畲族人口，其余为富姓。见图 1。

图 1　文成县西坑畲族镇梧溪村（来源：自摄）

由于远离城市经济辐射，梧溪村曾是典型的集体经济"空壳村"。2008年，该村经济总量仅为82万元，人均年收入为3 992元，其中有199户共400余人的年收入低于2 500元，占村总人口数的40.23%，低保户有31户38人，大部分村民靠外出务工或留乡务农来养家糊口。近年来，依托绿水青山的生态优势和丰厚的文化底蕴，梧溪村牢牢把握文成县发展大旅游产业的机遇，秉持"举乡村旗、宣畲族风、做农家乐、打休闲牌"的发展思路，积极走历史文化、美丽乡村、休闲旅游互促共进之路，获得浙江省特色旅游村、温州市生态村、温州市文明村、温州市农家乐特色村、温州市十大历史文化古村落、文成县优秀基层党组织等荣誉称号。

二、具体做法与成效

1. 规划引领，突出创建高品位

纵观文成县四条美丽乡村景观带布局，梧溪村正嵌于刘基故里民俗带的重要节点，被西坑镇作为精品村来打造。根据"布局合理、风格统一、设施齐全、突出特色"的要求，结合地理特点、自然资源、人文景观、历史文化等要素，梧溪投入35万元资金委托上海复旦大学专业设计单位完成村庄风格设计、产业布局、历史文化村落整体保护开发等规划，以打造"浙南地区农家乐休闲度假旅游第一目的地"的高标准进行相关工作的开展。2015年，梧溪村又量身定制以"生在梧溪外婆家"为主题的全新规划，围绕独特的人文资源核心，生态资源和乡情资源为补充，引入工商资本联手打造"山水—梯田—文化—乡村"四层次的美丽乡村综合体，布局梧溪悟水、外婆家旅舍、梧溪瓦舍、娘舅家、耕读别院等28个景点。

2. 环境变革，开启乡村新风尚

梧溪村将环境再造作为"美丽乡村"创建的基础性工作，以人居环境整治推动农村生活方式转变，对照预定计划和项目预算，推进乡村"美化、亮化、洁化"工程，具体围绕道路硬化、拆违复绿、村庄亮化、文明乡风等工作展开。一是在全面实行"户集、村收、镇中转"的垃圾收集处理模式的基础上，大力推广生活垃圾有效分类，进行源头减量，达成"收集运输全封闭，日产日清不落地"的目标。二是集中拆除有碍观瞻的露天粪坑、灰铺、柴棚等120座，共计3 500平方米，村容村貌得到极大改善。三是完善基础设施，分别投入

图 2　建成后的梧溪村拦水坝（来源：自摄）

30 万元和 160 万元新建污水处理池、铺设排污管网以及完成梧溪村拦水坝建设（图 2），耗资 385 万元实现了整村 100 余间农房外立面改造和村庄沿线 70 余间赤膊房整改，形成风格统一的白墙黑瓦式徽派建筑群。四是在管理制度保障方面，建立健全了长效保洁管理制度、门前三包制度、村民卫生公约和监督检查制度，推行纵向到底、横向到边的“网格式管理”模式，采取联片领导、驻村干部、村委会主任等分段管理负责制，实现卫生管理无缝隙、无盲点、无死角。

3. 文化传承，挖掘内涵找亮点

梧溪村是文成县远近闻名的历史文化古村，有着丰厚的人文底蕴，与刘基故里武阳渊源颇深，具备扎实的基础、充足的条件、巨大的潜力延续历史文脉，孕育文化建设。

首先，将保护历史文化村纳入美丽乡村建设的重要内容。一是按照“三个一批”的要求，即保护一批、改造一批、拆建一批，保留并修缮了村内多处宗祠、名人故居、明清时期古民居等文物古迹，包括始建于乾隆二十九年（1764 年）的富相国祠、始建于清嘉庆十三年（1808 年）的文昌阁（图 3）、国民党中将富文故居“金阳旧家”与新闻界泰斗赵超构出生地“南阳旧家”等；二是建起宣传窗、文化墙等展示平台，整理并完善村史资料、富式族谱，以更好地传承珍贵的文化遗产；三是投入资金 2 000 万元来建设梧溪扶贫迁村点，促进人口梯度转移，有效解决了古村落保护与日益增长的人居需求之间的矛盾，最大限度地保留了村庄原始风貌和人文风情。

其次，挖掘和弘扬地方文化特色是美丽乡村创建的强大内涵支撑。梧溪村是北宋三朝宰相富弼后裔的聚居地，而明朝开国元勋刘基和有“晚报泰斗”之称的赵超构与富氏家族有密切关系，历史名人效应对梧溪村的发展起着相当深远的影响。

图 3　富相国祠（左）和文昌阁（右）

（来源：http：//www. naic. org. cn/html/2018/gcgz _ 0614/44830. html）

最后，文化资源传承也续传乡村文化振兴动力。随着名人景点的相继落成，方桌宴、富文故居文化走廊等特色项目陆续启动，实现了文化建设的有效传承。虽然梧溪村是汉族与畲族聚集生活的特色村落，但较好地保留了畲族传统的节日、民歌、饮食等民俗，集自然景观和畲族风情为一体的国家 4A 级景区龙麒源就坐落于此。梧溪村是省内畲族“三月三”传统重大节庆承办地和畲族文化对外宣传窗口，走上了一条文化带动乡村振兴的发展之路。

4. 旅游赋能，布局产业谋发展

为响应文成县全域旅游的战略号召，梧溪村立足自身优势，持续深入地做好做透乡村休闲旅游的文章，带动山区生态经济，不断擦亮梧溪旅游“金名片”。首先，依托独特的奇山秀水和鲜明的文化属性，梧溪构建起“一带、五区”的旅游布局，“一带”即梧溪景观带，建成了以梧溪河为中心的景观走廊和环绕村庄的生态休闲绿道，“五区”即入口服务区、浙南畲寨区、农家休闲区、民宿体验区、农耕体验区；其次，在畲乡农家乐、龙溪农家乐等示范点基础上，以“奖补结合”的方式鼓励村民创办农家乐，打造“农家乐一条街”，促进村域经济发展和农户增收致富；最后，积极开发旅游配套服务项目，一方面，投入 1. 4 亿元建设集餐饮、住宿、游玩、购物、商务为一体的梧溪聚贤养生山庄；另一方面，通过流转梧溪村土地 1 000 亩，建设农业观光园，总投资 1. 2 亿元。此外，作为著名景区龙麒源的门户，梧溪村以山林资源为资本参股，从景区门票收入中获取红利，每年集体经济能增收 10 万元以上，实现了“绿水青山就是金山银山”的转化，盘活了资源的禀赋。

三、发展模式剖析

1. 抓治理优环境，资源转化盘活力

借助美丽乡村创建契机，梧溪村以高起点规划、高标准设计、高质量建设，将优化村域发展环境作为突破口，在上级党委政府的高度重视和大力投入下，从顶层设计出台到“一揽子”政策落地，再到“一系列”基础建设，有序开展“拆、改、建、治、管”等工作，包括完善基础设施、整治人居环境、推进三大革命、建设乡风文明、健全管理制度、提升公共服务等方面，不断释放出生态宜居红利，实现了“两山”理论的实践转化。

2. 兴产业助发展，一二三产业融合发展

受限于交通闭塞、基础配套薄弱等短板，梧溪村历来以农业为主，林业为辅，村民世代耕读传家，有生态农业园 2 个，种植面积达 700 亩，毛豆、山药等是村里主要的生态经济作物。在优化农村产业结构的背景下，梧溪村围绕文化核心，以“最牛外婆家”为定位，开发利用古村落资源，融入民宿、农家乐等功能载体，使乡村旅游等服务业为主导的第三产业大放异彩，随之相关新业态亮点频现。乡村旅游从拓展经济层次、促进宽幅就业、放大文化价值等方面实现了美丽乡村、美丽经济、美丽生态、美丽人文的协调统一。目前，新启动的“外婆桥”改造、沿溪两岸景观建设、龙麒源景区改造提升等项目促使梧溪旅游环境逐步成熟，产业发展日益强劲。

3. 筑堡垒强党建，引领促内生动力

在经济发展的背后，梧溪村坚持有形阵地和无形阵地齐头并进、互通互融，不断增强村级党组织凝聚力、战斗力，充分发挥“一个支部就是一座堡垒，一个党员就是一面旗帜”的作用，争做“畲乡凝聚党建示范带”上的样板。在硬件设施建设方面，紧扣拓展党建阵地的要求，投入专项资金 20 万元成立党员关爱之家，主要用于村史发展、党员教育、创新成果展示、民情服务、党员活动等，是村基层党建中心场所，还借助村民中心、文化礼堂等载体，营造大党建氛围。在软实力提升方面，以骨干党员为组长，划分 15 个村民小组，深入实施“131 红色细胞工程”，着重抓好党员培育、党员服务、党员净化三个方面工作；认真执行党员管理“十条红线”“五议两公开”等规

定，试点推行“四单一平台”模式，规范农村党组织生活会；积极引导流动党员发挥模范作用，回乡创建150多亩的雷笋基地和300余亩的雪梨、杨梅基地，年经济效益达300余万元。

四、模式适用条件

（1）交通便利是乡村振兴的首要条件　梧溪村依托于56新省道的通车，解决了关键要素的制约，走了“要致富先修路”的成功之路。虽然浙江省实现了村村通公路，但是快速公路（国道、省道）所涉及的村庄数量不多。因此，在发展乡村中，要因地制宜，优先发展交通优势明显的村庄，作为首批开发村庄。

（2）乡村振兴，规划先行　梧溪村结合地理、自然、人文等资源要素，高标准地进行规划设计，并有条不紊地实施，这是其成功的一大秘诀。因此，在乡村振兴战略的大背景下，规划先行是乡村振兴的重要环节，必须结合乡村的立地条件，科学规划，因地制宜，结合人源、财源、资源等，统筹协调推动，才能真正避免盲目化、同质化的开发。

（3）工商资本投资农业农村是乡村振兴中的有利驱动　乡村振兴是长期性、战略性的系统工程。一方面，需要资金保障，梧溪村先后投入上亿元的资金，其核心资金来源于社会资本，更具有市场性与竞争性。针对资源较为丰富的农村，利用资源禀赋，吸引工商资本投资农业农村，撬动更多的社会资金的投资，是解决乡村振兴中资金瓶颈的出路。另一方面，工商资本的私立性也决定其投资的趋利性，因此，在乡村建设中，公共财政投入的基础设施建设也必不可少，解决乡村的基础设施建设问题是民生保障，带有更多的公益性。

（4）党建是乡村振兴成功的关键　梧溪村有一支凝聚力强大、战斗力顽强的“铁军队伍”，是乡村振兴的措施得以实施的坚强保障。因此，农村要幸福，首先，要有党建引领，始终把为人民服务、为老百姓谋幸福落实到实际工作中。其次，要发挥农村“能人”效应，充实到村“两委”的班子中，切实增强村“两委”的战斗堡垒作用。最后，历练村“两委”扎实的履职能力与责任心，在工作中勇于担当，克难攻坚，才能把乡村振兴的事业干出成绩。

文化传承融入乡村建设的生动实践

——记文成县南田镇武阳村

一、村庄基本概况

武阳村位于文成县南田镇西北6千米，地处海拔650多米的高山平台，北接青田，南邻梅树村，是明朝开国元勋刘基（刘伯温）的故里。全村下辖5个自然村，11个村民小组，现有农户232户共687人，其中常住人口仅350人左右。村域内四周环山，中成小盘谷，地貌以丘陵为主，总面积11 091亩，其中耕地面积336亩，山林面积7 000亩。受特殊地理环境、地表植被覆盖率高等影响，武阳地区形成了独特的高山气候，冬无严寒、夏无酷暑，年平均气温约15.0℃，空气新鲜、日照充足、雨水充沛、植被丰茂、生态完美，是融合了农耕式田园风光的天然“避暑胜地”。

过去，尽管武阳村有着得天独厚的山水环境和源远流长的历史文脉，但祖祖辈辈一直守着“金饭碗”过着面朝黄土背朝天的穷日子，村集体经济陷入空壳危机，人均纯收入仅6 687元。近年来，随着文成县发展“全域景区化”的步伐加快，武阳村借助美丽乡村建设的契机，以生态农业为载体，围绕中国风水文化村的定位进行规划、设计、配套，因地制宜探索出文、旅、农产业融合的发展路径，重点突出伯温文化展示区、特色民宿度假区、农业种植体验区等版块，塑造“帝师故里，天下福地”的形象，并辐射周边村庄及邻近乡镇，形成“刘基文化产业带”，获得国家3A级旅游景区、全国改善农村人居环境美丽宜居示范村、浙江省非物质文化遗产旅游景区、浙江省美丽乡村特色精品村、浙江省AAA级景区村庄、浙江省休闲旅游示范村、温州市首批旅游社区、温州市美丽乡村样板村、浙江最美六大名人故里等荣誉。如图1。

二、具体做法与成效

1. 统筹规划，突出总体布局

图 1　武阳村风景（来源：自摄）

武阳村地处“天下第六福地”的南田，素来被冠以“刘基故里”的美名，但存在历史遗迹年久失修、景观条件有限、基础设施配套不足、旅游产品开发落后等问题，造成盛名之下名不符实的局面。美丽乡村建设是一项全局性、系统性的工作，科学的顶层设计是关乎其成功的关键。基于对村庄区域定位和核心竞争优势的认清和把握，文成县政府委托杭州山川旅游发展研究院负责制定武阳村的整体规划，依照乡村原有的脉络进行梳理，结合全村景区化的新思路，凝练出“秀美乡村、伯温文化、养生福地”的主题，打造文旅农产业融合基地，着重从三个方面入手：①优化人居环境，配套田园景观，点亮风水格局，创建美丽乡村样板村；②构筑文化高地，充分利用名人效应打造文化旅游精品；③调整产业结构，突出主导，多元化布局，催生经济新业态。

2. 聚焦环境，做足“面子”功夫

美丽宜居是实现乡村振兴的基底。在统筹推进环境整治攻坚战的同时，武阳村坚持环境再造与生态建设并举，通过“三改一拆”“五水共治”等行动，补齐基础设施、生态环境、乡村治理等短板。主要在硬件设施和软环境方面，不断地加强投入与环境营造。

在硬件设施建设方面：一是投入经费 2 950 余万元用于水、电、路、垃圾分类处理等乡村基础设施及景观绿化等亮丽工程建设，包括建成 2 个 75 立方米污水处理池和 2 个终端池，埋设污水管 3 000 余米，污水处理管网系统日处理污水量达 25 吨，共 186 户受益，受益率 90%以上；二是优化南田镇至武阳村入口景观带，整合 160 亩土地兴建荷花池、凉亭、进士廊等，村内铺设石板游步道，闲置地绿化并打造景观节点；三是依照明朝建筑风格对民居进行立面改造，修旧如旧，保持整体风貌协调统一；四是实现了全村广播、无线网络、摄像头监控三大全覆盖。

在软环境营造方面：一是构建自治、法治、德治相结合的联动体系。将生态文明、刘基文化、红色阵地等融入美丽乡村建设各个环节，完善乡村治理体系，如倡导“垃圾减量分类”，开展农村生活垃圾分类收集、定点投放工作；二是修订和完善村规民约，推进基层管理服务创新，发挥乡贤作用组建村庄自治委员会、村务监督委员会，引导群众参与决策、管理、监督；三是以“刘基家训”为载体，大兴文明之风，营造崇德向善的良好氛围。

3. 以文为魂，夯实“里子”工程

历经700多年历史的伯温文化在武阳村得到了较好的保护和传承，村内现存始建于明正德年间的武阳堂、明朝帝师刘伯温故居遗址、刘基求学及出山之路岭根岭古道、刘基祖父之墓天葬坟等历史古迹，还完整保留了传统的民俗文化遗产，有南田民居营造技艺、刘伯温堪舆之术、伯温家宴、元宵鱼灯舞、进士节等丰富的形式，其中“刘伯温传说”“太公祭”对弘扬先贤的智慧和德行意义深远，先后被列入国家级非物质文化遗产名录（图2）。

图2　刘基故里（来源：自摄）

秉承保护与开发并重的理念，武阳村对传统文化实现了全方位的拓展，凸显隐形价值，比如将刘基文化中北斗七星、太极八卦等内容运用到建筑设计布局中，打造出具有标杆性的精品民宿；修缮武阳书院并免费对外开放，开发国学培训、国学夏令营等多样化的文创产品，搭建国学育人传播平台，每年接纳学子达5万人；建成刘基家风家训馆，围绕“崇文崇智、怀仁修德”的精髓，弘扬“不以言传、而重身教”的刘氏家风，提升整体文化环境。

4. 多产联动，打通经济脉络

近年来，作为文成“刘伯温故里5A级景区”创建的核心，武阳村立足山水、人文景观优势，积极探索“两山”价值转化路径，不断挖掘、整合、优化、提升乡土资源，以民宿经济为引领，串联乡村旅游、休闲农业等产业融合发展，促进集体经济增长和带动农民增收致富。一是围绕乡村振兴战略的要求，做深做透“民宿＋”的文章，成功引入迷途、隐居、悦慢等系列民宿

品牌，并形成精品化、集群化的发展态势，打造武阳乡村休闲生活综合体，同时采用基于互联网思维的“微营销”渠道拓宽民宿市场，依托国内外多家知名旅游搜索引擎进行线上宣传和营销，探索民宿抱团运营模式。二是通过对阴阳池、思贤林、伯温书院、七星落垟等原有的自然人文景观进行改造提升，助推村景融合大格局，促进旅游产业提质增效。三是因地制宜培育具有关联性的新业态，由南田镇政府和文成电商协会共同牵头，建成菊花种植基地，通过观光采摘、深加工等方式，实现经济增值。另外，武阳农耕文化生态园项目成为农业新亮点，园区由向日葵园和莲花池组成，是具有观赏、农耕体验等功能的综合体。

三、发展模式剖析

1. 探索“一家兴百家旺”的民宿发展模式

武阳村紧扣“美丽乡村”规划的实施节点，通过入股、租赁、转让、流转等市场化运作，吸引工商资本入驻，盘活村域内房屋、土地、林木、水源等闲置资源，以龙头民宿撬动经济增长点，打破“靠山吃山”的传统方式，形成“百家争鸣”的格局（图 3）。“迷途·武阳”是村里第一家由客商投资的民宿，由村委会办公楼改建成客栈主体，整体格局融入七星八卦元素，具有鲜明的个性化，成为当地的“金招牌”，推动了乡村旅游的发展，进而触发当地民宿产业的迅速崛起，同时吸引大量外出村民返乡创业就业，体现出良好的社会辐射作用。目前，武阳村拥有 23 家民宿，共 233 间客房，床位约 500 张，平均入住率达 76%以上，直接带动 255 名村民就业，每年可为村集体创造经营性收入 10 多万元。

图 3　武阳民宿（来源：自摄）

2. 探索“文旅农产业融合”的民富村强模式

武阳村以伯温文化作为品牌输出，积聚自然生态、乡村风貌等资源优势，培育休闲农业、农旅结合等产业，鼓励一二三产业融合发展，释放土地、资金、人才等乡村振兴要素的活力，进一步延伸产业链条，提升区域竞争力和产品附加值，引入“文创＋”为乡村注入新动能，找到文化供给与市场需求的切入口，促进太公祭、伯温家宴等经典传统的价值再生，同时利用“互联网＋”技术手段，打破消费时空壁垒，让旅游产品能够主动走出去，扩大武阳村的知名度和影响力。

3. 探索“党建＋三治融合”的乡村治理模式

武阳村坚持以党建为核心，健全自治、法治、德治相结合的乡村治理体系，构建“1＋3”乡村治理模式，实现村庄脱贫摘帽、经济飞跃的同时，有效防控各类社会风险，营造和谐稳定的良好环境。首先，强化思想、组织、作风三个引领，将刘基清廉勤俭的为官之道和族训家风，作为基层队伍建设的重要内容，推进党支部标准化建设，深入开展红色细胞工程。其次，以自治为动力，充分发挥村民在美丽乡村建设中的主体作用，修订村规民约，完善村民会议等各项制度。再次，以法治为保障，通过多渠道宣传和聘请法律顾问等方式，引导群众尊法、学法、守法、用法。最后，以德治为目标，依托人文、风俗等文化积淀，着力构筑统一价值承载体，并通过先进典型的示范作用带民风、促村风、转作风。

四、模式适用条件

这些年，武阳村在美丽乡村、生态富民的探索之路上，取得了不俗的成绩，对全国众多同类地区来说，有着启示和借鉴意义，但可复制的背后离不开对村情实际的洞察把握，应用这一模式以下必要条件不可或缺：①村庄具有深厚人文底蕴、丰富的自然景观等旅游资源，如武阳村就是围绕刘基文化做出产业亮点；②有科学合理的规划指导乡村建设，且有资金投入机制作为保障，如“迷途·武阳”民宿就是规划与招商引资的共同成果；③村级组织具有较强的治理能力，发挥职能作用，团结带领广大农民群众共建美丽乡村。

执笔人：刘益曦

校核人：陈洁琼

谢海汇

文中彩图请扫码查看

永　嘉

山水诗韵，楠溪佳境

——永嘉县岩坦镇楠溪古韵休闲乡村振兴示范带

一、示范带概况与现状

岩坦镇楠溪古韵休闲乡村振兴示范带位于永嘉县北部山区、国家级生态镇岩坦镇核心区域内，地处楠溪江岩坦溪、大楠溪沿岸，沿线长约 10 千米，涉及源头、屿北、岩坦、小舟垟、前溪、东岙、溪一、溪二、坦下、庙下、闪坑等 14 个村庄（图 1）。诸永高速公路从示范带西侧经过，在岩坦设有出入口；S41 省道经过镇区北至仙居县，南至瓯北镇。岩坦镇距永嘉县中心 53 千米，距温州市区约一小时车程，是楠溪江源头片文化、交通、经贸的中心。

图 1　楠溪古韵休闲乡村振兴示范带
（来源：楠溪古韵休闲乡村振兴示范带发展规划）

楠溪江流域历史悠久，可追溯到六七千年前的新石器时代；这里山水资源丰富，大楠溪江贯穿整个示范带，江水两边青山环绕，气候适宜，示范带内的田园依山面水，风光突出，尤其以大舟垟、小舟垟和东岙村为核心，形成连片的田园景观；魏晋南北朝"元嘉三大家"中的谢灵运、颜延之曾先后出任永嘉郡守，留下了大量颂扬楠溪江山水的诗篇，尤以谢灵运的《登永嘉绿嶂山》《石室山》《石门岩上宿》等诗文为胜，中国山水诗由此开宗立派，永嘉也成为中国山水诗起源地。后又有唐朝张子容、孟浩然，宋朝陆游、叶适、徐照，明朝王叔果、潘舜臣，清朝朱彝尊、金简庵等远道而来，游历楠溪江，留下的名篇佳作多若繁星。诗歌文化资源不仅是永嘉旅游资源的重要组成部分，更是楠溪江旅游的文脉。除了山水诗文化，示范带内还有古村落文化、民俗文化、宗教文化和红色文化等，文化底蕴深厚。

同时，以"宗族文化""耕读文化"为核心价值的楠溪江古村落整体被授予国内唯一"中国景观古村落群"称号，其代表的文化更是楠溪江的自然文脉、艺术文脉的体现。示范带内的千年古村屿北村在 2011 年第三届、2014 年第四届中国景观村落评选中被成功收入名录，除此之外，屿北村在抗日战争、解放战争时期，曾是中共瓯北中心县委驻地，保存有重要的史迹。

根据《温州市旅游发展"十三五"规划》，拓展山海联动、雁楠一体，实施旅游"点—轴"发展战略，促进旅游带状发展[1]，楠溪古韵休闲乡村振兴示范带被纳入雁楠飞旅游产业带内。永嘉县委县政府推出相关政策（《关于促进全域旅游发展的实施意见》《永嘉县促进全域旅游发展扶持办法（试行）》）全力构建以楠溪江国家 5A 级旅游景区为核心的"众星拱月、群星璀璨"全域旅游空间格局[2]。楠溪江旅游资源密集且多元，沿线的乡村拥有优越的生态环境和人文历史，发展空间广阔，是雁楠飞旅游产业带的核心组成部分，未来楠溪江联合雁荡山一起申报世界自然与文化遗产，将成为中国第五个、浙江省第一个世界自然与文化双遗产，成为旅游新高地，不仅引领温州市的旅游发展，还将成为永嘉旅游崛起的主要核心引擎版块。

2017 年永嘉县对岩坦、屿北、东岙、坦一、溪二、小舟垟等 6 个行政村集中打造楠溪源头田园综合体，并于次年初成功列入省级田园综合体创建试点，成为全市唯一入选项目，总投资 20.3 亿元。2018 年 5 月，永嘉县以此为

---

〔1〕 徐云松，叶乐安．浙江省海洋海岛旅游发展研究［M］．上海：上海交通大学出版社，2018.

〔2〕 范海国．一季度游客接待和旅游收入实现"双赢"［N］．今日永嘉，2018-4-27（1）．

契机，在楠溪源头田园综合体6个村基础上再整合串联8个村，集中流转耕地5 000亩、林地85 000亩，高规格、高标准、高质量连线连片打造楠溪古韵示范带，打造“村庄美、产业兴、农民富、环境优”的乡村振兴样板，被国家级和省级媒体报道多达50余次，被市县级媒体报道300多次；时任省领导车俊、梁黎明、周江勇、熊建平、陈伟俊、史济锡等先后到岩坦视察调研，给予充分肯定，先后接待来自内蒙古、海南、青海等20余个省（区、市）考察团300余个。

二、总体规划

1. 发展定位

依托楠溪江特有的纯净山水、古村田园、独有的诗歌文化，紧扣乡村振兴战略发展机遇、对接长三角、海西经济区等消费市场，以旅游激活产业价值从而实现产业振兴，构建以山水田园为基底，以诗歌文化、养生文化为特色，集滨水娱乐、特色度假、乡村休闲、康体养生、文化体验等多功能于一体的中国全景式诗歌养生休闲旅游目的地、中国山水田园养生超级IP，成为永嘉“引客来嘉”先锋、温州“乡村出彩”样板、浙江“产业振兴”示范。

2. 发展思路

以楠溪源头田园综合体为基础，整合源头、岩坦、屿北、东岙、坦一、溪一、溪二、小舟垟、前溪等14个行政村，以“水”为魂，贯穿全域，以“水+田”的生态基地打造养身、养味、养心、养德、养生、养耳、养智七养旅游目的地。

3. 项目空间功能布局

充分借助良好的区位优势和资源优势，搭建“113”空间发展格局（图2）。“一心”即楠溪古韵休闲示范带综合管理中心，分别以岩坦镇政府所在地岩坦村作为示范带综合管理中心，主要兼具旅游集散功能、景区景点售票功能、咨询投诉功能、购物休闲功能、餐饮住宿功能等于一体；“一廊”即水陆交通景观廊，通过S223省道及诸永高速公路串联整条示范带，重点整治沿线道路绿化带，在上下高速口及沿路两边进行绿化美化；“三组团”分别为屿北及周边村组团、岩坦艺术田园综合体及周边组团、舴艋舟水上游线组团（串联源头、屿北、小舟垟、前溪）。

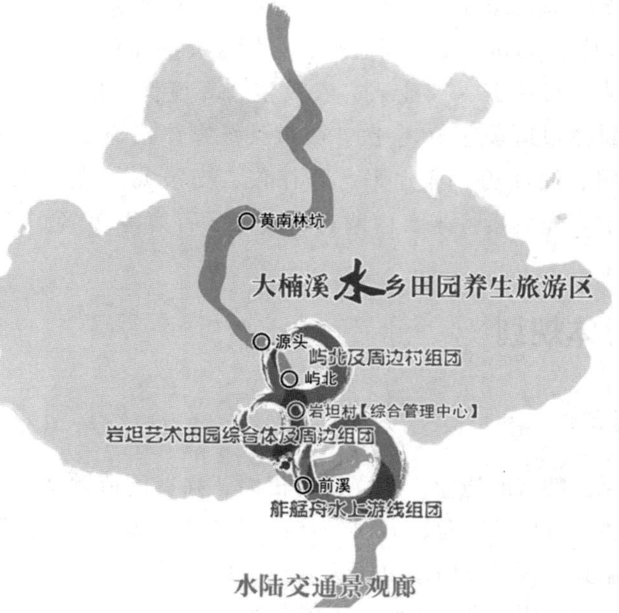

图 2　楠溪古韵休闲乡村振兴示范带项目空间功能布局

（来源：楠溪古韵休闲乡村振兴示范带发展规划文本）

三、主要做法与成效

1. “一带一路”，全域实现“新突破”

受习近平总书记提出“一带一路”建设的启发，岩坦镇根据自身条件创造性提出微型版的“一带一路”，围绕农旅融合、文旅融合做文章。“一带”指“省道沿线经济带”，串联 S223 省道沿线自源头村到前溪村一带 14 个村庄，总长 10 千米，以屿北古村和小舟垟嘉纳庄园为两大核心，通过打造花漫源头、水彩前溪等多个亮点项目，整合示范带沿线农旅资源，做强沿线村庄“带状经济”；“一路”指“水上舴艋之路”，以复兴悠久的船工文化为主线，通过舴艋舟文化馆（船工文化博物馆）、旅游埠头以及 30 多艘舴艋舟的建设，打造源头村至前溪村 10 千米旅游体验的水上航线，形成现代版的楠溪江耕读文化旅游精品线〔1〕。

---

〔1〕 胡海良，张润生，张炳福，等．坚持以“八八战略”为指引 积极探索乡村振兴新路子——浙江省永嘉县乡村振兴调研报告［J］．观察与思考，2018（11）：96-104.

楠溪江，古称瓯水，流经永嘉中心腹地注入瓯江。永嘉村民要与外界往来，最重要的交通工具便是舴艋舟，其扮演着楠溪江航运主力的角色，距今已有1 800余年的历史（“舴艋”一词最早出现在《广雅》），直到20世纪90年代初公路运输逐步发达，水上交通才慢慢退出历史舞台。在历史的悠悠长河之中，留下了杜牧“织篷眠舴艋，惊梦起鸳鸯”、李清照“只恐双溪舴艋舟，载不动许多愁”等众多关于舴艋舟的诗篇。为挖掘舴艋内涵，复活船工文化，传承楠溪船歌，岩坦镇请来民间手工艺人打造舴艋舟，阔别30年的舴艋舟及航道的复活，将大大丰富岩坦镇的旅游资源及形式，成为壮大村集体经济、拓宽农民增收渠道的一个新支点，也会让成长在楠溪江畔的乡亲们找到乡愁，让舴艋舟这个非遗传统文化更好地传承下去，并成为楠溪江一道靓丽的风景。为此，对楠溪江流域岩坦溪源头村至上宅岸村段开展综合整治，工程总投资6 000余万元，共完成疏浚航道8千米，新建拦水堰2条、修复1条，新修旅游埠头5个，做好水源调配文章，恢复航道功能。2018年端午节舴艋舟千帆竞渡、百舸争流的盛况三上央视新闻频道，并登上央视《新闻联播》片尾，总时长达10分钟，中新社等300多家主流媒体网站刊播、转载。

2. 治源治本，沿线展现“新生态”

近年来，岩坦镇深入开展“五水共治”工作，以美丽河湖建设为抓手，着力源头管控，统筹推进农村人居环境整治“三大革命”（厕所革命、垃圾革命和污水革命），有效改善了岩坦溪、大楠溪水生态环境，使楠溪江中上游常年保持在国家Ⅰ、Ⅱ类水质。一是狠抓源头截污。投入约930万元，对示范带14个村庄全部进行截污纳管，做好雨污分流，杜绝污水入河，共铺设污水管网约23 500米，建设污水处理终端8个，接户约1 600户，目前，沿线14个村农村污水处理率达90%。二是狠抓垃圾治理。深入开展垃圾源头分类，合理设置垃圾收集点，并为每村每户配置分类垃圾桶，宣传垃圾分类知识，从源头杜绝垃圾入河，共设置垃圾桶9 245个，垃圾收集点8个，实现沿线垃圾收集点全覆盖。通过源头管控，乡村振兴示范带沿线村落环境得到有效提升。

与此同时，该镇的乡风文明也在同步推进，按照“留碑不留坟、墓葬变绿葬”的目标，运用“互联网＋移风易俗”新理念，将小舟垟村杂乱无章的

140余座老坟进行生态化改造，并打造成百姓休憩的公园，设置二维码供墓主后人或游客进行虚拟祭奠，手机扫一扫便能知晓先人身前事，成功打造温州市乡村振兴“乡风文明”先行地，现已成为温州市节地生态葬的典范。

3. 大建大美，点上焕发“新生机”

示范带沿线14个村庄因地制宜，以水为线，编织“水意—水韵—水育—水映”的旅游精品线，打造不同风情节点，实现一村一品、一村一特色，使许多名不见经传的山乡小村在短短数月成为了“网红打卡点”。示范带的起点，也是舴艋舟航线的起点——源头村，进行环境整治，生态停车场、道路改造等基础设施建设，村容村貌从“脏乱差”到“白洁美”，同时推进船工文化博物馆、舴艋舟项目和漂流项目等业态开发，绘就一幅“花漫源头”田园风光画卷。

从源头村乘舴艋舟顺流而下，中游便是屿北古村。该村始建于唐代，兴于南宋，距今已有1 000多年历史，较好地保存着45座古建筑，因拥有中国历史文化名村、中国最美古村落等5张国家级金名片而声名鹊起。永嘉县以古村保护开发为前提、以村民利益为出发点，以政府、村民、村集体和企业四方共赢为目标，探索出“整村置换、村企合作”的古村保护开发模式，属全省首创。政府投资1亿多元，拉动民间资本19亿元，联动推进5.1万平方米古村保护利用、100多亩唐宋风格新村建设，谋划建设集古村复活、文化影视、多彩森林、创意田园于一体的文旅综合体项目。目前，该项目已完成投资近3亿元，项目建成后，村集体每年可收益500万元以上，村民可彻底解决住房困难，并实现人均增收超万元[1]。

溯流而下就到了小舟垟村的嘉纳庄园。作为示范带两大核心之一的嘉纳庄园规划面积5 100亩，总投资额5.7亿元。2015年创建至今，共流转山地2 000多亩，耕地200多亩，累计投资8 000万元，建设集农业休闲观光园、优质农产品生产基地、生态农业低碳示范点于一体的现代特色农业示范区。嘉纳庄园依托楠溪江畔的场地优势条件，立足精品农业生产基础，加入亲子互动、趣味娱乐、休闲度假、农业观光、科普教育等功能，打造温州地区最

〔1〕 王庆丽，戚祥浩，等．楠溪江源，又见悠悠舴艋舟［N］．浙江日报，2018-11-20（11）．

火的亲子乐园。提供200多个就业岗位、一年发放工资300多万元、为村集体带来每年30万元的土地流转租赁收入及10%的门票分成，这些数字足以体现嘉纳庄园“经济引擎”的角色，实打实带动小舟垟及周边几个村的发展。

随舴艋舟来到航线的终点——前溪村，以“水彩前溪”为主题对沿溪70余户100余间房屋进行外立面改造，由中国美术学院设计的七彩的墙面搭配壁画专家创作的富有江南特色的壁画，别有一番风味。同时，该村正积极推进农家乐、景观河道、停车场、高端酒店等项目“落地开花”。

四、发展模式剖析

1. 党建引领，抱团发展

岩坦镇以示范带创建为契机，联合沿线14个村探索“联合党委”新机制，实现示范共建、资源共享、党建共抓，开创镇级党建新局面。该镇按照“抓好党建促发展”的工作思路，结合示范带实际建设情况，发挥联合党委的组织优势，持续激发全镇干部、党员活力，把示范带上的村居拧成一股绳，放下争执、消除争议、互利互惠，实现同频共振、抱团发展，成为永嘉县党建引领乡村振兴的示范样板。目前，示范带项目吸引30多位乡贤回归创业，新增就业岗位900多个，预计沿线村集体和村民年均增收最多可达到500万元和10多万元，实现政府、村集体、村民和开发商四方共赢〔1〕。

2. 百日为期，自我加压

岩坦镇楠溪古韵休闲乡村振兴示范带作为温州市首批（2018）乡村振兴示范带，同时作为温州市深化“千百工程”推进乡村振兴暨大花园建设现场会考察场地，以“百日为期”自我加压，对各项工作任务都倒排期限，加紧部署，制定“任务表”，绘制“时间图”，明确“方向标”，全镇上下形成了浓厚的决战氛围。岩坦镇用一百天时间，根据“产业兴旺、生态宜居、乡风文明、治理有效、生活富裕”的建设目标，充分整合全市唯一省级田园综合体试点、千年古村屿北、嘉纳庄园、水彩前溪等资源建成岩坦楠溪古韵休闲乡村振兴示范带，3个月综合考评持续全市第一〔2〕。

〔1〕范海国，陈胜豪．乡村振兴“红利”惠及一方百姓［N］．今日永嘉，2018-9-21（1）．

〔2〕厉定武．让美丽嬗变在楠溪江畔熠熠生辉［N］．今日永嘉，2018-5-4（1）．

3. 干部领头，四方参与

戏好要靠唱戏人，兴村就要先兴人，实施乡村振兴战略，“领头雁”是关键，在村“两委”的带领下，通过环境治理、土地流转、产业重整，昔日无人问津的小村庄实现逆转。同时，要想方设法让村民成为建设主体和主导力量，政府成为推手和助手，还要推动有实力、有情怀的企业和人才回归乡村，助力乡村振兴。

源头花漫处，踏石问轻舟

——记永嘉县岩坦镇源头村

永嘉县岩坦镇源头村（图 1）位于永嘉县北部，地处楠溪江上游，由源头、上垟两个自然村组成，共 443 户，1 250 人，耕地面积 537 亩，林地 3 743 亩；生态环境现状较好，自然风光秀丽，林地资源丰富，森林覆盖率高达 90%；源头村作为楠溪江流域艑艋舟的第一埠，具有深厚且独特的艑艋舟文化。近两年获得浙江省全域旅游示范村、浙江省 3A 级景区村、浙江省卫生村、浙江省旅游精品村、浙江省书香村落、浙江省模范集体等荣誉，还入选了 2020 年度浙江省美丽宜居示范村创建名单。

图 1　楠溪江畔源头村（来源：温州市委农办）

一、发展背景与发展历程

源头村地处楠溪江上游，整体村落呈两头窄、中间宽的形态，犹如一只舴艋舟，过去千年舴艋舟作为楠溪江上唯一的交通工具，行驶至此就再无法向上，也因此该村得名“源头村”。过去，舴艋舟把周边村庄的土特产运送到城里，再把城里的生活必需品带回到山里，甚至村民走亲访友，都需要乘坐这里的舴艋舟，源头村因此常年车水马龙、人来人往。但到 20 世纪 90 年代初，公路基础设施实现了跨越式发展，水上运输日渐式微，存在千年的舴艋舟也慢慢消失在公众的视野中。没有了片片帆影的楠溪江，逐渐成了承载人们生产生活废弃物的“容器”，家禽的排泄物、不断往河里排出的污水和随手扔的垃圾，都让清清的河水变成了臭水沟[1]。江畔的源头村环境也好不到哪里去，一进村便“满地鸡粪、到处茅坑”，脏乱差成了这个村庄的代名词。

2016 年永嘉县列入全国第二批“国家全域旅游示范区”创建单位，永嘉县委、县政府出台相关政策加快推动永嘉县旅游产业大发展，全力构建以楠溪江国家 5A 级旅游景区为核心的“众星拱月、群星璀璨”全域旅游空间格局；2018 年初，永嘉县岩坦镇楠溪源头田园综合体成功列入省级田园综合体创建试点范围，成为全市唯一入选项目。源头村以此为契机，依托得天独厚的自然风光和文化禀赋，进行了一场环境“革命”，大力发展乡村旅游业，并一炮而红，迅速成为“网红村”。2018 年 9 月至 2019 年 4 月，短短数月共接待了全国各地近 400 个旅游团。

二、主要做法与成效

1. 因“环境革命”而火

源头村被列入省级田园综合体创建试点以后，启动了环境整治。中国农民一向视“房”为根，即使是违建棚屋、露天粪坑，提到“拆除”则抵触极大，可想而知源头村在推进此“环境整治攻坚战”时的难度。村“两委”找准关键、对症下药，着力改变村民们的思想观念，2018 年 6 月，仅仅一个月间先后召开了党员大会、村民代表大会等四十余次会议，讨论通过了拆除小屋相关决议，四处张贴《源头村小屋拆迁公告》，并每天在村里广播提醒村民

〔1〕 李海涛，杨瑞雪．载回乡愁的舴艋舟［N］．农民日报，2019-2-21（5）．

距离拆迁的时间。拆违当天，为了让村民们信服，村“两委”干部、党员带头先拆[1]。之后，在短短5天时间，拆除露天粪坑、违建小屋319间，腾空6 000多平方米的美丽乡村发展空间，随后仅用40天时间成功完成路面平整、背街小巷提升、美丽庭院建设等多项环境综合整治工程，原先家家户户堆在街角屋尾的木柴、砖头以及河滩里的鹅卵石，也都成了美化村居的好材料。图2、图3为源头村村景。

图2 源头村村庄一景

（来源：源头村“两委”）

图3 源头村民居墙面美化

（来源：源头村“两委”）

2. 因“智能系统”而火

为了保持来之不易的环境面貌，源头村决定推行垃圾分类，建设温州市首个“零污染村”试点，将为温州市美丽乡村建设提供样板。垃圾分类首先要从转变村民的观念开始，该村多次邀请县绿色环保志愿者协会前来为村民宣讲垃圾分类知识，讲解垃圾分类的背景、意义和分类方法，形成人人讲分类的浓郁氛围。与此同时，源头村更是引进一台“互联网＋”智能垃圾分类回收机、一座带有生活垃圾生物发酵处理系统的处理屋，帮助家家户户的大部分垃圾实现减量化、资源化、无害化。

源头村每户家庭都能分到一张再生物资回收平台智能卡，只要在机器上刷一刷卡片，就会自动打印出二维码，将二维码贴在可回收的垃圾上，逐个投入“塑料、玻璃制品、书刊废纸”等对应的回收箱。电脑后台工作人员则

---

〔1〕 黄伯希，麻希滕．振兴乡村用汗水灌溉“花漫源头”[N]．浙江日报，2019-4-22（13）．

根据垃圾上的二维码将相应积分计入村民专属卡，当积分达到一定额度之后，村民就可以到村内指定商店兑换牙膏、洗洁精、毛巾等生活用品，且积分换取的物品价格比废品回收时得到的价格还高一些，积分激励机制进一步调动了村民参与的积极性与主动性；而生活垃圾生物发酵处理系统则是将垃圾桶收来的厨余垃圾分拣后自动倒入速效成肥机器，经发酵处理后 24 小时就可变成有机肥料，再用于农耕，实现循环利用〔1〕。

3. 因“舴艋文化”而火

岩坦镇根据源头村所在的楠溪古韵休闲乡村振兴示范带的基础条件开创性提出微型版的“一带一路”，其中“一路”指“水上舴艋之路”，利用“一艘船”及其背后蕴藏的千年文化将沿线 14 个村串联起来，打造 10 千米水上旅游精品线，同时将多样化的产业带入沿线乡村，使得各村能够特色化、差异化发展。

作为楠溪江舴艋舟的起始站，源头村在旧埠头溪滩上，建起了一座外形酷似船头的舴艋舟文化馆（船工文化博物馆），使有着 1 800 年历史但已消失 30 多年的船工文化起死回生〔2〕（图 4）。如今，舴艋舟实现了从交通运输到旅游观光功能的转变，2018 年 9 月底，源头舴艋舟试运营，推出周边游、中游、全线游等套餐，国庆期间每天船票甚至可卖到 1 万元，实现集体经济与村民增收“双赢”。

图 4　船工文化博物馆
（来源：温州市委农办）

〔1〕潘智化，王益明．污染不出村 资源循环用［N］．中国环境报，2019-7-24（8）．

〔2〕叶培峰，徐祖贤．浙江永嘉：全域旅游推乡村振兴提生态文明［N］．中国经济时报，2019-5-8（1）．

4. 因“儿时味道”而火

在美化环境、挖掘文化的同时，源头村又在村内产业上做起了文章，陆续诞生了好几家有儿时味道的“网红店”，如老梅馄饨、小嫂麦饼、王氏面馆素面、女婿面等。这些网红店成了游客争相品尝、打卡的好去处。源头村践行“一店一品、错位发展”，除了注重食物的品质与口碑，强调地道、好吃，还注重诚信经商，如家家户户自制售卖的素面一直保持 7 元一斤，不会因为“火”了而随意调价。

为防止“旅游乱象”出现，村“两委”在征得村民同意之后将旅游产品的价格纳入村规民约，由村“两委”统一制定，“管”出口碑。同时，村“两委”更是鼓励村民在自家门口创业，许多村民立足本地资源将自家的“土货”变成“香饽饽”，甚至用村委会主任陈小静的头像和名字注册了商标，组建起督察队，从产品原材料挑选到整个制作过程，专门制定标准，严格把关质量。2020 年，在楠溪行 · E“嘉”人全民直播节源头村直播点，村民直播带货“陈小静伴手礼系列”。同时，源头村趁热势大力发展乡村旅游，催生旅游新业态，着力破解“空心村”难题，产业、思想双管齐下“造血”，真正地让村民腰包鼓了起来。

三、发展模式剖析

1. 思想上下功夫

保护乡村生态环境首先要在转变村民思想观念上下功夫，充分激发村民对家乡建设应有的朴素情怀，放大其积极作用，提高生态保护的自觉性和参与性。源头村无论是在环境整治上还是在垃圾分类试点建设上，都做好了村民的前期思想工作，着力提升群众大局观念，充分尊重个人利益，确保集体利益，不断增强村民保护乡村环境亲历者和直接受益者的角色意识。厕所革命、道路建设、房屋改造等，大大改善了村民的整体居住环境，使源头村的村民有了实实在在的“获得感”。此外，源头村通过自发成立的环保志愿服务队深入家家户户，从垃圾分类的宣传和监督工作入手，从源头上控制每户的污染物排放，核查家庭污染物排放量及能耗统计；开展“绿色家庭”示范户评比，实行奖罚制度，逐渐改变村民根深蒂固的旧观念，突破生活本身的惯性。

2. 行动上有担当

站在服务基层第一线的源头村村“两委”、党员干部，通过实地调研、走村入户，推动乡村环境越来越美，实现乡村道路越来越便利，帮助困难群众实现脱贫致富。尤其是“拼命三娘”村委会主任陈小静，她在2017年村委会换届选举中上任，在环境攻坚战中冲在前面，先拆自家亲戚的小屋，起到带头表率的作用；每天5点扎根在村子重大项目现场，晚上部署工作至深夜12点，用短短40天时间实现了“花漫源头”的蝶变；连续工作半年没有放过一天假，一度累倒在岗位上。2018年8月浙江省委书记车俊来温调研，对源头村立足文化资源优势，在舴艋舟项目上创新开拓走出新路子，给予了充分肯定，期间多次点明表扬了陈小静[1]。2018年9月源头村作为全市深化“千百工程”推进乡村振兴暨大花园建设现场会参观重点，获与会嘉宾交口称赞。

3. 机制上求创新

源头村办公楼设立“双白”（群众明白、干部清白）说事厅，构建民主“评一评”机制。每周二由村“两委”干部和村内乡贤担任“说事”主持人，邀请镇机关和部门站所干部担任“嘉宾”，让村民的利益诉求可以更好地表达，为其解难事、办实事[2]。同时，村集体的资金、资产、资源都已纳入永嘉县“三资”智慧监管系统进行监管，各类审批、村务公开、产权阳光交易、风险预警等都在线上完成，如美丽庭院建设，所有资金不经过村里，全部由镇乡村振兴示范带专项资金支付。多举措并行促村务管理现代化、透明化，方便群众监督，让群众明白了，干部才能清白，开展工作才能得到群众理解支持[3]。

---

〔1〕 朱莉．山水间，她们用甜蜜的事业铭刻诗意［N］．中国妇女报，2018-12-13（B1）．
〔2〕 戚建卫．源头村“双白”沟通平台工作流程［N］．浙江日报，2019-7-8（4）．
〔3〕 田发涛．真不真实不实问了就知道［N］．农民日报，2018-3-24（6）．

千年屿北，尚书故里

——记永嘉县岩坦镇屿北村

永嘉县岩坦镇屿北村坐落在国家风景名胜区楠溪江上游东侧，距岩坦镇中心 3 千米、永嘉县中心 60 千米，始建于唐代，兴于南宋，距今已有 1 000 多年历史（图 1）。屿北村现有 657 户、1 700 余人，自然环境得天独厚，历代簪缨迭起，人才辈出，较好地保存着 65 座古建筑，其中 11 座属省级文保单位，是浙江省古村落整体景观保存最完好的村落之一，拥有中国历史文化名村、中国最美古村落等 5 张国家级金名片〔1〕。

图 1　屿北村（来源：屿北村“两委”）

〔1〕 周玫．纵情永嘉山水，放歌楠溪江畔［N］．今日永嘉，2018-11-2（6）．

一、发展背景

屿北古村系汪氏聚居之地。据《汪氏宗谱》记载，屿北村始建于唐代，原为徐姓所居。北宋崇宁三年（1104年），屿北徐氏公入赘柯门，迁入永嘉枫林。南宋高宗朝，金兵长驱南侵，朝廷偏安江南一隅，状元、吏部尚书汪应辰及其弟奉议大夫汪应龙在岳飞被害、韩世忠解甲后，为避北兵之乱，同时为免遭秦桧奸党迫害，自江西上饶寻至永嘉岩坦菰田，发现这里“青山重叠如屏障，绿水环绕似城池，素无兵燹扰至境，民康物阜安乐庄”，遂隐居汪山根（即今屿北村外后棠湾），迄今已历三十五世[1]。其族本固枝荣，俊士代出，曾先后出过1名状元、8名进士、十余名贡生和庠生，其中南宋时期曾有过“一门三进士，父子两尚书”的辉煌。屿北村不仅耕读文化底蕴深厚，还是功垂青史的革命根据地，现为永嘉县爱国教育基地。

屿北村三面环山，周围有金山、昔山、屿山、阳山、和尚山等五座山，按金、木、水、火、土五行天然排列，以瓣瓣莲花之姿簇拥着整个村寨，屿北则是因为位于屿山的北面而得名。村西是开阔的冲击地，中央低洼呈锅底形，S41省道纵贯村西。整个村落最大的特色是2千米的护城墙，村北一条水沟引水入村，在护城墙外形成环村的“护城河”，既具有御敌功能，又符合五行相生相克原理。村落整体形态呈莲花形，在东西南北走向上分别布置了中心街、北门街、下街路、北门路、四面路及东西南北城路等主街，并在主街轴线内外分别布局翕和堂、茂秀堂、三进九名堂、阳和堂、乐德堂、钟寿堂、闲存堂、轩贤堂、毓秀堂、更新堂、乐善堂、文蒸堂、庆余堂等民居建筑[2]。同时，根据天地星辰二十八宿布局，分别营造七座宗祠、八口水井、九处城门。图2为屿北村古建筑。

屿北村有11处省级文保单位，因此从20世纪90年代初开始，村里几乎没添过一砖一瓦，部分老屋甚至出现坍塌的情况，房屋新建、改建、复建等审批已暂停近二十余年。拥有5张国家级“金名片”的荣耀并未给村民带来实际的利益，反而使其受困于住房危机，可谓是“躺在宝藏上饿肚子”，古村保护与村民住房难的问题异常突出。近年来，屿北村民希望开发古村的呼声日益高涨，但受资金、土地等要素以及开发模式的制约，保护和发展步步维

〔1〕 胡念望．我思我游　从楠溪江到温州［M］．北京：中国财富出版社，2016.
〔2〕 付翠莲．农村与区域发展案例评析［M］．上海：上海交通大学出版社，2016.

图 2　屿北村古建筑（来源：屿北村“两委”）

艰。如何突破困境，走出一条保护、开发两者兼顾的新路子，实现双赢，成了村民最大的难题。

二、发展历程与主要做法

1. 破困局，迈出关键一步

2013 年永嘉县政府与上海世贸控股集团达成屿北古村项目整体开发协议，探索“整村置换、村企合作”的开发模式。首先，以“新村换旧村”腾空古村，将古村原住民全部迁至古村外围 100 亩的新区，新区规划定位为唐宋风貌村落，采用统一设计、统一建造、统一分配的方式彻底解决原住民住房“难”的问题；其次对总占地面积 5.1 万平方米的古村进行整体保护与利用；最后整合古村、新区及其周边的山水林田湖共 5 平方千米，以“中国古村落文化创意谷”为核心定位，打造集乡土风情、文化影视、多彩森林、创意田园于一体的楠溪江文旅综合体项目〔1〕。屿北开发模式，属全省首创，因此在政策处理、审批手续上都需要时间。2016 年 12 月，温州市政府正式批复屿北村 100 亩新区地块的农转用指标，当年整个永嘉县仅有两百亩农转用指标，一个屿北村就占了半数，可见永嘉县对屿北古村之重视及探索“整村置换”

〔1〕 王俊禄．永嘉：“整村置换”复活古韵乡愁［N］．今日永嘉，2017-9-7（4）．

开发模式之决心。

2. 求共识，试水产权置换

屿北村“整村置换”开发模式由上海世贸控股集团对屿北古村进行统一保护、规划、设计、改造、开发、运营，稳定长期的工商资本能保证古村在保护中有序开发、在开发中合理保护。但在此之前，古村落产权（包含村民们的房子、田地、林地）全部收归村集体，以村集体名义，与世贸集团签订50年租赁合同，建成后景区收益世贸集团占75%、村集体占25%。屿北全村657户，其中古村437户，要让这些世代居住于此的村民放弃祖宅和田产可不是件容易的事，尤其是老人。为尽快破解困境、推动项目，村“两委”干部积极给村民做思想工作，给他们算了一笔账：新房子换老房子，1∶1免费置换，还可按每人20平方米增购，几乎等于免费住新房；田地和林地由村集体统一租给开发商，田地每亩年租金600多元，林地每亩26元；等景区投入使用，门票、停车场、住宿等更能带来稳定的收入分成[1]。在签约过程中，岩坦镇安排干部、党员、村民代表等百余人分批走出去，参观无锡拈花小镇、乌镇东栅等地，对整体规划、开发运营等取经学习；来村里开了不下百次的“整村置换”协调会；由村干部、党员以及在外能人组成40多人的政策处理小组，解决村民们的家务事，参与政策处理；村里还按照人均新居面积不少于20平方米的标准，解决了17户无房户的住房问题。镇村干部的“血拼”终于有了结果，在2016年6月完成7 000多亩自留山林、400多亩农田流转到村集体；同年8月村民代表大会全票通过了整村开发决议[2]。

3. 重定位，规划一村三区

为了确保项目在乡村这块土壤上有机地嵌入，新区与古村能够融合生长，世贸集团找来无锡拈花小镇的主创设计团队M. A. O进行整体把控与打造，仅新区地块的设计费用就达500余万元。屿北村新区安置房工程总建筑面积约4.5万平方米，总用地6.6万平方米，道路广场面积3.2万平方米，结构形式为2～3层套间，总套间566个，建筑密度23%，绿地率30%，容积率不到0.7。新区整体为唐宋风貌，建筑均为独幢别墅，带有花园、果园和菜园，

〔1〕 甘凌峰．以后别人进汪大爷他们村就得买门票喽［N］．都市快报，2017-1-31（5）．

〔2〕 王庆丽，黄伯希．千年屿北，再造一座“古村”［N］．都市快报，2017-6-27（11）．

让原住民尤其是老人能够找回往昔的农耕记忆。目前安置房已于2019年全部交付使用。

另外，对20世纪七八十年代建设的旧村42幢房子进行拆建或外立面改造，统一改造成明清时代风格。于是，屿北古村就呈现出了一个村落三个区域的风貌：古村部分，由七八十年代房屋改造而成的“风貌协调区”，带有楠溪传统文化元素的安置房区，每个区域都将是新的“景区”。

4. 换新颜，植入产业业态

2017年5月，屿北项目正式迈出第一步。永嘉县政府投资8 000万元启动了屿北小城镇环境综合整治项目，对20世纪七八十年代的旧村外部环境进行全面整治，在拆除旧村危房的同时，同步进行现有民房的外立面改造（明清风貌）、三线落地、道路改扩建、灯光亮化、景观绿化等项目[1]。旧村危房通过拆建，按一层商铺样式、二层以上民宿样式植入产业业态，全部以农家乐标准提前做好油污分离和截污纳管。目前，已经开设了晴耕雨读、屿北小栈等多间民宿，后续还将推进包含30余种工艺的匠义工坊、星光森林、主题水秀、音乐酒馆等30余个项目的落地实施。见图3。

图3　屿北村旧村换新颜

（来源：屿北村“两委”）

5. 挖底蕴，深耕文化品牌

上海世贸控股集团有限公司董事长、永嘉人李焱然说“屿北光有古村落建筑还不够，必须要植入文化的内容，做到内外合一”，而且他认为“人文知识培养不分阶层，理应成为每一个人的必修之路，希望更多人有机会接受熏

〔1〕 厉定武，陈胜豪．新村古村协调发展［N］．今日永嘉，2017-5-25（1）．

陶”。屿北村一号博物馆仕学堂（图 4），即状元博物馆，是根据“一门三进士，父子两尚书”这一佳话而建造的。鲜为人知的是，博物馆里的每一件藏品都是李焱然在近 20 年间从全国各地搜寻而来的。仕学堂内不仅藏品多而且珍贵，整个仕学堂建筑就是一座具有百年历史的文物。这里的每一根梁柱、每一座门框几乎都是从江西玉山运送而来，整幢建筑以 1∶1还原重建，建筑面积超过 400 平方米。另外馆内珍藏 1 000 多块内容包含庆贺、祝寿、喜中进士等意的古匾额以及顶戴花翎、清朝龙袍、官服等藏品，让参观者可以一饱眼福。目前已开放状元博物馆在内的三座文化展馆，后续还将继续打造土酒博物馆、夜明珠博物馆、祖师爷博物馆等展馆，引入永昆、黄岩木雕等永嘉民俗元素，致力将古文化与现代技术完美结合，将屿北打造成一座“中国古村落文化创意谷”。

图 4　仕学堂
（来源：屿北村“两委”）

三、发展模式剖析

以前屿北村是一个贫困村，村民靠种植农作物维持生计，村集体几乎零收入，依靠自身开发难度大。永嘉县在全省首创“整村置换、村企合作”的屿北模式，探索政府、村民、村集体和企业四方共赢的古村振兴之路。在这一模式之下，解放思想、更新理念，突出特色、精准施策，建设“五好”村：把旧村改造发展好，把古村保护利用好，把新村建设管理好，把土地调整开发好，把产业培育引导好。鼓励工商资本“上山下乡”，吸引年轻人返乡创业，把乡村打造成干净美丽、各具韵味、富有活力的家园。项目落地之后，增加了村民收入，实现村集体经济收入超百万元。省委书记车俊对永嘉屿北村依托旅游、文化等资源优势，在古村落保护开发等方面走出新路子给予充分肯定[1]。

〔1〕 王国峰．以担当实干新作为推动事业大发展［N］．浙江日报，2018-8-31（1）．

世外桃源，养生福地

——永嘉县大若岩镇陶公养生福地乡村振兴示范带

一、示范带概况与现状

永嘉县大若岩镇陶公养生福地乡村振兴示范带位于永嘉县大若岩镇九黄线，涉及沿线 10 个村庄（小若岩村、九房村、大东村、埭头村、李大屋村、龙垟村、大元下村、水云村、黄潭村、大若村），沿线长度约为 10 千米。南依 S41 省道南复线，距永嘉县城 29 千米，距温州市区约一小时车程（图 1）。

图 1 永嘉县大若岩镇陶公养生福地乡村振兴示范带

（来源：永嘉县大若岩镇陶公养生福地乡村振兴示范带发展规划）

示范带所在镇因大若岩得名，位于国家级风景名胜区楠溪江核心景区，因此镇域范围内无工业企业，森林覆盖率达到 82.6%，局部负氧离子高达 7 万个/立方厘米，碳排放量基本为零，被誉为“永嘉绿肺”。正是这里的好山好水滋养出了一批又一批的寿星，大若岩镇现有百岁老人 5 人，90 岁以上老人 155 人，80 岁以上老人近 1 000 人。

中国道家说的“洞天福地”，特指名山胜地，而大若岩（陶公洞）正是“天下第十二福地”。陶公洞道教文化历史悠久，南北朝时期杰出的诗人、文学家、旅行家谢灵运在公元 422 年冬游历大若岩，写下了著名的山水诗《石室山》。南朝齐梁年间被称为“山中宰相”的著名道教思想家和医学家陶弘景隐居大若岩石室，编撰《真诰》《本草经注》等书，同时行医济世、泽被百姓，深得远近村民爱戴，后人遂将此洞叫作陶公洞，以资纪念[1]。洞内殿宇始建于唐懿宗咸通七年（866 年），宋、明、清曾陆续补建。自清康熙年间以来，大若岩成了浙南最大的“胡公信仰”中心地，最盛时每天来朝香的高达数万人。20 世纪 80 年代，这些文化符号促进了大若岩镇旅游的繁荣，在某种程度上，大若岩为楠溪江旅游开了个好头。镇域内山水旅游、红色旅游、宗教旅游、生态旅游资源丰富，目前拥有陶公洞、百丈瀑、十二峰、崖下库等国家 4A 级景区、中国景观村落埭头村、全国精品驴友基地以及精品旅游线路九黄线，每年还会举办陶洞庙会、二月二庙会、舞龙灯、舞板凳龙灯、“为爱奔跑”楠溪江美丽乡村马拉松、户外运动挑战赛等节会风俗活动。年旅游经济收入 2.8 亿元，旅游经济比重已经达到 70%以上，带动农民就业人数达 4 000 人以上，2018 年入选第三批省级旅游风情小镇培育名单，2019 年入选浙江省文化厅和旅游厅首批 4A 级景区镇试点培育单位，是名副其实的旅游名镇。见图 2。

2018 年，《关于全面实施乡村振兴战略高水平推进农业农村现代化的意见（2018—2022 年）》《西部生态休闲产业带建设五年发展规划（2018—2022 年）》相继推出，文件要求永嘉立足山水资源，全面推进乡村振兴战略，一起打造温州市的“西部休闲产业带”。其中大若岩镇打出生态旅游和特色人文组合牌，谋划建设陶公养生福地乡村振兴示范带。

---

〔1〕 胡念望. 楠溪江 中国山水诗的摇篮［M］. 北京：中国旅游出版社，2015.

图 2 陶公养生福地乡村振兴示范带生态、文化资源
（来源：陶公养生福地乡村振兴示范带发展规划）

二、总体规划

1. 发展定位

大若岩镇依托小楠溪特有的纯净山水、古村田园、独有的福地养生文化，紧扣乡村振兴战略发展机遇，对接长三角、海西经济区等消费市场，以旅游激活产业价值从而实现产业振兴，构建以山水田园为基底，以道教文化、养生文化为特色的，集乡村休闲、文化体验、特色度假、康体养生等多功能于一体的小楠溪山乡文化养生体验区、永嘉县农村综合改革集成示范区。

2. 发展思路

整合大若岩、小若岩、陶公洞、十二峰、崖下库等地自然资源，以“山”为魂，融合陶公文化（道家文化），结合周边大元下、水云、埭头、大东、李大屋等乡村，以文化养生为主要核心，以山岳景观为主要驱动，打造山乡文化养生旅游目的地及农村综合改革集成示范区。

三、主要做法与成效

1. 以路促业，串起美丽风景线

九黄线是该示范带的主要道路，也是永嘉县美丽经济走廊的主要线路。曾经的九黄线有诸多问题，如路线平面线形差、路幅宽度窄、弯道多等。近年来随着大若岩旅游经济的快速发展，交通量逐年增大，交通压力也随之变大，特别是节假日和旅游旺季，交通往往会处于瘫痪状态，无法提供良好的出行服务，制约大若岩旅游经济往更高空间发展。为改善这一现状，促进大若岩旅游经济更快发展，按照永嘉县美丽经济交通走廊的总体创建方案，根据“修一条路、造一片景、富一方百姓”的创建理念，2018 年永嘉县结合大若岩镇水云溪河道治理工程，对九黄线进行旅游化改造提升，建成温州“四好农村路”的样板[1]。

九黄线全长 9.486 千米，工程总造价 1.6 亿元，主要包括路面改造、自行车慢行道、服务驿站、三线落地、外立面改造以及沿线景观提升改造。九黄线旅游化改造提升不仅大大提高了九黄线的通行能力，将沿线的埭头古村、崖下库、十二峰、陶公洞等多个经典景点串点成线，整合了沿线景观资源，提升了沿线空间品质。一大批中高端民宿随交通改善迅速崛起，大若岩核心景区特色风采展示通廊犹如一幅小楠溪卷轴水墨画。优化出行环境，提速交通发展，助力大若岩乡村振兴，不断增进民生福祉。

2. 以景带村，谋划旅游产业链

大若岩镇旅游资源丰富，景点星罗棋布，但存在景点过于分散、带动效应不强、特色不够鲜明等短板，因此必须加快核心景区建设，推动旅游产业再上新台阶。2017 年启动陶公洞景区提升工作；2018 年扎实推进陶公洞周边十二峰、石门台、崖下库等景区提升工作，新建 8 个 A 级景区村（埭头村等 4 村为浙江省 3A 级景区村、大东村等 4 村为浙江省 2A 级景区村）。

充分发挥旅游资源优势，以创建省级旅游风情小镇和 4A 级景区镇为抓

---

〔1〕 范海国，周益新．九黄线将改造成黄金旅游线［N］．今日永嘉，2018-6-22（2）．

手，以"旅游+"为先导，不断丰富旅游业态，拓展旅游产业深度和广度，推动旅游产业提质发展。围绕核心景区提升工程，结合道教文化、养生文化，推动文化与旅游产业深度融合；打造大元下村中高端民宿群、埭头村古村落精品民宿群，至2019年底，全镇准4星标准以上的床位超过600个，把景区休闲旅游、历史文化名村保护利用、民宿经济有机结合，留住游客，拉长旅游消费产业链，推动走马观花式观光游向休闲度假式深度体验游转变。

四、发展模式剖析

1. "互联网+'三农'"运营模式

在电子商务产业快速发展大趋势下，积极探索"互联网+供销社"模式，构建集产销对接、代办代缴、金融服务等功能为一体的农村电子商务服务体系，为村民提供家门口的"一站式"服务。2018年大若岩镇大元下村打造温州市首个"供销惠农"服务站，提供日用小商品销售、农资服务、中国移动和建设银行部分业务办理功能，打通了服务"三农"的最后一千米。

2. "造血式"援助模式

为打响"楠溪嘉品"区域公用品牌，永嘉县出台《永嘉县农产品区域公用品牌战略规划》，引入品牌设计、策划、推广的专业团队，对永嘉优质农产品进行选品、分类、定制品牌推广销售方案，现已初步梳理楠溪风物、楠溪花月、楠溪诗酒茶、楠溪私厨、楠溪有礼等5大品类50个单品[1]，提高农产品市场竞争力。目前，"楠溪嘉品"首家农产品展销中心在大若岩镇水云村试运行，以此为平台构建"推介—体验—销售"一体化，推进永嘉农产品"走出去"。除展销本地特色农副产品外，还汇集了永嘉县结对帮扶的四川省红原县奶粉、牛肉干、汉藏药材等，两县联动，结对帮扶促脱贫，实现"输血式"向"造血式"援助模式转变[2]。

3. 三种民宿开发模式

大若岩镇大元下村借示范带创建东风，大力开展整村民宿打造工作。邀

〔1〕 黄伯希．县供销联社以全新方式助推乡村振兴［N］．今日永嘉，2018-8-23（2）．
〔2〕 范海国，陈胜豪．宜居宜游生态养生休闲区日臻完善［N］．今日永嘉，2018-9-19（1）．

请新兴精品民宿企业家陈宪敏及其楠溪文创公司入驻，根据实际情况提出打造民宿的三种模式：一是“合股开发”，即村民和楠溪文创公司按照比例共同出资打造民宿，民宿建成后由公司进行统一的管理运营，经营所得收益则按照比例进行分配；二是“房屋出租”，即村民将房屋租借给公司开发民宿，自己收取租金，等村民具备一定的经济基础或看到民宿发展的光明前景时，可以重新选择入股民宿；三是“委托经营”，由楠溪文创公司设计，村民自己投资建设，建成后也由公司统一管理运营[1]。三种共享创新的民宿开发模式保障了村集体和村民利益的最大化，撬动了乡村经济，真正实现了互利互赢。

4. 宅基地三权分置改革

在埭头、大元下等村试点探索农村宅基地三权分置改革，将闲置农房通过流转的方式，经过合法改造或原拆原建，因地制宜打造民宿、农家乐等业态，推动投资方、村集体和村民多方受益。为盘活闲置资源，永嘉县引入民营资本参与农村产权交易市场建设的创新模式，推动闲置农房流转用于发展民宿，让村民变房东、股东，让旧房变成“聚宝盆”。通过政府搭台、市场运作，采取PPP模式引入民营资本，真正把资源变资本，资产变资金，这项改革举措在2018年被浙江省经济体制改革工作领导小组列入26条改革典型经验在全省推广[2]。

---

〔1〕 范海国．三种模式打造特色民宿村［N］．今日永嘉，2018-8-29（1）．

〔2〕 黄丽丽．永嘉诗画的乡村 山水的独白［N］．浙江日报，2019-3-22（12）．

卧龙盘处，书香门第

——记永嘉县大若岩镇埭头村

永嘉县大若岩镇埭头村位于国家风景名胜区楠溪江中游，大若岩镇东部，距永嘉县城30千米、大若岩镇政府约6千米。村庄北面靠山，临近崖下库景区（图1），西接李大屋村，东接大东村，南面为山体农田。全村面积3.5平方千米，共有358户1 495人。古村文化、耕读文化留存完整，有松风水月（图2）、墨沼生香、裕后祠、启秀祠等一批明清故居和宗法建筑（图3），是一个文化底蕴非常深厚的古村落[1]，拥有国家级生态村、中国景观村落、中国最美休闲乡村、国家森林乡村等4张国字号“金名片”，并相继被授予浙江省绿化示范村、浙江省历史文化名村、浙江省“美丽宜居浙江样板”双百村、浙江省3A级景区村、温州市生态村、温州市首届十佳魅力乡村等荣誉称号。

图1　崖下库景区（来源：埭头村“两委”）

〔1〕 嘉勇．埭头入选“省历史文化名村”［N］．今日永嘉，2016-7-28（2）．

图 2　埭头村松风水月（来源：埭头村“两委”）

图 3　埭头村古建筑群（来源：埭头村“两委”）

一、发展背景与发展历程

埭头古村始建于元代，距今已有700多年的历史，为陈姓血缘聚居之村落。埭头陈氏源于虞舜，南宋度宗咸淳午间（1270年），先祖陈天桂由青田石林迁居珠川（即今永嘉县沙头镇渠口社区珠岸村），第五世孙陈杞孙于元顺帝至元年间迁居小若岩、崖下库之间，创建埭头村。埭头村，古称埭川、埭谷，地形由西向东倾斜，其型如船，人称船型之地[1]。村庄背山面水，前对梧山，背靠九螺山、散麻岗，梧山脚下的玉带水自崖下库流至小若口入小楠溪。古村依山而建，东西约长710米，南北最大距离约220米，村落内部地形南部平整，中部至北渐渐高起，南北最大落差约16米，错落有致，层次分明。北面卧龙岗形势极好，是村子的风水山，按八卦之形营造，以岗顶大坪的古樟为小阳、卧龙岗古井为小阴，八条道路从此经过，将外部分为八卦。山上流下的泉水从大坪下流过，从坪下东南出，是为卧龙湫。卧龙岗有古井两眼，一为石井圈，深约5米，直径1米，中大，井水清冽，四季不枯；一为卧龙井，井中有一樟树根，呈“丫”字形罩井上，水清不枯。前山梧山有文笔峰，山尖如聚，俨然笔架，东侧一峰突起，状如笔尖，文笔峰倒映村内墨沼池中，取洗笔成墨之意，成耕读文化之蕴。

埭头古村内元明清各时期的古民居以及古池塘、古井、古樟树群等保留完好（图4），从陈氏大宗到卧龙岗，分布着陈氏宗祠、积翠祠、墨沼池、墨沼生香、裕后祠、屈庐等众多古建筑，堪称中国乡土建筑之瑰宝。村落以“埭头十景”（双玉峡、卧龙湫、锦屏障、飞瀑涧、栖霞岫、文笔尖、悬蛛岩、玉带溪、洗砚池、九螺峰）闻名，明代朱轩更言埭头村“卧龙盘处倍葱茏”[2]。

20世纪90年代，埭头村拆除露天粪坑、改造空中电线、打造生态厕所等，是永嘉县最早开始改善农村人居环境的村落之一。2003年，村“两委”将旅游业和生态农业结合起来，打造“楠风营地”项目——温州市青少年活动基地，以“游埭头古村、品楠溪山水、享农家乐趣”为理念，做足古村旅游文章，走出了一条有埭头特色的绿色发展之路。

〔1〕温州市第三次全国文物普查领导小组办公室，温州市文化广电新闻出版局，温州市文物局．温州古村落［M］．杭州：浙江古籍出版社，2017.

〔2〕农业部农产品加工局，农业部农村社会事业发展中心．中国最美休闲乡村［M］．北京：中国农业出版社，2015.

图 4 卧龙岗古樟树（左）、卧龙岗古井（右）（来源：埭头村“两委”）

二、主要做法与成效

1. 落实埭头历史文化名村规划

按照“修复传统建筑、弘扬传统文化、打造宜居环境、营造悠闲生活”的目标要求，通过古建保护、文化挖掘、环境修复、村庄整治、旅游拓展等措施，全面保护埭头历史文化村落的建筑形制、整体风貌、民俗文化以及自然环境，把埭头历史文化村打造为“宜居、宜业、宜游”的美丽乡村和楠溪江乡土特色村落。

从节点、轴线与区域三个结构层次对埭头村进行整体保护：节点包含 11 处建构筑物及村头、巷口、广场、池塘等公共空间；轴线包含古村落内两横三纵的街巷、水牛塘溪及沟渠；区域包含山林环境区、田园农耕区、村庄生活区及古村生活区。通过“一通廊”“三界面”对村落景观进行整体把控和营造，“一通廊”即九螺山、散麻岗——梧山视线通廊，严格保护九螺山、散麻岗、村落、农田、溪流、梧山的视线通廊关系，保持视线的贯通和连续；“三界面”分别为“梧山及九螺山、散麻岗等山体的景观界面”“水牛塘溪溪流景观界面”“九黄线沿线建筑的立面形态”。图 5 为埭头村景观界面及视线控制规划图。

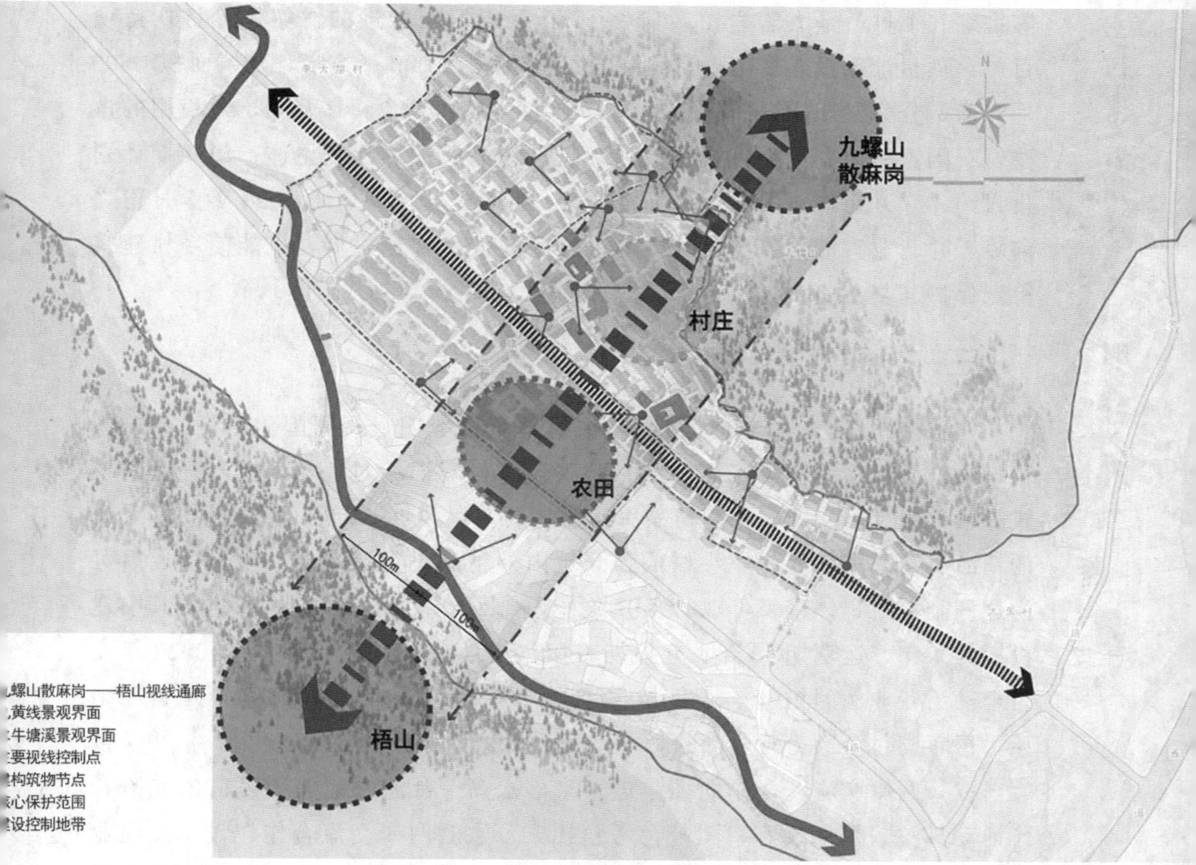

图 5 埭头村景观界面及视线控制规划图

（来源：永嘉县大若岩镇埭头历史文化名村保护规划）

2. 打造埭头古村落精品民宿群

为进一步打响楠溪江旅游品牌，打造十大体系支撑示范项目，其中就包括永嘉县十大民宿村的建设〔1〕。围绕“百里楠溪特色民宿带”建设，以“一村一品、各有特色”为原则，依托不同的主体、载体，成就各具特色的经营方式和发展模式，塑造“北有莫干山、南有楠溪江”的民宿品牌。目前，根据各村发展现状，结合乡镇及村集体意愿，已确定埭头村在内的 4 个村作为 2019 年民宿试点村。

埭头村古村落精品民宿群项目涉及埭头、玉泉、黄岙、下榴弯、涨岸垟、

〔1〕 厉定武，范海国．“12310”旅游发展思路［N］．中国旅游报，2019-6-21（2）．

陈岙等 6 个村，是大若岩镇政府 2019 年重点发展推进的村集体经济扶持项目。该项目计划投入 2 400 万元，建设用地面积 1 000 平方米，建筑面积 1 600 平方米，分为二期建设：第一期 2019 年计划投入约 2 000 万元，对租用的古建筑、闲置民房进行整体规划设计，打造精品民宿群建筑主体；第二期计划投入约 400 万元，建设吃、赏、品、购、游等配套设施，于 2020 年 5 月份之前竣工并营业。借力该项目，既能助推乡村经济快速发展，也能使乡村建筑得到保护与复兴。

三、发展模式剖析

（1）抱团合力，突出引领　埭头村地域优势明显，周围旅游资源丰富，为打造精品民宿群提供了先决条件，附近各村资源相对匮乏，抱团开发的模式能够以强带弱。同时首期精品民宿落地后，以“点”带“面”，带动整个村的精品民宿开发，促使埭头村成为县域内外精品民宿示范村。项目建成后可为这 6 个村村集体带来可观的经济收入，项目合作经营期限为 16 年，其中建设期为 1 年，运营期 15 年，建设期不参与分红，运营期具体为：①2020 年支付金额为营业额的 10%，不足 50 万元按 50 万元支付。②2021 年至运营期结束，每年支付金额为营业额的 10%，不足 80 万元按 80 万元支付。

（2）两岸交流，合作助推　近年来，永嘉—台湾两地关于民宿的交流合作活动日益频繁，政府率团赴台考察探索、永台两岸交流合作建设、民间业主赴台旅游学习等“走出去”的方式汲取台湾民宿理念；同时也邀请台湾观光旅游总会会长苏佳男等专业人士考察指导永嘉大若岩镇埭头村旅游民宿，促成大若岩镇埭头村与阿里山乡山美村两村结对，并签订两村旅游民宿合作协议。

执笔人：林墨洋
校核人：刘益曦
过艳萍

文中彩图请扫码查看

平　阳

红都·绿动

——“红都绿野”乡村振兴跨区域精品带之浙南红都乡村振兴示范带

一、示范带概况与现状

“红都绿野”乡村振兴跨区域精品带是温州市两条跨区域精品带之一，精品带跨越瑞安市和平阳县，途经9个乡镇，51个建制村。示范带始于温州环城高速瑞安荆谷出口，终于平阳县南雁镇雁前村，全长约67千米，车程约2个小时。结合精品带的主要特征和重点发展村落，线路重点打造“一带两区四片十点”：“一带”即“红都绿野”乡村振兴跨区域精品带；“两区”即2个精品区域，分别为曹村田园综合体样板区（曹村）和浙南红都党建核心区（山门、凤卧）；“四片”即4个次精品区域，分别为梅屿“三位一体”改革实践区、平阳坑乡村青创实践区、浙南红都山水体验区（南雁）和浙南红都生态发展区（腾蛟）；“十点”即10个重点村。其中浙南红都乡村振兴示范带为精品带的2个精品区域之一，包含平阳县凤卧镇（凤东、平凤、吴潭桥、凤林、马头岗）和山门镇（大屯、梅丰、屿边、西山、下东山、山门、旺庄）2个镇12个行政村，全长约26.5千米，车程约30分钟。示范带地处雁荡山脉和括苍山脉交界、平阳县西部旅游景区集群，生态旅游资源十分丰富，距离南雁荡山核心景区约7千米，南侧重要景区包括碧海天城、青街和顺溪景区，北侧重要景区包括明王峰和赤岩山景区。

平阳是革命老区县，下辖16个乡镇，除南麂镇外均为老区乡镇，拥有老区村300余个，老区人口占全县人口2/3以上[1]。境内革命文物资源丰富，现拥有省级保护文物6处、县级保护文物（文保点）17处、未定级一般不可移动文物21处，享有“浙江延安”“浙南红都”美誉。1939年7月21日，浙

〔1〕 黄珍珍，李阳阳等. 浙南红都 乡村振兴动能足［N］. 浙江日报，2019-7-22（7）.

江省委在凤卧的冠尖和马头岗召开了为期 10 天的中共浙江省第一次代表大会，对旧址进行了修葺维护，并于 2006 年在冠尖旧址旁投资 900 多万元建设了占地面积约 10 亩的省一大陈列馆，2017 年 8 月又投入约 3 000 万元提升改造，新建集主展馆、4D 影院、图书馆等功能于一体的 1 674 平方米展馆，集中、立体展现浙江省党组织发展历程和历届党代会的历史。1938 年 3 月 18 日，粟裕率新四军第 3 支队第 7 团队 500 子弟兵，从平阳山门出征北上赶赴抗日前线，因此当地于 1996 年修建“北上抗日出征门”、1998 年建立中国工农红军挺进师纪念碑，之后又整合红色旅游资源，于 2011 年 7 月全面建成中国工农红军挺进师北上抗日纪念园。2005 年以山门为核心的浙南（平阳）抗日根据地被十三部委发文列入国家 30 条“红色旅游精品线路”和 100 个“红色旅游经典景区”名录，2009 年被中宣部公布为全国第四批爱国主义教育示范基地，2019 年列入全国第一批革命文物保护利用片区分县名单。作为平阳红色资源最为丰富的核心区——凤卧镇、山门镇历经 80 年风雨激荡，正在探寻一条革命老区蝶变振兴之路。

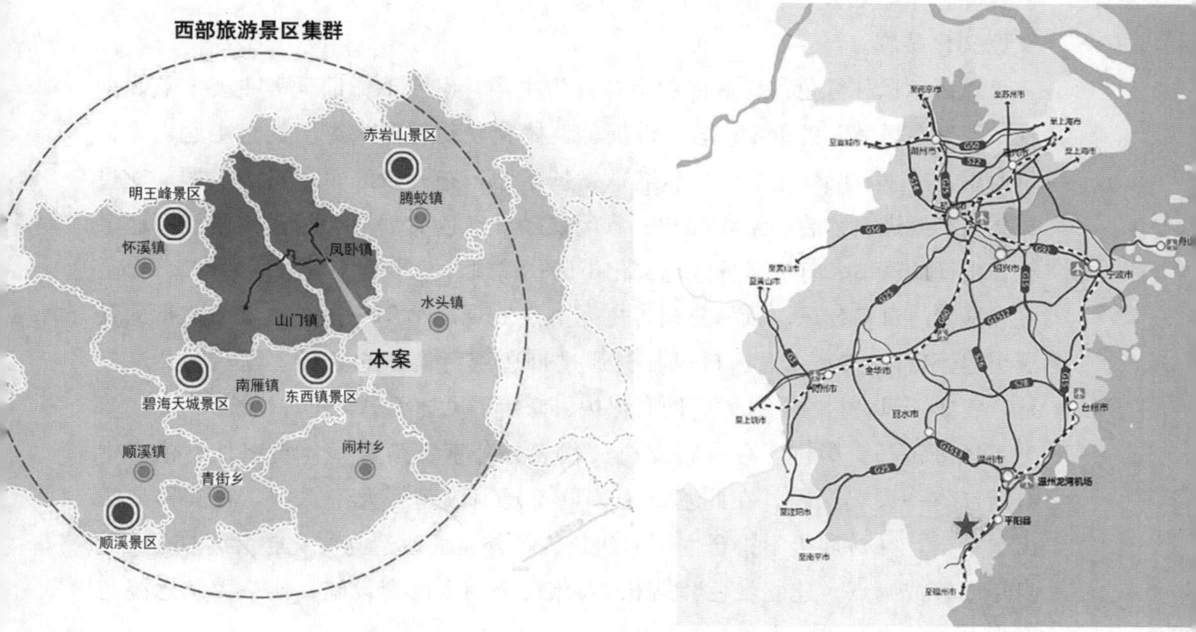

图 1　浙南红都乡村振兴示范带区位

（来源：浙南红都乡村振兴示范带规划）

二、总体规划与项目布置

以平阳“红色文化”为底蕴，以“产业要兴旺”“生态要宜居”“乡风要文明”“治理要有效”“生活要富裕”为振兴目标，通过红色旅游产业集群发展、红色旅游与示范带沿村一体化发展、红色旅游景区全域化发展、红色旅游景区转型升级发展、旅游全要素发展，做优做深红色旅游，实现革命老区脱贫致富，将浙南红都乡村振兴示范带打造成为著名红色旅游和教育基地、耕读文化体验园和宜居宜业乡村示范区[1]。

三、主要做法

1. 八个红色品牌，打造红色旅游教育基地

随着示范带内的凤林红色古村落、马头岗省一大纪念园、马头岗拓奇军事体验园、平阳党校迁建工程等红色文化项目的建设，平阳将分散的老区红色资源、生态农业、休闲旅游串点成线，打通“红色血脉”，形成有影响力的红色文化品牌。

凤卧镇凤林红色古村落以浙南烽火为主题，串联革命旧址等主要节点，呈现“红军在凤林”的重要内容，以展陈、体验互动等形式突出红色主题、追忆革命感人故事、缅怀革命先烈、继承发扬革命精神；以红军之路为主题，通过凤林路沿线道路铺装、主题雕塑、景墙展示、红色文创等展示或体验红军北上抗日出征的情境，打造凤林红色文化街区；以凤林故事为主题，通过红军古道、五凤祥瑞、百鸟朝凤、凤林公园等主题节点展现凤林不忘初心、砥砺前行的发展历程。目前，3A级景区村凤林村通过打造浙南最红的党日主题活动共享基地，建成了凤林村文化礼堂，同时保护、修缮了凤林历史文化古建筑。

凤卧镇马头岗村现存有特委机关代表办公室、宿舍、食堂旧址，建有中共浙江省一大纪念园。在此基础上，重新规划改建一大纪念碑，将其移址于山顶平台，并对周边不符合主题的建筑进行外立面改造与文化包装，恢复6处当年的警戒哨点，建立红色驿站和2A旅游公厕等配套设施，使一大纪念园与冠尖一大纪念园错位发展。

---

〔1〕 平阳县新闻信息中心．打造生态画卷“平阳样板”［EB/OL］．http：//www.zjpy.gov.cn/art/2019/5/21/art_1250935_34291965.html. 2019-05-21.

浙南红都乡村振兴示范带项目示意图

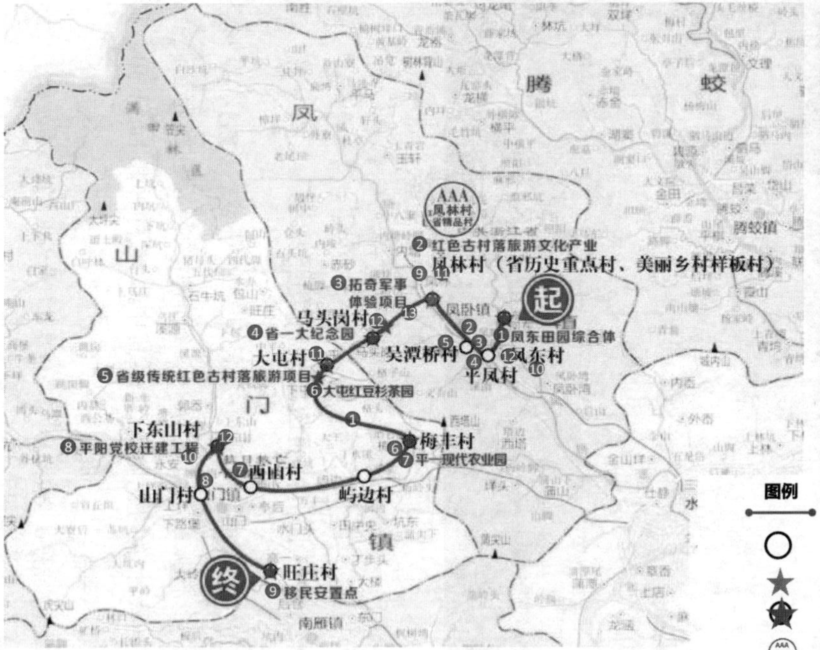

重点项目

01 凤东田园综合体
02 凤林红色古村落旅游文化产业
03 马头岗省一大纪念园二期工程
04 马头岗拓奇军事体验项目
05 大屯省级传统红色古村落旅游项目
06 大屯红豆杉茶园
07 梅丰平一现代农业园
08 下东山平阳党校迁建工程
09 旺庄移民安置点

一般项目

01 道路提升
02 平凤红色主题老街改造
03 平凤红色主题游步道及节点打造
04 示范带沿线建筑外立面
05 吴潭桥村军旅学院
06 梅丰村入口改造
07 西山村红军公园提升
08 山门村三位一体改革示范街
09 水系提升策略
10 美丽田园提升策略
11美丽庭院打造策略
12 配套设施
13 种植策略

图例

主线线路
涉及行政村
美丽乡村样板村
项目与行政村重合
AAA景区村及省精品村

山门镇大屯村围绕文化、业态、功能、空间四点打造独有的红色文旅大屯。文化上，围绕革命红色文化及历史景观资源，充分挖掘大屯村文化内涵，以红色文化为主题，用多元文化体验串联古村景观节点，打造省级传统村、省级历史文化村；业态上，大屯村是浙南重要的红色古村，革命历史遗迹分布较多，风景秀丽、田园开阔，是打造红色旅游综合体的最好载体，通过文化、产业、旅游项目，实现红色古村转型发展；功能上，对大屯村的历史建筑进行修缮和改造，扩大古村的游览空间，发展红色旅游项目，打造“红色文旅小镇”；空间上，划定大屯村核心保护范围，同时对外围提出发展控制要求，实现古村保护与利用的协调发展。见图 3。

图 3　山门镇红色文旅大屯

（来源：浙南红都乡村振兴示范带规划）

2. 三个绿色产业，打通山区经济发展脉络

得益于红色旅游的发展与带动，凤东柚子谷、大屯红豆杉茶园等绿色产业方兴未艾，乡村振兴与老区振兴、红色引领与绿色崛起互促共进[1]。

凤卧柚是凤卧镇的优势产业，其中凤东村种植面积 500 多亩，共有 10

〔1〕 杨世朋．不忘初心 牢记使命 奋力续写温州创新史再创温州新辉煌［EB/OL］．http：//news. wendu. cn/2018/0531/722036. shtml. 2018-05-31.

000 多棵柚子树，这些柚子树大都有 20 年以上的树龄，短的也有十四五年。依托无公害优质柚子基地，以“柚”为媒举办平阳·凤卧柚采摘文化节，发展生态农业休闲旅游，并通过“柚文化博物馆”将村庄种植历史、村庄轶事、柚子文化、柚子产品等进行展示宣传，导入生态餐厅、民宿等业态，规划建设成集农业观光、柚子采摘、科普教育、休闲度假于一体的田园综合体（图 4），将采摘文化与红色文化相融合，借力造势全面塑造“凤卧南山柚现红都”主题形象，开辟一条“红色旅游＋绿色农业”的地方特色生态产业之路。

柚子园入口

农家有机餐厅

柚子采摘

采摘游步道

图 4　凤东田园综合体（来源：浙南红都乡村振兴示范带规划）

山门镇大屯村红豆杉茶园基地是一家集茶叶种植、栽培技术研究、种苗繁育推广、高档绿茶生产以及为茶农提供技术服务为一体的民营科技型基地，其中科研示范基地 100 亩，绿茶生产基地 860 亩，种植的黄茶、绿茶、红茶和普通高山香茶等获 20 余次金奖，是平阳县高级名茶示范推广基地（图 5）。与其他茶叶基地不同，基地 600 亩茶园内成功套种了 3 万多株红豆杉，是国内首家大面积红豆杉树下的生态有机茶园。茶叶与国宝——红豆杉套种，生物能量交换使茶叶在产量上得到显著提高，同时公司积极开发红豆杉周边产品，利用中草药和红豆杉下脚料及粗茶叶喂养特殊健康鸡，打造了一条创新生态产业链。

图 5　大屯村红豆杉茶园（来源：浙南红都乡村振兴示范带规划）

示范带除了田园综合体的柚子黄、红豆杉茶园的碧叶青，还有景观河的溪水绿。吴潭桥村至凤林村段的凤卧溪沿线水系提升，在满足防洪、灌溉的基本功能基础上，拓展休闲绿道、水体治理、文化展示、交往空间等功能，建设生态停车场、旅游公厕、游客中心、旅游标识标牌等（图 6）。

图 6　凤卧溪沿线水系提升（来源：浙南红都乡村振兴示范带规划文本）

3. 两个改革示范，营建宜居宜业美丽乡村

2019 年平阳县作为国家级农村改革试点，以“三位一体”为载体平台，探索小农户与现代农业发展有机衔接机制改革，其中凤卧镇完成现代农业综合服务中心及信用合作平台建设、山门镇完成合作经济示范街区和示范性乡镇农合联建设。山门镇山门村为深化供销合作社和农业生产经营管理体制改革，建设山门合作经济特色街区，西接省委党校山门分校，东至雁荡路商贸

街，北面为中国工农红军挺进师纪念园。街区分为供销社服务区、信用合作街区、合作社创业街区三个区块，供销社服务区包含新型庄稼医院、信用合作示范点、农业电商人才孵化点、平阳五个鲜门店、山门供销社综合商场、现代农业服务中心等功能布局，为农民提供更优质高效的生产生活服务；信用合作街区集中布点银行系统、资金互助会等金融服务网点，为农户及合作社提供存款、贷款、结算等金融服务；合作社创业街区则为西部山区农特产品拓展销路（图 7）。其中新型庄稼医院是山门合作经济特色街区内的一个重要项目，以传统庄稼医院功能体为基础，提供农民培训、测土配方、统防统治、农资供应、农业政策咨询等服务。依托生态优势发展“红色旅游＋绿色

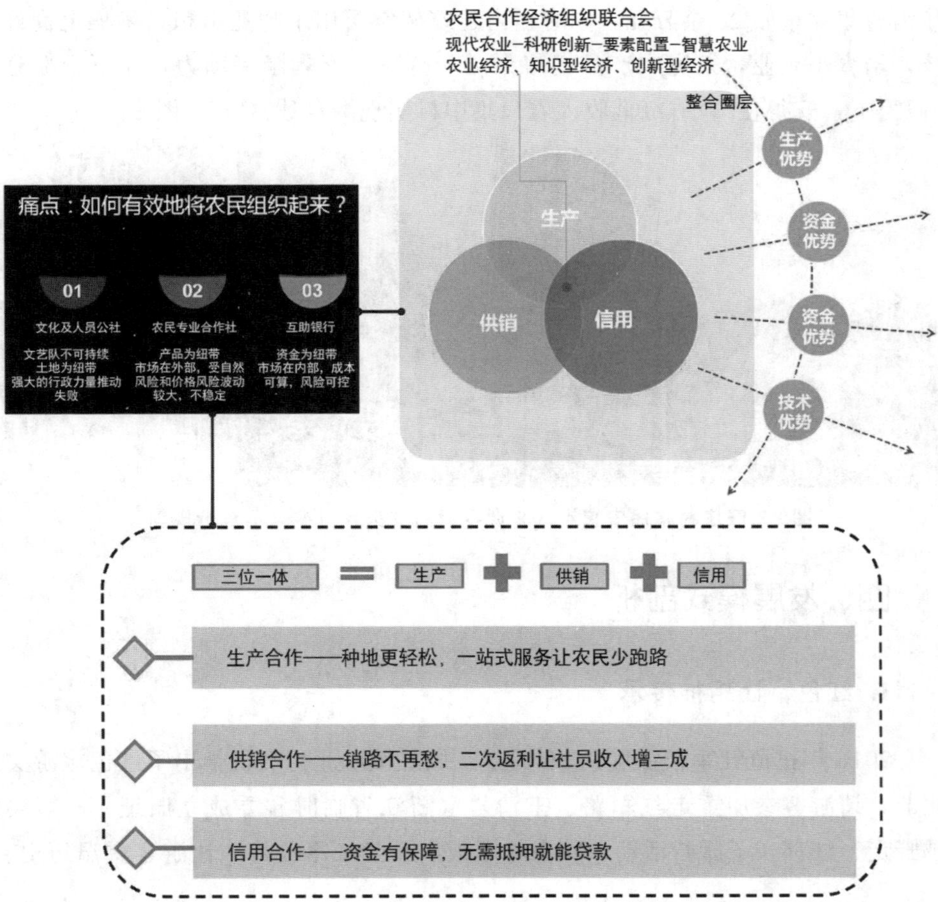

图 7　山门镇山门村“三位一体”改革示范街模式图

（来源：浙南红都乡村振兴示范带规划）

农业”模式，特色街区注重红色旅游的同时，加大对绿色产业的品牌提升力度，通过入驻更多特色品牌的途径，线上线下齐发力，推动当地特色农业发展。

示范带最后一段——旺庄村，位于距山门镇 10 千米外的山区，村民外出交通极其不便，常住人口仅 100 多人，且以老人居多，仅靠微薄的农作物种植维持生计，是省级低收入农户集中村，同时还面临村庄内 123 间危旧房岌岌可危的情况。该村作为山门镇党委、政府助推农村精准扶贫、乡村振兴的一个示范点，结合实际探索出“集中拆除、整村搬迁、异地重建”的整治模式，通过高标定位、深入谋划，打造居住产业一体、配套设施齐全、生态景观彰显的新型农村社区。通过红色引领，“新”旺庄村实施屋顶光伏项目，每年为村集体增收 20 余万元，同时村内建筑架空层用于物业出租，发展电商经济，培育小企业，拓宽农产品销售渠道，解决在家剩余劳动力，让下山搬迁“搬得下，安得住”，省级低收入农户集中村实现翻身致富[1]（图 8）。

图 8　旺庄村移民安置点（来源：浙南红都乡村振兴示范带规划）

四、发展模式剖析

1. 红色，让精神传承

2016 年正值红军长征胜利 80 周年，凤卧镇以此为契机推出了红色旅游文化节，请游客参加重走红军路、玉清岩（浙江省临时省委成立旧址）—冠尖越野走、红都亲子露营活动，并在红军饭店品尝红军餐等，让游客重温历史、

〔1〕 平阳县新闻信息中心．旺庄新村话“旺庄”［EB/OL］．http：// www.zjpy.gov.cn/art/2018/12/20/art _ 1250937 _ 27803658.html.2018-12-20.

感悟抗战精神。近年来平阳县通过不断挖掘红色资源和红色记忆，做好设施配套，结合各种形式，动、静结合，让红色精神“活”起来。

2. 红色，让产业振兴

制定专项红色旅游规划，拉长“红色+”产业链。一是促进“红色+旅游”，进一步发展红色旅游体验项目，如军事实践体验、亲子红色旅游项目等；二是促进“红色+农业”，大力开发观光、生态农业，打造好“红军干粮”农产品品牌，建设“雁荡商贸街”；三是促进“红色+教育培训”，以平阳党校迁建项目为核心发展红色教育；四是促进“红色+养生养老”，对接山门永安休闲养生旅游度假项目，扶持一批养生特色民宿；五是促进“红色+文化产业”，打造“红色文化示范街”引入文创企业设计、销售红色文创产品，引进影视团队制作革命题材作品。2018 年，凤卧镇城镇和农村常住居民人均可支配收入分别达 39 812 元、19 600 元，分别增长了 8.4%、10.5%，旅游客流量达 6 万多人次，其中 4 万多来自红色旅游文化节；山门镇城镇和农村常住居民人均可支配收入也分别达到了 17 628 元、12 940 元，旅游客流量达 20 多万人次，较 2017 年有明显增长[1]。

3. 红色，让人才助力

示范带内的省一大陈列馆改造提升工程、平阳党校迁建工程等相继完工投用，基础设施网络更加完善，红色旅游势头强劲，有力激发了乡贤回报桑梓的积极性，随着资金、技术和人才的回流形成合力，利用“乡贤+农民”，实现“先富带后富”。同时，凤卧镇与温州的高校院所合作成立“红色乡村振兴研究与实践推广基地”，签订党建共建协议，以平台建设、组织建设、队伍建设和品牌建设为切入点，共推乡村振兴，共谋战略合作。

〔1〕 赵琛璋，林雷雷．红色内核强根基绿色金融促发展［EB/OL］．http://zjnews.zjol.com.cn/zjnews/wznews/201907/t20190731_10698697.shtml.2019-07-31.

塘河画卷，都市田园

——平阳县昆阳塘河田园风情乡村振兴示范带

一、示范带概况与现状

平阳县昆阳塘河田园风情乡村振兴示范带位于平阳县域东部昆阳镇。昆阳镇是平阳县的政治、经济、文化中心，周边有温福铁路、G15 沈海高速、S10 温州绕城高速、G104 国道等交通干线，距温州市区 50 千米，鳌江港 8 千米，交通区位优越。同时示范带位于昆鳌中心城市及昆鳌城镇旅游综合体区域内，是平阳县旅游、文化及经济的重要规划区域，整体经济发展水平较好。平阳县总体规划见图 1，旅游业“十三五”发展规划见图 2。

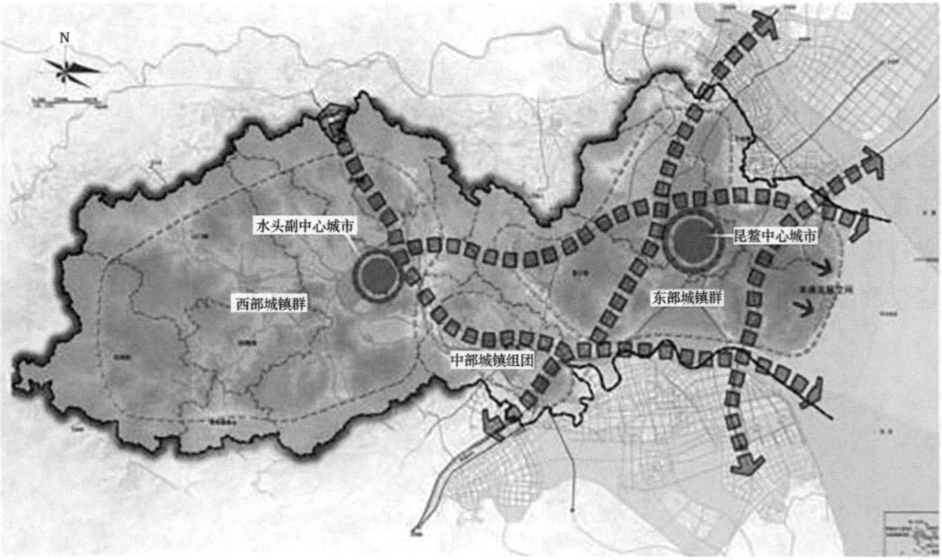

图 1　平阳县域总体规划（2006—2020）

（来源：昆阳塘河田园风情乡村振兴示范带规划）

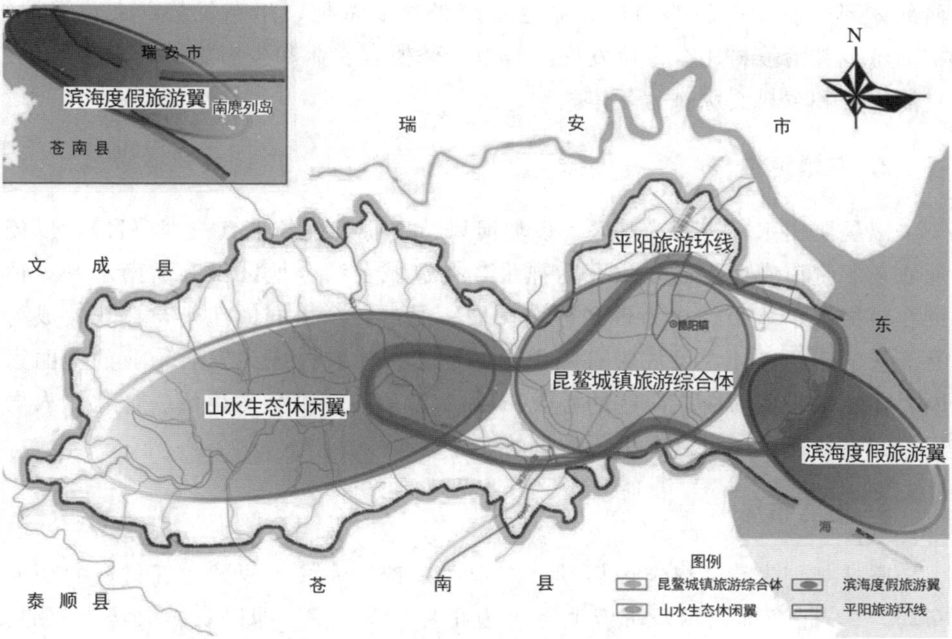

图 2　平阳旅游业“十三五”发展规划

（来源：昆阳塘河田园风情乡村振兴示范带规划文本）

示范带所在的昆阳镇历史悠久，古称罗阳、横阳，自西晋太康四年（公元 283 年）以来一直是平阳县治所在地。通福门古老肃穆，半山庵钟鼓悠扬，东岳观香火久传，文昌阁古雅精致，“师儒侍养”牌坊凝聚古人气节，红十三军烈士墓铭刻革命遗志，1 700 多年的历史传统和文化底蕴，造就了昆阳风俗醇厚、文气如虹的地域文化[1]。与此同时，昆阳的山水基底优良，山岭、塘河、碧波、翠竹、水田、云影，犹如吴冠中笔下的江南水乡田园画作。依托优越的交通区位、深厚的历史文化及优美的田园风光，平阳县昆阳镇串联鸣山村、万金村、上林垟村、湖屿村、官岙邸村等 5 个村，打造一条长约 14 千米、与昆阳党建示范带部分重合的昆阳塘河田园风情乡村振兴示范带。

二、总体规划

1. 总体目标

践行“绿水青山就是金山银山”重要思想，结合浙江大花园建设、温州

〔1〕 赵哲璐．忆·昆阳古镇［N］．温州日报，2015-3-10（16）．

西部休闲产业带等战略措施，立足示范带农业基地、生态优势、文化资源，推动示范带沿线村庄全方位发展，努力实现生态农业和生态旅游业融合发展、自然生态和乡村文脉融为一体。

2. 主题定位

以昆阳山水林田湖为基底，以塘河风情串联沿线各重点村（项目），以创业农业、都市农业、高效农业为抓手，打造城乡结合地区具有浙南水乡风情的乡村振兴示范带，成为带动区域发展、促进城乡协同的纽带，让农业成为有奔头的产业，让农民成为有吸引力的职业，让农村成为安居乐业的美丽家园，让示范带成为令人向往的心灵田园[1]，最终达到生产生活一体化、人居田园和谐化、生态景观共生化的目的。

3. 功能布局

坚持规划先行，谋定而后动，规划“一带、一核、两脉、五村”的功能布局，“一带”即以示范带产业特色为纽带，“一核”即以农学大寨为核心，“两脉”即以塘河水系及绿色田园为绿脉、以千年乡俗文化为文脉，“五村”即打造 5 个重点特色村落。见图 3。

三、发展模式剖析

1. 培育一村一品，助推产村融合

培育一村一品，以点带面，助推一二三产融合，打造农村创业创意集聚区。

（1）鸣山村——千年古村，诗画鸣山。历史文化古村落，引进文化创意产业和非物质文化，打造非遗文创街区、构建文创交流体验平台。打造以鸣山陶院、红棠悦、平阳黄汤等产业为主体的新文旅产业。

（2）万金村——十里塘河，万金小驿。典型浙南水乡风貌村落，十里塘河游线的重要驿站，结合沿岸塘河风光建设绿道、码头、游客服务中心等，突显塘河水系景观及观光、休闲、游憩功能。

（3）上林垟村——万亩粮仓，农学大寨。上林垟村是市级美丽乡村精品村，也是平阳垃圾分类首批试点村。以构建党建基地和农业田园为主，体现

---

〔1〕周兆奕．一村一特点　一路一风景［N］．新平阳，2019-5-28（5）．

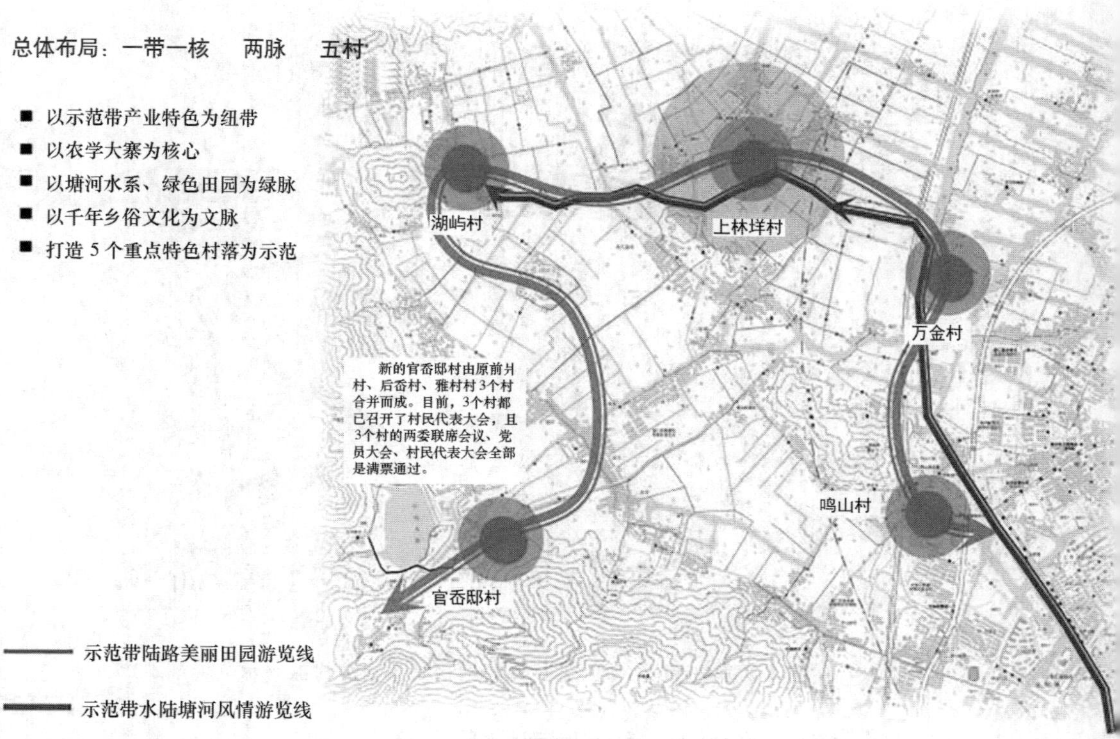

图 3　昆阳塘河田园风情乡村振兴示范带总体规划布局

（来源：昆阳塘河田园风情乡村振兴示范带规划）

高产示范基地，创建农业创业创意园区，构建农耕园、茶籽油工坊、手工皂工坊等。同时，将示范带特色产业、资源整合引入“农学大赛”平台，提供青创服务，打造乡村智库、城乡客厅。

（4）湖屿村——瓯南水乡，民国风情。建设蔬菜大棚基地、水果种植基地、农产品加工坊等，以乡村田园景观、农业生产活动及特色农产品为核心发展湖屿湾休闲旅游。

（5）官岙邸村——融合发展，花香小邨。全面展开了村规模优化调整工作，前爿村、后岙村、雅村三村合并。整体规划、做强中心村、做大产业经济项目、打造三村融合点和特色旅游经济圈[1]。以生态观光体验为主，建设观光绿道，农业体验园区等，打造龙迹仙谷旅游基地和花香民宿，成为美丽乡村样板村。

〔1〕 陈佳佳．官岙邸桃花醉人心［N］．新平阳，2019-4-8（3）．

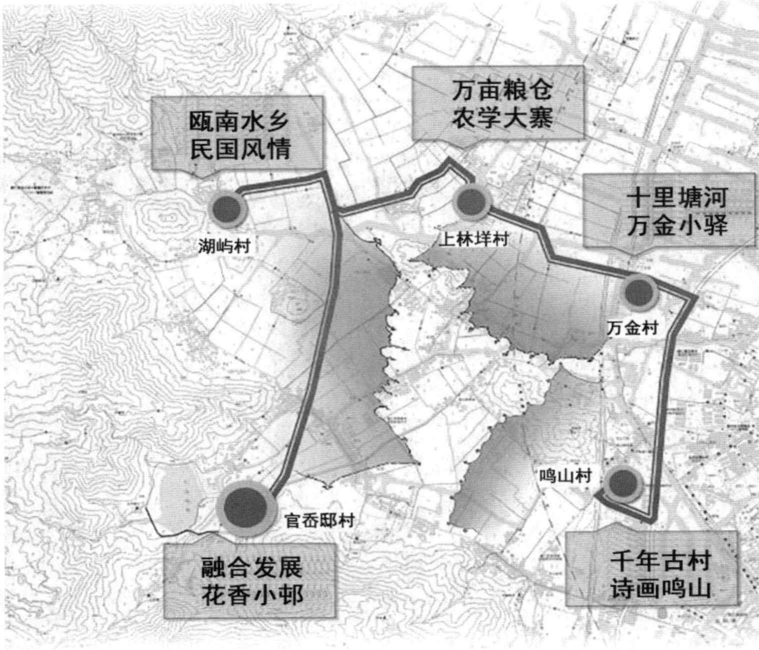

图 4　村庄定位（来源：昆阳塘河田园风情乡村振兴示范带规划）

2. 串联水陆两线，展示塘河风情

示范带规划陆上游线、水上游线，从不同角度展现塘河沿岸风光。陆上游线全长约 15 千米，始于鸣山村口，经 G104 国道、万石线、通村公路、昆江线等串联沿线 5 个重点村，通过整治村庄立面、创建美丽庭院、修补缺失绿化，打造不同主题村庄风貌及美丽田园游览路线。

水上游线全长约 5 千米，始于中心城区凤湖公园石拱桥西南侧，经万金村至上林垟村万石线桥换乘点，其中码头 4 处，换乘点 2 处。自上林垟村经湖屿村至官岙邸村与陆上游线一致。示范带沿线水体类型较多，在满足防洪、灌溉基本功能基础上，拓展绿道、休闲文化展示、空间交往等功能。结合实际空间环境，将塘河沿线景观分为三段进行改造提升，城镇段美化硬质驳岸，营造宜居舒适的城市湿地景观；村庄段整治建筑立面、驳岸，营造塘河人家、枕水而居的水乡风情；田园段修复生态驳岸，打造错落有致、绿林环绕的瓯南田园水乡景观[1]。

---

〔1〕 周兆奕．一村一特点 一路一风景［N］．新平阳，2019-5-28（5）．

千年古村，文化振兴

——记平阳县昆阳镇鸣山村

鸣山村，地处温州平阳县昆阳镇城北社区南端，西北依鸣山，东临平瑞塘河，南接昆阳城区，紧邻甬台温高速平阳县出口，区位条件优越（图 1）。全村现有 2 个自然村，区域面积为 41.24 公顷，其中农林用地 25.47 公顷，建设用地 13.72 公顷，水域 2.05 公顷。现有户籍人口 510 户 2 039 人，常住人口 4 000 多人，村“两委”10 人，党员 80 人，村集体年收入 40 万元，村民年均收入 12 000 元。近年来，鸣山村以历史保护、环境整治、产业优化、多元发展为建设目标，在有关部门的正确领导下、全村党员和村民的支持下，先后荣获浙江省历史文化保护利用重点村、浙江省美丽宜居示范村、浙江省慈善村、浙江省农房改造示范点、温州市五美乡村样榜村、温州市文化示范村、温州市文明村、温州市法治村、温州市党建示范村、温州市科普示范村等荣誉。

图 1　昆阳镇鸣山村（来源：鸣山村村“两委”）

一、村庄发展概况

平阳县城有座山，山形似伏虎，名伏虎山，又因山腹中有洞穴，常有声，又名鸣山。明隆庆年间《平阳县志》云："自晋郭景纯定县治，以仙坛、昆山对峙于前，鸣山、石塘拥障于后，故宋令陈容有'前分凤翅，后叠蛾眉'之句。俗传左右二山为斗牛，鸣山为伏虎，言其形势也"[1]，山脚下的村落也因此而得名。鸣山村自东晋建村以来已有千年历史，村内有"三多"——古屋多、古树多、名人多。鸣山村拥有晚清古宅2处，民国古宅十余处，500年的古树一棵，百年的古树6棵，古井有3口。名人众多，蔡、尤、徐皆为大家。与此同时，鸣山村在耕读繁衍的过程中衍化出不少民俗文化，如打糕、东嶽观道教音乐、中式婚礼、太平钿剪纸、木偶戏等。名人文化、家训文化、墨香文化、民俗文化交相辉映，造就了鸣山村深厚的历史文化底蕴。

有着1 700多年历史的村落被房前屋后乱搭乱建的房子、雨棚等违章建筑破坏了整体风貌，部分古建筑缺乏妥善的保护和修缮，结构受损较为严重，个别宅院处于荒弃状态；穿村而过的平瑞塘河垃圾如山，缺乏配套环卫设施，环境问题有待加强；鸣山村内有较多的历史建筑，但缺乏整体规划。近年来，平阳县昆阳镇鸣山村借着创建浙江省历史文化名村与"大拆大整"之势，全面推进整村环境综合整治。

二、主要做法与成效

1. 整治环境，生态为重

平瑞塘河，源于平阳县，流向瑞安，由东向西途经鸣山村流入飞云江。可平瑞塘河鸣山村段曾经垃圾漂浮，是典型的劣五类水质，严重影响下游水质。为贯彻落实"五水共治"工程建设，鸣山村设立"周四河道打捞日"，开展集中示范清河行动，经过一段时间的治理，河水水质得到了明显改善，村庄也逐渐恢复了吴冠中笔下的江南水乡风貌。鸣山村作为示范带上的第一站，治水为先，随后陆续推进沿河民居立面改造、古建古桥保护与整治、风貌河道建设、村入口形象提升、"金边银角"景观提升等专项工程建设，切实改善了村民的生活环境（图2、图3）。

---

〔1〕 陈宗禹．回望鸣山，宛在水中央［N］．新平阳，2016-01-06（7）．

图 2　鸣山村美丽河道
（来源：鸣山村村“两委”）

图 3　河道旁长廊
（来源：温州市委农办）

2. 明确规划，精准施策

2017 年鸣山村被纳入浙江省第五批历史文化村落保护利用重点村名单，遵循“一次规划，分期实施，旅游跟进，突出亮点，持续投入”的原则，分 3 年有计划地进行历史文化村落中历史文化保护和居民生活及旅游设施建设。鸣山村总体规划以漫步平瑞塘河、游览历史古迹、眺望悠悠鸣山、寻觅庭院古宅等为切入点，展现鸣山村浙南特色的民居建筑、山水相依的自然环境、沿河分布的村落格局、古朴风貌的村落轮廓，体现鸣山村的家训文化、墨香文化、陶瓷文化和民俗文化。鸣山村历史文化村落保护利用规划荣获首届全国高校乡村规划方案竞赛二等奖，此规划的编制有利于鸣山村历史文化的传承，也有利于其自身经济的发展，为这个千年古村落的未来发展指明了方向。见图 4。

图 4　古民居保护与整治
（来源：温州市委农办）

3. 挖掘文化，丰富业态

为实施振兴乡村战略，鸣山村在保护历史文化的同时，充分挖掘鸣山的自然和人文特色，重点发展古村文化体验和展示、乡村度假等休闲旅游项目，体味民俗风情。2017 年鸣山村正式挂牌温州市首家以非遗为核心孵化项目的文化产业孵化基地，基地引进的重点文化项目鸣山陶院（图 5）融合温州蛋画和古瓯窑两项非遗，以画入瓷，应用本土材料，创新极具文人韵味的“温州文人瓷”，试营业 1 个多月，营业额达 20 余万元。通过两年培育和发展，鸣山陶院的作坊、画室、展厅、体验厅都已投入使用，打造的产品已形成品牌效应，成为 2018 年中国青年创新创业大赛“最具品牌影响力”项目且是浙江地区唯一获奖的项目。同年 2 项国家级、4 项省级、6 项市级、2 项县级非物质文化遗产项目入驻鸣山村非遗基地。打造“非遗文创自由经营街区”，设立“无固定场所经营区”，鸣山民俗文化节、鸣山非遗夜市、鸣山青创农场、艺苑曲坛也纷纷亮相，使鸣山村一举拿下浙江省民俗文化村、浙江省非遗旅游景区等荣誉称号。图 6 为鸣山村古宅小隐庐，图 7 为百家宴。

图 5　鸣山陶院
（来源：温州市委农办）

图 6　鸣山村古宅小隐庐
（来源：温州市委农办）

图 7　百家宴
（来源：温州市委农办）

三、发展模式剖析

1. 结构调整，助推产业发展新方向

鸣山村最早的经济收入主要来源于农林产品种植，是以农业为主导的村镇经济，缺乏第三产业的拓展。在保留原有农业的基础上，重点发展第三产业，积极发展历史文化遗产观光旅游和山区自然生态观光旅游。充分挖掘鸣山的自然和人文特色，规划特色商业区、滨水景观带、农家生活体验区、创意农业体验区、儿童乐园活动区、传统文化区、陶瓷文化体验区、精品酒店度假区、禅意养生乐活区 9 大产业片区，协调好旅游发展与保护历史文化遗产之间的关系，推进鸣山村度假产业的发展。

2. 古村＋非遗，探索文化旅游新业态

鸣山村被纳入第五批省历史文化名村名单，以历史文化名村为引爆点，引进茶道、花艺、刺绣、书画产业，入驻美丽庭院。将鸣山民俗文化节打造成鸣山“品牌”活动，同时也是当地民俗等非遗文化的重要展示平台，集非遗展示、展演、体验、文创、美食于一体，发展互动式旅游新业态。“非遗＋古村”“文化＋旅游”，四维叠加让鸣山村在谋划乡村振兴的路上找到了转化绿水青山为金山银山的最佳途径，探索出一条使古村焕发内生动力的可持续发展道路，加深不同文化的融合，提高村落文化附加值。

3. 多元发展，搭建强村带富新平台

作为市级党建示范点和党员教育共享基地，鸣山村按照“强强联合”战略，与周边 22 个村合作建立强村富民党建联盟，立足各村自身优势产业进行差异化发展。鸣山村为打造非遗特色村落，探索村集体参与项目建设模式，如鸣山村集体经济入股鸣山陶院项目，每年可分红 100 万元以上；鸣山村“两委”将村民闲置的住房统一租用、统一运营管理，增加村民收益。同时，通过土地流转、入股分红、乡村游、民宿等多形式增加村集体经济收入，2017 年游客量达 35 万人次，年营业收入 1 000 万元，带动就业 300 人。

雁山鳌水，诗画碧溪

——平阳县南雁诗画碧溪乡村振兴示范带

一、示范带概况与现状

南雁诗画碧溪乡村振兴示范带（图 1）位于平阳县西南部南雁镇、鳌江上游，东与平阳县副中心城市水头镇相邻，南连青街畲族乡，西接顺溪镇，北与山门镇隔溪相望，距温州市区 87 千米、平阳县城昆阳镇 32.5 千米，是浙江省旅游强镇、体育强镇、省级生态镇，温州市教育强镇、市二星级文明镇，县卫生镇。

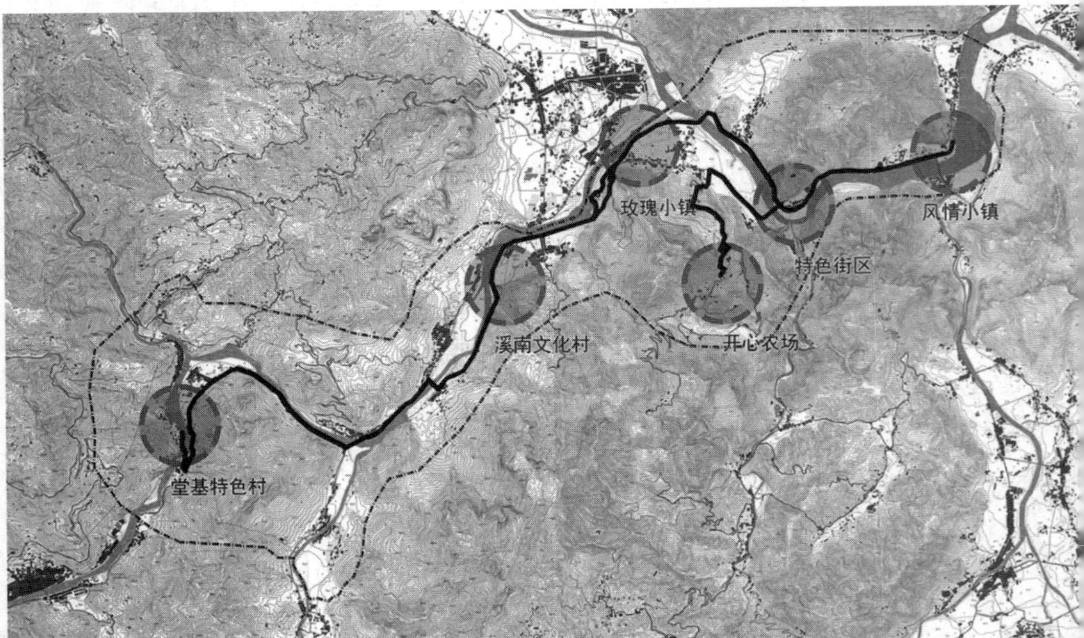

图 1　南雁诗画碧溪乡村振兴示范带示意图

（来源：南雁镇诗画碧溪乡村振兴示范带规划）

示范带位于南雁荡景区核心板块，属浙南中山区。南雁荡山地区隆起后地质构造断裂发育并受山间四布的溪流的侵蚀作用，因此山体具有陡峭、雄伟、洞奇等自然风景美学特征，峰谷间林翠境幽，流荡的溪流清澈见底，蜿蜒曲折，形成了丰富的秀谷清溪景观；自然植被资源丰富，古树成林，竹翠柳绿，森林覆盖率 50.6%，宜林荒山绿化率 93%，路、河、水渠、堤绿化率 91.4%。示范带内旅游景观资源丰富，遍布儒、释、道“三教荟萃”历史人文奇观，有 13 古刹、18 庵、12 院、3 亭 8 堂、2 洞 2 楼、1 庙 1 坛，实属国内罕见。宜人的气候加上峰峦与碧水相映，道观与寺院错落其间，可谓风光旖旎、景色绮丽。除此之外，示范带内特色农业产业发展良好，其中集农业栽培、高科技展示、休闲观光为一体的生态时尚农业体开心农场年产值达 2 000 多万，游客量达 3 万多人次，是温州市乃至浙江省最大的观光旅游胜地。见图 2。

图 2　南雁镇景点分布图

（来源：南雁镇诗画碧溪乡村振兴示范带规划）

综上所述，示范带地处平阳县西部山水生态休闲翼与平阳县旅游重点“一山”——南雁荡山核心区内，近年更是通过南雁景区创建国家 5A 级旅游景区项目建设的推进，大力提升南雁荡山风景名胜区品质，进一步拓展品牌效应，撬动周边旅游产业发展，并以此为基础，串点成线打造南雁诗画碧溪乡村振兴示范带。

二、总体规划思路

围绕南雁诗画碧溪乡村振兴示范带现状资源禀赋及生态山水观光、多彩文化体验、乡野田园度假等特色，从“面—线—点”三个层面，依次构建空间景观系统，打造成具有绿色生态和南雁文化特色的乡村旅游示范带，构筑集旅游休闲、养生度假、科普教育、生态田园于一体的乡村振兴带。见图 3。

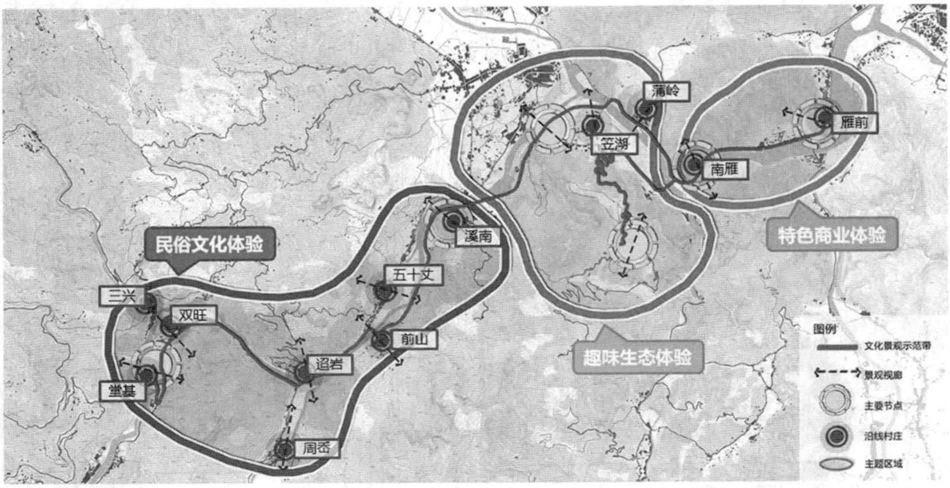

图 3　示范带总体规划思路

（来源：南雁镇诗画碧溪乡村振兴示范带规划）

1. “面”层面设计思路

整体引导控制，分区风貌协调。通过梳理示范带各个区段的现状资源及特色，将全线分为 3 个功能区段，制定规划设计策略，对各区段的景观环境风貌及建筑风貌进行针对性引导，强化区段主题意境，使各区段在体现特色的同时与整体环境风貌协调。通过对示范带沿线各个区段的广大空间的多样化探索拓展了示范带的宽度和深度，丰厚了文化景观的内容和内涵。见表 1。

2. “线”层面设计思路

组织视线廊道和界面，打造步移景异的示范带景观效果。线层面的设计重点在于分析人在不同角度欣赏生态景观示范带两侧风景的感受，既包括灵溪线、桥南线和仰矾线串联的整个生态景观大道的廊道，也包括了每个节点的视线廊道。处理路与景的关系，结合道路线形布置沿线节点，通过对各个节点的资源特色分析，提出整治改善措施，提升沿线节点景观品质，使沿线各类节点多元和谐统一，形成移步异景效果，体现生态、文化、乡村等各个主题，形成乡村田园型界面；处理村与景的关系，在村庄、生态景观之间形成视线廊道，对界面进行特色梳理、规划设计，通过建筑立面控制及景观设计风格控制，形成特色村庄型界面；处理前景与后景的关系，前景包括农田、村庄沿线景观，后景为可视范围内的山林，前后景之间通过沿路空间界面的处理，形成多种空间感受，丰富景观视觉层次，强化沿路界面景观，形成郊野山林型界面。

表 1　各功能区段的景观环境风貌引导

序号	功能区段	景观环境风貌引导
1	民俗文化体验	保持原有山水格局，突出朱子文化和畲族风情、自助采摘的特色风光，完善古村落景观环境要素。
2	趣味生态体验	保持原有生态景观格局，增强植被的观赏性及标识性，保留农田风貌，从不同观赏时间段引导特色作物种植。
3	特色商业体验	提升乡镇环境品质，对村庄风貌、街道小品、绿化种植等内容进行引导，注重商业业态和度假旅游的有机结合。

3. “点”层面设计思路

强化重要节点形象，凸显各个节点特色。点层面设计的具体工作将在实施计划层面展开，设计遵循从总体到个体的分析方式，通过解析、分类、深化的步骤对示范带沿线的景观节点及村庄节点进行梳理，制定规划设计策略，提出整治提升方法，展现南雁多元文化，增强节点标示性。

三、具体做法

1. 田园乡村，筑点成线连片

南雁诗画碧溪示范带涉及雁前、南雁、笠湖、溪南、堂基等 10 个行政村，通过对沿线空间特色、文化底蕴、旅游资源、生态景观等方面进行分析，选取吴山风情小镇、特色街区、开心农场、玫瑰小镇、溪南文化村、堂基特色村 6 个重要景观节点，连点成线，打造雁前至堂基段山水田园风景线。重点整治生活垃圾、生活污水、农业废弃物，梳理修复溪河水系，规划游客中心、驿站等完善公共设施配套，运用化整为零、艺术结合、优化功能等手段提升村庄建筑风貌与庭院环境，提升乡村绿地空间与田园空间，不断美化全域环境。以线带面，逐渐形成了层级分明、特色鲜明的田园乡村规划布局（图 4）。

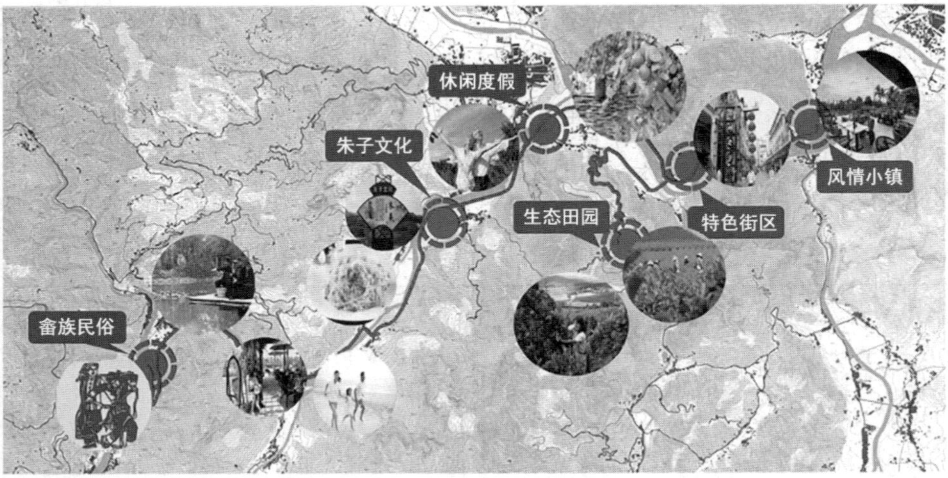

图 4　示范带景观节点规划（来源：南雁镇诗画碧溪乡村振兴示范带规划）

此外，围绕“田园”基础、“综合”特色，联合雁前、南雁、笠湖、蒲岭、溪南 5 个村，以农业种植业田间设施改造提升、作物品种优化布局和农田共享与体验为核心，促进农旅深度融合与共同发展，创建集现代农业、休闲旅游、田园社区等产业为一体的南雁美丽乡村田园综合体，力争打造全国半丘陵地貌乡村田园综合体样板。

2. 生态优先，助推产业发展

依托国家 5A 级景区优美的生态环境，借力南雁文化旅游，挖掘山水生态、文化景观，培植“旅游＋生态”“旅游＋文化”“旅游＋农业”的新产业新业态，打造风情小镇休闲、养生生态旅游。

根据区域内已形成的主导产业、优势产业和特色产业，积极延伸产业链条，加快推动三产结合，将示范带内的五个重点村作为引爆点，激活核心产业，带动周边发展。雁前村建设 5A 景区游客服务中心及旅游特色产品展示中心，并打造具备烧烤露营、水上乐园和休闲垂钓等功能的吴山风情小镇；南雁村结合旧村改造，修缮整治现有民居，融入酒吧、休闲吧、农家乐、民宿、创意工坊等休闲业态打造南雁特色街区；笠湖村依托开心农场推动现代农业三产联动，同时充分利用村庄周边优良的自然环境建设高端休闲度假酒店、房车基地、玫瑰园；溪南村紧扣朱子文化与宗教文化主题，开发宗教养生、康体疗养、论道健身等特色旅游产品，并结合招斌土鸡作产业延伸，提高村庄创业活性；堂基村则利用其畲乡特色，打造婚纱摄影基地、生态养生体验基地、玉石篆刻工坊等，发展畲族民俗风情休闲旅游。

四、发展模式剖析

1. 政府重视，谋定而后动

凭借南雁镇作为南雁荡山创建国家5A级旅游景区主阵地的优势，2018年启动南雁诗画碧溪示范带的建设，为平阳县乃至整个温州的乡村振兴提供了一个可看可学的样板。示范带坚持规划先行，多规融合，突出特色，发挥优势。项目在前期充分探析和调研基础上，多次组织项目探研会议与现场踏勘工作，制定项目工作计划与工作思路策略，在政府各部门密切配合下快速推进项目建设。

2. 以拆助建，拓发展空间

南雁镇以“拆建并重”为原则，对南雁诗画碧溪示范带上的新增违章采取“零容忍”姿态，镇相关科室部门工作人员每天要花时间宣传政策、动员拆除存量违建；驻村干部每天到村里巡查，发现违建及时上报“三改一拆”办处置。这项由联系领导、包村科室、驻村干部以及相关部门站所、村干部和网格人员分区分块进行治理的制度成效十分显著，2018年底完成拆违面积14 380平方米，任务完成率143.8%，超额完成全年计划任务。通过“以拆助建”拓宽了示范带发展空间，促使示范带建设稳步推进、工作进度逐步加快。

3. 严创并举，守一方山水

为全面改善环境，南雁镇推进农污工程建设，实现全镇行政村农污工程全覆盖；全力开展环境卫生整治工作，切实落实镇、社区、村三级河长制，实行“一河一策”的结对管理及“汇报—通报—约谈”的工作机制。治水工作也频出新招，成果显著：一是突破单一的徒步巡河方式，创新“互联网＋”的巡河模式，利用航拍“无人机”对全镇河道的日常保洁、维护养护等情况进行全方位监测，弥补空地遗漏、人力紧缺等方面不足，实现了日常巡河不漏点、发现问题早处置、工作衔接无缝隙、河段水岸全覆盖的目标；二是针对该镇雁河枯水期、活水减少、流动性差、绿藻滋生现状，南雁镇购入水质增氧机，促进河内有机物的氧化分解，促进河水上下对流增加底层溶解氧，减少底层硫化氧、氨等有害物质。

山水笠湖，诗意乡村

——记平阳县南雁镇笠湖村

笠湖村位于平阳县南雁镇的东南部、鳌江上游，紧邻国家 4A 级南雁荡山东西洞主景区，全村共 447 户，1 847 人，区域面积 2.7 平方千米，村土地面积 1 300 亩。笠湖村自然环境优美，前倚碧溪秀水，背靠连绵青山，原生态保存完整，生态优势得天独厚，是典型的山水乡村（图 1）。建村历史有 610 余年，保存基本完整的古屋有 200 余间，古围墙有 3 500 余米，农耕文化、古村文化及宗教文化颇具特色，同时笠湖村亦是浙南生态制革的起源地、平阳县制革的发源地，先后获得浙江省美丽乡村特色精品村、浙江省 3A 级景区村庄、浙江省文明村、温州市五美乡村精品村、温州市美丽乡村精品村、市县两级党建示范村、平阳县美丽乡村示范村、平阳县首批美丽乡村建设标杆村等荣誉。图 2 为笠湖村的红军井。

图 1　笠湖村
（来源：温州市委农办）

图 2　笠湖村红军井
（来源：温州市委农办）

一、村庄发展概况

笠湖村形态狭长，似月牙，因地处南雁荡山碧海天城与东西洞核心景区之间，被称为南雁荡山景区的“后花园”。这个坐拥天然山水优势的村庄，自南宋起，当地村民便利用传统工艺制作熟牛皮，作为主要的谋生手段并一直延续至20世纪80年代，小小村庄的制革产业年产值达6 000万元[1]。皮革产业虽然鼓了村民的腰包，但严重破坏了村庄的环境，欠下许多生态旧账。混合了化学药剂的制革污水直排“母亲河”碧溪渡，空气质量差，导致村庄内不仅常年飘荡酸臭味，甚至严重到腐蚀金属门把手、空调外机等。2013年，笠湖村村民深感环境的重要性，痛下转产转业的决心，关闭大量“低小散”制革企业，治水为先，还绿水青山，造美丽经济。2016年更是从平阳县122个“十村示范、百村整治”的“星星村”中脱颖而出，成为平阳县首批3个美丽乡村建设的标杆——“月亮村”，通过“月亮工程”项目，开展了村庄环境综合整治、完成了外立面改造、古水渠改造提升、村庄游步道建设、垃圾机械化处置试点建设，村庄环境整体提升，面貌焕然一新。短短几年间的令人瞩目的变化，书写着属于笠湖村的“星月童话”。

二、主要做法与成效

1. 治水，岸绿景美

笠湖村与“水”生息相关、相依相守，除村落北面“母亲河”碧溪渡之外，还有一条贯穿全村、环绕屋前屋后的古水渠，年代虽已无从考证但一直承担全村排涝灌溉、濯衣洗菜等功能。自2013年那场治水革命之后，古水渠水清见底、水草飘动。漫步在村落内，远眺黛山，耳闻流水声，不禁让人身心愉悦。笠湖村以“河畅、水清、岸绿、景美”为目标，2014年开始加强溪河水系治理维护，以护水护河和民生工程为重点，主要完成4条溪流（段）、3.2千米古水渠的清淤除污与岸线堤坝的修复加固；拆除两岸违章建筑8 700多平方米，提升岸线绿化空间；铺设排污管9 130米，建成一座400吨处理量的太阳能微动力污水处理池、检查井313座、化粪池106个，成为平阳县首个建成农村生活污水处理工程村，笠湖村美丽乡村建设和“五水共治”工作初显成效。

---

〔1〕 江帆，黄剑萍．山湾里，绿色传奇正上演［N］．浙江日报，2017-11-14（10）．

2016年笠湖村以“月亮村”打造为契机，立足山水优势，围绕溪河水系展开规划，完成笠湖村段流域综合整治，将设防标准提高到20年一遇，与周边蒲岭村共同建设集防洪除涝、亲水环保、休闲娱乐、游览观光等多功能于一体的水岸同治景观示范工程，增设亲水平台、休闲设施，种植耐涝景观植被，构筑生态屏障，彰显山水村落特色，与山清水秀的南雁荡山景色更为契合。

2. 富村，惠及民生

近年来，笠湖村依托南雁荡山景区“后花园”的地理与山水景观优势，用园区化的理念发展现代农业，并以农业产业园区为载体发展特色采摘、文化传承和养生度假等关联产业，“开心农场”就是该产业模式的典型工程，也是笠湖村所在的南雁诗画碧溪乡村振兴示范带上的重点项目。2011年浙江省积极建设现代农业园区，乡贤卢孔欧成了第一个“吃螃蟹”的人，回乡投资接手笠湖村果园，建设“南雁开心农场”。农场占地面积1 886亩，总投资3.2亿元，其中一期投入1.2亿元。经过8年的开发建设，农场拥有果蔬、茶叶和中草药生态种植区，具备手工坊、养生、采摘等体验互动功能，打造集餐饮住宿、旅游接待、休闲娱乐于一体的生态养生主题综合服务区，日均接待游客200余人。大刀阔斧发展园区产业的同时，卢孔欧为了反哺家乡，与笠湖村结对协同发展。笠湖村村集体以山林、土地资源为资本入股开心农场，每年会有12万元土地租金收入壮大村集体；全体村民除共享开心农场5%的收益分红之外，闲置劳动力则被聘参与农场日常养护和种植，不用背井离乡外出务工就能实现增收致富。见图3。

图3 笠湖村开心农场（来源：平阳县农办）

此外，由县旅投公司和笠湖村合作开发的“平步青云”丛林探索拓展基地和玻璃栈道项目已进入试运营阶段，每年也将为村里带来可观的租金收益。笠湖村通过风景入股的方式，统筹发展休闲旅游业，活化乡村生态环境，促进村民增收、壮大村集体经济，是利用环境优势逐步实现乡村振兴的一个缩影。

3. 改造，绘就美景

笠湖村以“一渠、两脉、五区、十景”为总体布局，以“诗意古村、水美笠湖”为主题形象，围绕生态休闲农业观光和乡村旅游，进行民居立面改造、电线下埋、农村污水收集、基础设施提升等工程，构建集特色农业、观光旅游、休闲运动、康养健身为一体，充分展示了党建引领、文明示范、善治有效的美丽乡村新风貌。随着玫瑰小镇、房车露营基地、精品农业园区、农特产品展销中心、旅游集散中心、星级酒店、旅游设施功能区等重点项目逐渐铺开，笠湖村全力打造国家5A级南雁荡山景区旅游配套古村落，成为“浙江旅游名村”。

三、发展模式剖析

笠湖村利用平阳县首批“月亮村”创建契机，创新实践“党建+月亮工程”模式，始终坚持以党建为统领，将党建融入发展、将组织融入产业、将党员融入群众、将服务融入民生，凝聚多方力量，实现富民强村。村党支部组织党员集中学习，深入领会“两山”理念并践行到农村人居环境综合整治、美丽乡村建设等具体工作上；通过入户走访的方式，向村民传达美丽乡村建设的重要性，提高群众的认识，顺利推进月亮工程项目落地；在南雁镇党委谋划部署下，笠湖村签订“支部绑定景区项目建设”责任书，重点打造开心农场，同时积极引进拓展基地、玻璃栈道、玫瑰花海、房车基地等休闲项目构建旅游产业链条，带动村集体经济和村民收入双丰收。图4为笠湖村党建长廊。

图4　笠湖村党建长廊
（来源：温州市委农办）

环境综合整治，蝶变产业振兴

——记平阳县怀溪镇水口村

水口村位于平阳县怀溪镇西北部，地处平文交界处，西、北与文成县的巨屿镇、双桂乡相连，地理位置较为偏僻。全村有 520 户，1 480 人，村域面积约 7.8 平方千米，耕地面积 551 亩，山地面积 2 500 亩，多为山地、山林资源。区域内自然生态保护较好，人文资源更具特色，整村群山环抱、气候润泽，森林覆盖率高达 93%，水资源十分丰富，颇有几分世外桃源的韵味（图 1、图 2）。该村荣获浙江省美丽宜居示范村、浙江省休闲旅游精品村、浙江省美丽乡村特色精品村、浙江省十大人文古道、浙江省最美森林古道、浙

图 1　水口村村口（来源：温州市委农办）

江省3A级景区村、温州市“五美”乡村精品村、温州市文明村、温州市旅游特色村、温州市基层党建样板村等荣誉。主要有穹岭古道和西山寺两大景区，千年古刹西山寺、长安古桥、穹岭仙涧、摩崖石刻等30多处景点分布其间，被誉为“平阳的香格里拉”。

图2　水口村

一、村庄发展概况

水口村人文底蕴深厚，历史遗迹丰富，是平阳徐氏发源地，徐氏家族在此繁衍生息、春种秋收已有一千多年历史。水口村建有平阳县唯一“御赐”宗祠“徐氏家隍”。相传公元948年，始祖武将太尉徐孝三护卫吴越王钱弘俶巡视南雁荡山，因劳累过度，卒于穹岭脚下。吴越王念其保驾有功，在穹岭脚建一宗祠，赐名“徐氏家隍”。始于水口村的穹岭古道，建于明朝末年，因沿着高山顺势而建，直至苍穹而得名，自古以来便是文成通往平阳的交通要道，被评为温州市十大森林古道、浙江省十大人文古道、五十大最美古道。古道上自然、人文景观丰富，一路奇峰幽涧，青壁绿蔓，红枫相随，溪水相伴。这里还有红色记忆、革命遗址。水口村是著名的浙南革命老区之一，是名副其实的红村，当年刘英率领的浙南红军游击队曾在此落脚，不仅留下优良的革命传统，还有着众多传奇感人的革命故事。这里还有著名的穹岭头伏击战、穹岭雁门战斗、摇动岩下岩洞地下党活动遗址，留有红军扎营地、红军故居等参观点。

近年来，水口村遵循“两山”理念，紧抓休闲时代的旅游发展新趋势，坚持走“生态立村、绿色富民”的发展道路，村集体以村庄优越的山水自然资源入股进行休闲旅游开发，走出了一条适合当地的发展之路，打拼出了令人自豪的“水口精神”和成色十足的“水口品牌”。见图3。

图3　水口村自然、人文资源（来源：平阳县怀溪镇水口村村庄规划）

二、总体规划

1. 规划目标

水口村通过开展道路梳理、基础设施建设、建筑整治、绿化景观提升、沿溪环境改善等环境综合整治措施，较大地改善了村庄整体风貌，引领产业转型并构建以特色乡村旅游产业为主导，农业经济为辅，宜居、宜业、宜游的新型农村，打造成为平阳县西部独具历史风情的度假休闲福地。

“宜居”——水口村自然生态环境优越，受城市生产生活的干扰和污染较小，是平阳西部山区空气质量最好的地区之一。在未来的村庄发展过程中，水口村应充分利用自然环境优势，以“村庄绿化、街巷净化、庭院美化”为突破口，强化乡村振兴环境综合治理，完善生活服务配套设施，创造良好的人居环境。

“宜业”——水口村具有悠久的农耕历史，传统农业以种植水稻和金银花为主，但目前尚未形成规模效益，外出务工人口较多。而水口村的村庄建设迫切需要当地人民群众的共同努力，如何留住人，形成村庄发展的合力，是未来水口村长久发展亟待解决的一大难题。解决问题的关键在于提升传统农业附加值，利用悠久的传统农耕基础，发展特色农业，如稻田鱼、油菜、桃树、金银花等经济性作物；鼓励村民自发建设特色农家乐和特色农家小院，挖掘水口村美食文化，形成个性鲜明、特色突出的农家民宿；利用水口村依山傍水的地域优势，发展滨水休闲、山地运动、休闲养生等项目，吸纳村民就近就业。

“宜游”——水口村沿怀溪呈带状布局，留存着一定数量的传统建筑和空间元素，街巷空间尺度宜人，村庄肌理错落有致，具有传统山区乡村的独特魅力。规划充分利用村庄传统元素，借助特色山、水资源，开展山水观光、滨水休闲、农耕体验、山地运动、养生度假、天然氧吧、乡村极简生活体验等旅游项目，形成平阳县西部独具历史风情的度假休闲福地。

2. 规划定位

借助国家乡村振兴战略的发展契机，依托优越的自然环境资源和地域文化特色，发展特色乡村旅游产业，将水口村打造成为“极简生活，养生福地，都市人记得起童年的地方”。图 4 为水口村鸟瞰图。

图 4　水口村鸟瞰图（来源：平阳县怀溪镇水口村村庄规划文本）

3. 规划结构

在充分尊重水口村现状肌理和自然景观特征的基础上，对村庄整体布局进行重新梳理，规划形成“一心一带八片区”的功能结构，最终形成山、水、村相互融合的总体布局。“一心”指综合服务中心，在现状村委会办公楼内增设旅游接待中心、警务室、卫生室等，形成水口村综合性的服务中心；“一带”指沿溪景观带，沿怀溪形成条带状景观主轴，也是各个功能片区相互联系的主要通道；“八片区”指沿怀溪两侧布局的民俗体验区、休闲养生区、3 个生态居住区以及 3 个田园观光区。见图 5。

三、主要做法与成效

1. 触底反弹变身“最美村”

2010 年，全村 60 多户村民的生猪养殖产业严重污染穿村而过的怀溪及其 3 条支流，致使溪流臭气熏天、恶臭难闻，更是上了 2012 年“平阳县最脏村”

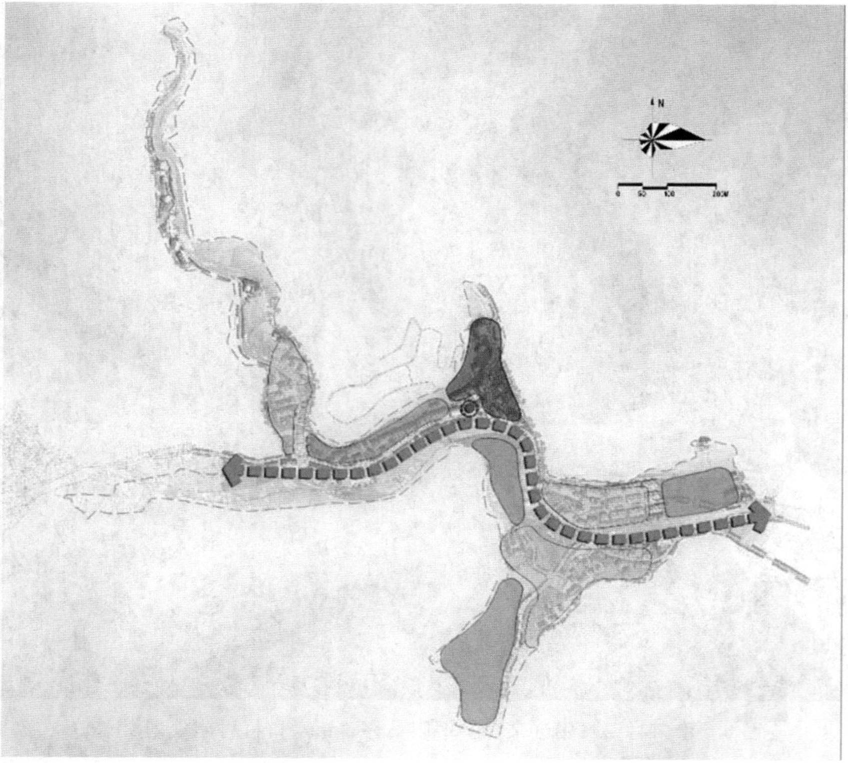

图 5 水口村规划结构图（来源：平阳县怀溪镇水口村村庄规划）

名单。因此，水口村村“两委”紧抓“治水”核心任务，同时结合“三改一拆”全面推进美丽乡村建设，全面完成禁养生猪、拆除露天粪坑和违章建筑、修复水毁工程、建设文化礼堂、改造房屋外立面、整治村庄环境等任务；积极开展村民卫生运动，落实每月党员固定活动日环境大扫除行动，彻底改变污水横流、臭味难闻，外人进村不愿下车、本地村民不断外迁的局面，村容村貌焕然一新。2014 年水口村摘掉了“最脏村”的帽子，换上“最美村”的冠冕，次年，更是被评为浙江省美丽宜居示范村。

与此同时，水口村大力推行“封山育林”措施，开展严禁私自砍伐、幼林抚育间伐、古树编号保护等行动，村庄现有森林覆盖率已高达 93%。水口村坐落于穹岭山脚，早在唐宋年间已有穹岭的文字记载，宋代祝穆在《方舆胜览》中写到：“南雁荡在平阳县，北自穹岭，南迤岭西，五十里间，皆雁荡为名也”。值得一提的是村庄通往穹岭处有一条始建于明朝末年的古道，因地命名为穹岭古道，更有“穹岭何崔巍，高与天咫尺”（清 · 张元启）、“仰看穹岭白云飞，闻有天鸡头上啼。层峦叠嶂高千丈，攀藤匍匐步天梯”（当代·木鱼法师）等诗句咏其山岭高峻、直指苍穹。2013 年，水口村开展村庄环境综合整治的同时也开始修缮穹岭古道，整合穹岭头战斗遗址、千年古寺等沿线人文景观资源，谋划美丽经济。2015 年，穹岭古道先后被评为最受市民喜爱的温州十大森林古道、浙江省最美 50 条森林古道、浙江十大人文古道。高负氧离子空气、一湾清流以及穹岭古道，成为水口村“三宝”。换回绿水青山之后的水口村，再度引起世人的关注。

2. 依托风景做起“新文章”

水口，顾名思义因水而活。3 条支流汇集到水口后，进入怀溪，汇流之处形成一个天然的人工湖。水口村沿怀溪呈带状布局，留存着一定数量的传统建筑和空间元素，街巷空间尺度宜人，村庄肌理错落有致，具有传统山区乡村的独特魅力。2014 年治水成效初显，村“两委”又做起“美化”文章，打造滨水文化景观。5 年间建起了村口景观巨石、水口驿站、白水台、天然泳池、水下餐厅、水口记忆馆、溪岸驳坎、亲水游步道、3A 级旅游公厕等工程；完成整村污水处理设施建设；建成防洪堤 3 000 米，堰水坝 15 条；整理溪床约 6 000 平方米；绿化面积 2 000 多平方米。

“走进古道问穹岭，梦回仙谷访水口”，依托水口村的山、水环境优势，突出千年古道的悠久历史和文化沉淀，积极开发农业观光游、休闲度假游、养生康体游、科普体验游等旅游项目，将水口村打造成为乡村极简主义生活方式体验区，平阳县西部重要的乡村休闲度假旅游目的地。总体规划四个产业发展片区，即 1 个乡村旅游休闲区、1 个田园农居体验区、2 个水稻种植区。乡村旅游休闲区依托滨溪景观环境和传统建筑院落，发展乡村休闲旅游，开发主题民宿、滨水观光、养生休闲等特色项目；田园农居体验区依托现状村庄入口居民点，利用临近田园的有利条件，发展乡村农家乐，让游客吃农家菜、住农家乐、享农家田园风情；水稻种植区依托现状保留的农田和耕地，发展水稻种植，并结合稻田鱼、田螺养殖，提高农业生产附加值。

3. 政民携手开启“新路径”

水口村在推进基础设施建设和旅游项目发展过程中，得到了平阳县党委政府及有关部门的重视与支持，相继获得了污水处理、线路地埋、防洪堤（堰坝）修建等工程以及省级美丽宜居示范村建设、西部山区经济发展、文化礼堂、山海协作等项目支持，估算各级财政扶持补助资金共计 430 万元。区划调整前，山门镇还专门安排了 5 亩建设土地指标，用于水口村庄改造，保障实现“腾笼换鸟”。

此外，村“两委”鼓励乡贤回乡投资，成立怀溪悠乐谷农业观光有限公司，发动广大村民共同筹资 2 000 万元进行项目开发建设；盘活闲置土地，鼓励村民以资金或土地资源入股，占有公司股份并获取收益红利；鼓励村民发展民宿和农家乐等服务行业，实现增收；鼓励村民参与工程建设，解决富余劳动力就业，增加农民收入，已先后发给村民劳务工资近 450 万元。同时，村集体与公司达成协议，明确村集体以村庄山水自然资源及争取的政策项目（工程）入股，享有旅游开发项目 20%的股份，确保村集体能在项目开发中获取较大实惠，真正实现“村集体＋公司”发展模式。

4. 强村富民找到“金钥匙”

2016 年穹岭仙谷乡村休闲旅游项目一期加速推进，逐步完成穹岭仙谷景区入口、游步道、3A 级旅游公厕、游客接待中心等基础服务设施及水下餐厅、木屋群和临水居民宿等配套设施建设，于当年 7 月底投入使用。智能村庄建设工程全面竣工，水口村成为平阳县第一个智慧村庄，村容村貌得到进一步提升，同时通过策划各类活动吸引游客前来，延长产业链，促进村民增收。

按照项目发展规划，穹岭仙谷二期工程将继续投入资金 3 000 万元，陆续进行古道沿线景点、西山寺景区、130 亩休闲农业采摘园、5 000 平方米天然泳池、户外拓展、儿童游乐园、漂流、露营基地等项目建设。结合“月亮工程”投资项目进行基础设施提升、风貌特色亮化、生态家园建设、公共服务配套、特色文化挖掘、产业发展扶持。同时，成功注册“穹岭牌”商标，做好景区旅游产品销售和村淘电商（互联网＋）结合文章，对本地农特产品进行包装销售，带动大量村民进入项目就业，加快脱贫致富、壮大集体经济。

推进休闲旅游项目建设成了山村脱贫的“开门锁”和村民致富的“金钥匙”。水口村算了一笔账：通过穹岭仙谷旅游景区的发展运营，水口村预计年接待游客 30 万人次，收入 2 000 万元，村集体按 20%的股份计算，预计年收益达到 60 万元。村民以土地资源入股，预计年收益可获 60 万元；通过创办民宿、农家乐经营住宿、餐饮，预计年收入达 500 万元[1]。解决农村剩余劳

〔1〕 邵晨婵，徐丽娜. 强化“造血”，谱写乡村振兴新篇章［N］. 新平阳，2018-04-20（2）.

动力就业，村民每年增加经济收入超过300万元。发挥好农特产品注册商标的效用，做好旅游产品的销售，预计增加经济收入达到50万元。同时，通过这个项目的发展建设，激发产业内生动力，为村集体和村民带来土地和房屋的增值，隐性价值不可估量。

四、发展模式剖析

上下联动，共治共创共享。①党员带头干。全面落实“红色细胞工程”，构建服务型基层党组织。开展党员干部联系服务群众活动，将村里72名党员分成12个小组，520户农户也分成12个小组，实行党员和农户组与组对接联系，一个党员小组负责联系一个农户小组，任务分配到每个党员，做到“联系不漏户，户户见干部”，共同参与工作。②班子分工干。该村共有班子成员13名，按照平阳县“学比赶超”文件要求，班子集体研究攻坚项目，出台《村“两委”班子公开承诺分工定责制》，做好分工定责，提升项目建设速度。③群众一起干。在党员干部的带领下，干群之间逐渐形成合力，共同参与，互相监督。

执笔人：林墨洋

校核人：刘益曦

过萍艳

文中彩图请扫码查看

鹿　城

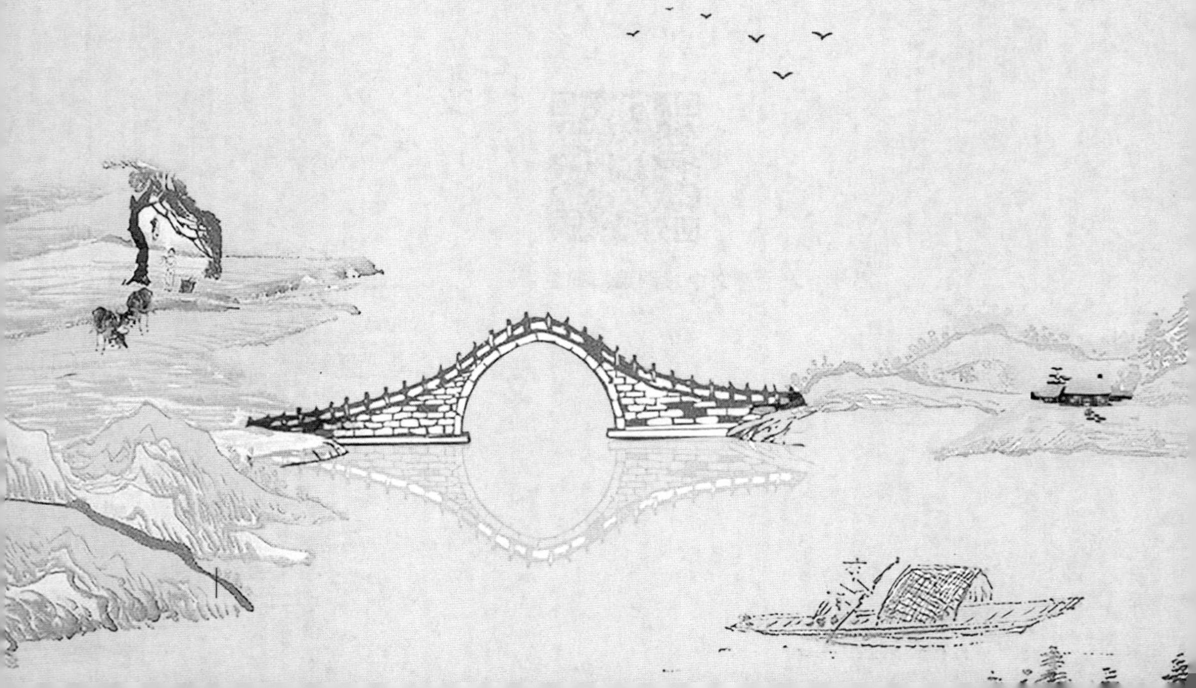

田城融合，诗画江岛

——鹿城区七都“田城相融”都市乡村振兴示范带

一、示范带概况与现状

七都“田城相融”都市乡村振兴示范带位于温州市鹿城区东端的七都街道，为瓯江下游的一个冲积平原岛屿。七都岛东临乐清琯头，南与温州经济技术开发区隔江相望，西眺温州杨府山，北濒 G104 国道线、永嘉县乌牛镇，距温州市区 13 千米，沈海高速公路温州大桥穿岛而过。示范带涉及七都片区全岛，老涂、吟州、前沙、板桥、樟里、上沙 6 个行政村，总长 6.5 千米。

七都，一衣带水、四面环江，古名沙洲，是由瓯江潮汐作用、泥沙淤积而成的岛屿，形成于唐朝天宝年间，距今 1 300 多年，是浙江省两个河口冲击岛之一。据《七都志》记载，七都自古有“船老大之乡”的称号，岛民们依水而居，以捕捞和航海为业。但正因四面环江，七都曾屡遭台风大水的破坏，生存条件非常不理想，民谣曰“有女不嫁七都垟，晴天没水吃，雨天没路行”。1876 年，温州成为通商口岸之一，瓯江商轮进出繁忙，许多七都人凭借着熟练的海上技能，随船“出走”海内外谋生，并以同乡情分为纽带，互相帮带。现户籍人口 1.5 万，常住人口 1.2 万，有超过 2.65 万名海外华侨、华人、港澳同胞分布在世界 32 个国家和地区，归侨侨眷 9 000 多名，几乎“家家有侨胞、人人是侨眷”，是浙南著名的侨乡，被称为“小岛联合国”。

12.7 平方千米的七都岛片区地处瓯江中央，滨江岸线长 18 千米，隔江三面环山，形如一枚树叶，岛中有岛，湖中有湖，沟河纵横，水网密集，被誉为“瓯江中的绿色明珠、白鹿城美丽的后花园”。近几年，随着“三大桥一主干一轻轨”的交通路网建设，大大便利了瓯江两岸市民出行，加强了与市区的交通联系与经济辐射，成为了瓯江两侧南北经济带联系的有机组成部分，是温州市实施跨江发展战略的支撑点。根据《温州市鹿城区国民经济和社会发展第十三个五年规划纲要》，七都将围绕打造金融 4A 旅游景区岛目标，发挥自然生态优势，以七都大道为界，以南以西，以创建万国财富小镇为载体，重点发展现代金融业，强化与滨江金融集聚区一体化发展；以东以北，以突出田园风格为导向，重点推进土地流转、四季景观植物种植，旧村立面改造和精品民宿培育，发展都市旅游休闲经济。七都被规划建设为温州市的“城市新区”，定位为生态之岛、魅力之岛、幸福之岛。2017 年，结合大都市区核心区建设要求，优先完善基础配套设施，全面提升城市服务功能。

二、总体规划

1. 规划理念

七都岛总用地面积 1 219. 57 公顷，其中城市建设用地面积为 891. 16 公顷，其他建设用地面积为 62. 19 公顷，非建设用地面积为 266. 22 公顷，当前的开发以西北片为主，西北端开发强度最高，已建成大片的别墅、高层住宅等，近几年正逐步往东南方向延伸。现阶段全岛从西北往东南呈现出“城市—村庄—田园”的状态，风貌总体呈现“从人工到自然生态，从现代都市到湿地郊野”的特征，“田城相融”成为七都乡村的最大特点（图 1）。充分利用七都岛“侨、农、田”的特色资源，以“美丽乡村”建设为引领，以防江堤景观带打造为依托，以道路环境改善和慢系统打造为基础，以村庄环境综合治理为载体，以金融文化中心为示范点，突出自然、文化特色，全力打造“田城相融、商居相宜”的诗画江岛（图 2 至图 5）。

2. 规划布局

突出地域特色，注重保护村庄原始风貌，遵循让百姓望得见山、看得见水、记得住乡愁的原则和理念，结合《七都片区控制性详细规划》提出的城市设计结构及七都岛资源集聚情况，构建“一环、一带、多区块，全域立体化乡村振兴示范带”空间结构（图 6）。

“一环”——即环岛景观线。利用七都岛四面水上岸上的风景资源，以风景绿道、慢行道的标准建设七都环岛道路，打造“迎水”“观山”“望城”“看海”4 段主题各异的景观带，构建生态景观自然优美、历史文化底蕴深厚的环岛游憩带。

“一带”——以中心河、港儿河水系为主轴，以七都大道为连接，建成美丽河湖滨水生活漫步区等 3 个主题水系带。

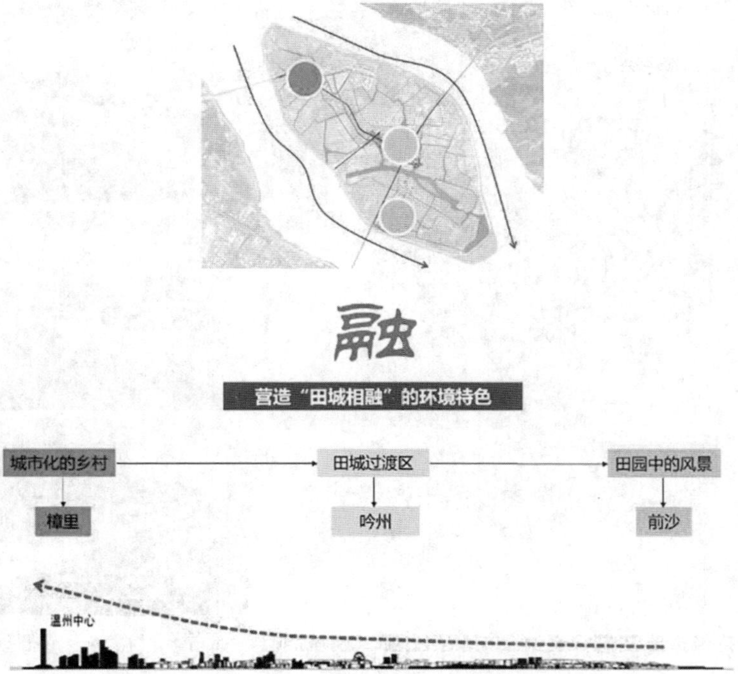

图 1　七都"田城相融"乡村振兴示范带规划理念
（来源：七都"田城相融"都市乡村振兴示范带创建规划）

图 2　防江堤景观带（来源：七都"田城相融"都市乡村振兴示范带创建规划）

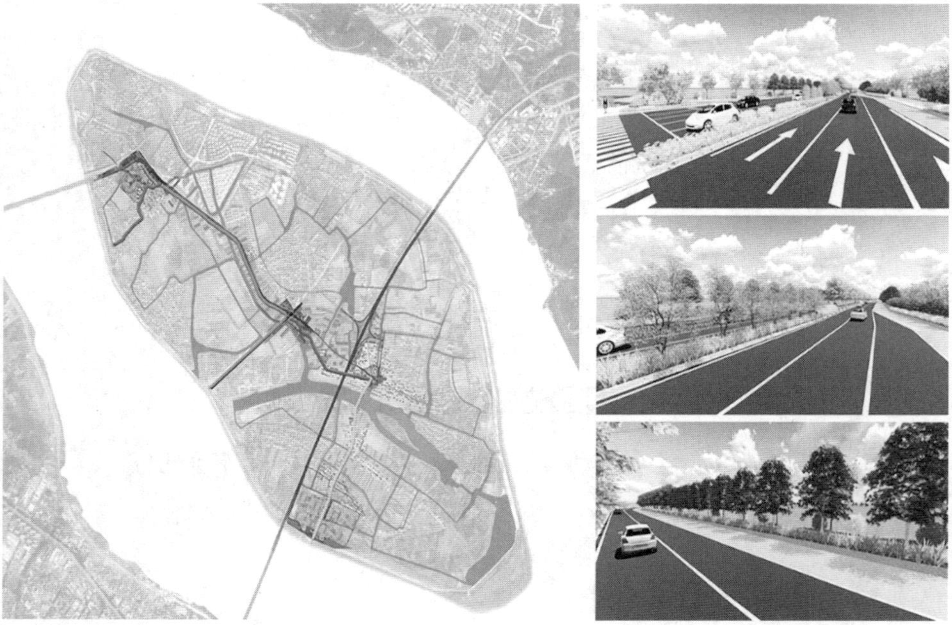

图 3　示范带道路及慢行系统（来源：七都“田城相融”都市乡村振兴示范带创建规划）

图 4　示范带村庄环境综合整治（来源：七都“田城相融”都市乡村振兴示范带创建规划）

图 5 示范带金融文化中心（来源：七都“田城相融”都市乡村振兴示范带创建规划）

“多区块”——近期建设体育公园、樟里 3A 景区村、温州金融科技文化中心、岛中岛省级湿地公园、前沙片田园综合体、吟州及前沙村小城镇综合整治工程等 6 个区块；远期建设温州大桥两侧田园综合体、温州中心城市综合体等 2 个区块。

图 6 七都田城相融乡村振兴示范带规划布局

（来源：七都“田城相融”都市乡村振兴示范带创建规划）

三、主要做法与成效

1. 整治全域环境，紧抓“三美”提升

防洪安全、污水治理、岛内交通、饮用水安全等一直是七都的短板，切实抓好环岛景观带、截污纳管、自来水管网改造、道路交通网等重点民生项目，打好污染防治攻坚战，走好生态经济化、经济生态化发展道路。七都岛在生态治理、环境建设方面拉高标杆，明确要“水畅、河清、岸绿、景美”，围绕“标本兼治、水岸同治”，共整治劣五类河道 29 条，封堵排污口 167 个，清淤近 20 万立方米，已全面完成七都岛截污纳管工程建设，完成市政污水管网 8 800 米，村级管道 42 686 米，建成日处理能力 1 万吨的七都规划污水处理厂，岛内河港儿河水质达到二类；拆除违法建筑 251 处，面积达 2.52 万平方米；新建七都大桥立体绿化 1 286 米，新增沿河绿化、道路绿化近 7 000 平方米[1]。

同时围绕美丽庭院、美丽街区、美丽河湖“三美”抓提升。依托辖区庭院数量多、面积大的天然优势，发动引导至少 80%以上住户开展美丽庭院创建，重点抓好 80 多家文创企业庭院，做成美丽乡村的精品和亮点；抓好樟里水乡特色街、前沙建设路文创街、七都大桥口风情餐饮街等特色街区的引导和建设；发动全民治水，充分彰显七都河网密布、纵横交错的“生态水都”形象。近年来，七都街道先后创成浙江省 3A 级景区镇、浙江省文明街道、浙江省美丽乡村示范街道、浙江省卫生城镇、浙江省湿地公园、温州市美丽乡村十大标杆乡镇等，下辖的 6 个行政村中更有 3 个（樟里村、前沙村、吟州村）获浙江省 3A 级景区村荣誉。

2. 激活闲置资源，培育文旅产业

七都立足自然资源禀赋和产业特点，激活“沉睡资源”，强化要素保障；通过农房盘活、土地确权、土地流转三部曲，实现土地和农房从资源到资产再到资金的蝶变。针对辖区农房空置率高的现状，发动村“两委”大力宣传引导闲置房流转再利用，充分掌握农房盘活信息，实现与市场需求良好对接；充分将农房盘活为文创企业、都市民宿业态。近年共有效盘活农房 300 多幢，农房盘活每年给村民带来收入 1 000 多万元，创造就业增加 2 000 多万元；街

---

〔1〕 张玫，范琦．好生态成就“诗画江南”［N］．经济日报，2018-7-2（13）．

道主要领导担任组长，农口分管领导具体抓，实行土地确权百日攻坚战，切实解决七都土地承包因历史遗留纠纷面大、量广而一直处于低效使用的状态。在此基础上，顺势推进土地流转，为产业发展储备土地要素保障。

在确权基础上，本着发展产业、促进增收的导向，依托毗邻滨江商务区区位优势和良好的生态环境优势，积极培育和引进阳光小院、菜菜头、樟里汀院、无料书铺等20余家时尚文创场所，TARGER西餐厅、谷子里、瓯都农家大院等20余家特色美食餐饮，安庐逸居、暖房轰趴、禧悦荟、大隐栖都、Qhouse等10余家品质休闲民宿，打造樟里文创水乡怀旧风情游、七都堤塘环岛景观绿岛骑行观光游、前沙吟州七彩侨都田园野趣游等3条精品旅游线路，极大地丰富和提升了七都街道的旅游新业态。同时，依托特有的生态环境和都市田园，规划面积2 730亩的七彩侨都田园综合体项目，打造城市中最具田园气息的综合体，离市核心区最近的诗和远方，该项目已被列入2019年市级田园综合体培育项目。

3. 整合“侨”的资源，聚力乡贤助乡

近年来，七都街道以乡愁为基因、乡情为纽带、乡贤为楷模，分层构建“贤”平台，积极发挥“贤”力量，在引领乡风文明、弘扬乡贤文化、助力乡村振兴方面打造了七都样本，被温州市委统战部、市委农办授予“乡贤助乡兴实践基地”。

2018年温州市创建全国唯一的新时代“两个健康”先行区，打造民营经济新高地。在此大环境下，七都街道充分整合“侨”的力量，鼓励乡贤抱团发展，成立侨盛国际贸易公司，紧搭温州（鹿城）市场采购贸易的“顺风车”，不仅将七都华侨散落在各地的出口业务，在可行性范围内以最快速度回归到温州，扩大了温州在国际市场贸易的覆盖面，更成为街道一个新的经济增长点，目前累计出口贸易81单，累计出口金额980万美元。除此之外，前沙田园综合体、亚尚智能科技等乡贤投资项目纷纷签约落户，引入资金2亿多元，助推七都新时代新发展。

四、发展模式剖析

1. 创新环境综合整治模式

七都街道发动全民参与生态环境整治，红色军团、“随手拍”稽查队等队伍在基层涌现，环境综合治理的模式从“政府干、村民看”向“街道牵头，

全民行动”转变，通过线上、线下、上下联动模式实现无缝对接，共治理各类环境问题702条，切实形成群众自觉参与，共治共建共享的生态环境大整治格局。街道主要领导挂帅，分管领导牵总，相关科室具体抓，各村“两委”冲锋陷阵，每月安排至少一周时间，进行全域房前屋后环境大治理，保持“治顽疾破六难”等多项考核位居全市前列；进一步推进数字城管考核，实行精细化管理，根据各村考核情况补助整治经费，同时为巩固提升生态环境，组建一个24小时专职人员轮班的全天候防控体系；七都大桥下体育公园管理运营、温州大桥下废弃空间利用，鼓励群众参与，利用社会资源助力环境治理，增强群众获得感。

2. 创新基层智慧治理模式

积极探索智能化建设与基层治理深度融合，七都率全市之先开发“智慧七都”系统，打造智慧管家中心和城市指挥管理中心。依托“智慧七都”系统，在示范带6个村23条主干道路口布建智能技术设备，对示范带安全工作实现全时段、全景式指挥调度，有效提升对突发事件的处理能力，实现技术信息资源全域覆盖、全网共享、全时可用、全程可控。

创新运用“枫桥经验”，扎实推进基层社会治理工作，整合公安专业巡逻、村级专职巡逻、村居业余巡逻、社会志愿巡逻等10支队伍，形成以“信息采集、隐患排查、矛盾化解、民生服务”为一体的义警巡防体系，给予辖区群众满满“安全感”。除此之外，“老包咖啡，专解是非”侨调室、“工友小王，为您帮忙”工调室等特色品牌调解组织，也切实发挥着品牌调解力量，成功调处涉侨、涉工地纠纷40余件，为辖区安全创造清朗环境。

3. 创新乡贤助力治理模式

乡贤，不仅以资源资本反哺家乡，更以智慧、眼界、影响力等无形财富助力乡村治理，乡贤作为助力社会治理的新力量正书写着乡村善治新故事。建立七都街道乡贤联谊平台，引进资本下乡、助力参谋划策、助推乡风文明，打造乡贤“1＋5”机制，即以乡贤联谊会为引领，按乡贤自身特点设置重点工程护航员、党务村务协助员、民情联络员、形势政策宣讲员、作风监督员五员岗位，尝试创新乡贤治理新模式。

美丽侨村，文化樟里

——记鹿城区七都街道樟里村

鹿城区七都街道樟里村位于瓯江下游七都岛西南角，七都大桥进出口处，古地名三里，因村中有一古樟，后取名樟里（图1）。全村共429户，户籍人口1 403人，常住人口580人，海外侨胞、港澳台同胞2 300多人，是一个典型的华侨村。近年来，樟里村始终坚持“党建＋生态”“党建＋旅游”发展理念，整合各方力量开展环境综合整治，先后荣获浙江省3A级景区村、浙江省美丽乡村精品示范村、浙江省文明村、浙江省休闲旅游示范村、浙江省美丽乡村、浙江省低碳村、温州市美丽乡村样板村、温州市“五美”乡村示范村、温州市旅游特色村、温州市农村基层党建工作样板村等荣誉。

图1　樟里村入口（来源：七都“田城相融”都市乡村振兴示范带创建规划）

一、村庄发展概况

樟里村，1949 年属七都乡，1956 年称樟里农业社。1958 年与板桥农业社合并称板桥生产大队，属七都管理区（1961 年从中分出复名樟里生产大队，属七都人民公社）。1984 年恢复原名，属七都乡。1992 年改七都镇。2001 年，从永嘉县划归鹿城区。

樟里村所在的七都岛临近瓯江入海口，因地势低曾吃尽台风苦头，甚至有“有女不嫁七都岛”的说法。因此，2005 年七都岛开始修建长约 14.8 千米的“百年一遇”标准防洪堤塘，2014 年 5 月全线闭合，彻底摆脱洪涝灾害困境。与此同时，樟里村开始疏浚河道，清淤超 1 万立方米，并植入具有清淤净化功能的生态水草河花；2016 年更是借助旧村整治改造的机会，打出“三改一拆”“五水共治”等组合拳，在截污纳管工程基础上，全力推进“污水零直排”建设，发动全民爱水、护水、治水，补齐生态环境短板，实现“水畅、河清、岸绿、景美”，精心打造“美丽河湖”水乡景观，逐渐呈现出一派清新淡雅的江南水乡韵味；2018 年，实施电力线路“上改下”工程，拆掉空中密布的电线，实现入地。环境蝶变吸引了众多游客及创业者的目光，樟里村也从一个无人问津的小岛村庄变成如今热门的网红打卡地。

二、主要做法与成效

1. 中西合璧，融合“瓯”“欧”多元素

樟里村依河而建、依河而居，是一个典型的水乡村庄。近年来，樟里村严格按“五美”标准打造提升，坚持水岸同治，对沿河两岸进行美化修整，对村内道路进行集中规划改造，拆除村内道路边围墙并拓宽道路，人行道与绿化带按旅游风格配置。与水乡景观相得益彰的是各家围墙上的水墨风格墙绘，或妙趣横生，或诗意淡雅，可谓是一步一景。受瓯越文化和侨乡文化的影响，樟里村建筑融合了浙南区域特征的传统式村居和西方异域特征的欧式洋房，通过修缮提升部分建筑立面，既保留樟里的特征文化记忆，又展现“瓯”与“欧”相遇，多元素多风格的共生共长，呈现文化交流和谐共存的融合之美。见图 2、图 3。

图 2 樟里村樟里文化礼堂
（来源：温州市委农办）

图 3 樟里村某庭院内景
（来源：温州市委农办）

2. 精神家园，打造乡村会客厅

“樟发有香，传承历史铸成文化新地标；里仁为美，不忘乡愁筑就精神好家园”，2015 年建成的樟里文化礼堂已成为樟里村的“文化地标”和侨乡村民的“精神家园”[1]。樟里文化礼堂按照“三堂三馆六室六廊一舞台”（即文化礼堂、东瓯讲堂、童心学堂、国学馆、国医馆、樟里记忆馆、樟里词场、门球场、图书阅览室、亲情视频室、名家书法室、春泥园地和百姓舞台等）的格局规划建设，还设立了音乐家协会“创作基地”、名家书画室和“新青年下乡”服务点，常年举办送戏下乡巡演、童心学堂、妇女扫盲班、民俗礼仪等各种文化活动，利用新媒体同步推进“互联网＋礼堂”，实现“多堂合一、一堂多用”，是樟里村的综合文化服务中心。以文化礼堂为核心，一侧的“樟里记忆馆”保留有土灶厨房、大酒缸、雕花大床、竹木小家具等，是海外华侨寻找乡愁的地方；另一侧的广场文化长廊上，可以了解樟里的村史村情、建设成就、民风民俗等，打造樟里乡村会客厅[2]。图 4 为樟里村举办文化活动。

〔1〕 陆遥，梁贵．焕发文明气象 滋养乡村振兴［N］．浙江日报，2018-4-12（1）．
〔2〕 刘娜筱．跨过七都大桥，邂逅江南水乡［N］．温州商报，2016-4-25（6）．

3. 田园牧歌，吹起乡村文艺风

樟里村闲置资源的有效盘活、环境的蝶变引来菜菜头艺术中心、天生缘·阳光小院、樟里·汀院、找稻田、拾年摄影、可以观、乐也、钓鱼岛等40多家文创企业入驻，包括设计、摄影、国学、花艺、动漫、民宿、咖啡茶艺等多种业态，形成了初具规模的文创产业集群，不仅提高了村民的经济收入，还因为文化产业的加入，使文化、时尚、创意的因子在这里相交相融，为古老的乡村带来了不息的活力与生气，也让村庄的文化底蕴更为深厚。樟里村之所以成为温州市“五美”乡村示范村、市级旅游特色村，不仅仅是因为打造了水乡、侨乡风情，更通过乡村与文化产业的有效嫁接，打造乡村的梦想和未来。

图4 樟里村文化活动
（来源：温州市委农办）

4. 绿色低碳，引领时尚新生活

本着坚持“绿水青山就是金山银山”的战略指导思想，以打造温州市近零碳排放示范村庄为目标，着力推进低碳建设、进行低碳管理、体验低碳生活。樟里村推行绿色交通，加强机动车准入管理，在村口建立低碳停车场，增设电动区间车及充电平台；完善管理现有的自行车网点，并增加两处自行车停放点；在构建村内慢行系统的同时，鼓励绿色出行，居民出行以公交、电动车、自行车、步行等低碳出行方式为主；推行垃圾分类制度，建设发酵池，厨余垃圾堆肥作为有机肥料发展生态农业；开设光伏发电试用点，计划在未来村域内大力推广农村光伏；村里现有三口大古井，仍可供居民饮用和生活用水，老宅居民几乎家家户户有一口老水井，用于取非饮用生活用水。2017年，樟里村被评为温州市第一个低碳示范村。集低碳科技普及、低碳信息传播等职能于一体的樟里低碳馆已成为温州市重要的低碳科普基地，并成功举办全省首届低碳生活节，引领倡导低碳生活方式。见图5。

图 5　樟里村商业街（来源：七都“田城相融”都市乡村振兴示范带创建规划）

三、发展模式剖析

1. 盘活“沉睡”资源，实现资金蝶变

村内一些华侨常年出国在外，家中的土地和房屋大多被闲置。七都街道主导村“两委”充分掌握闲置农房信息，盘活土地资源，促进农房流转，通过村民代表大会、村规民约的方式，鼓励村民把村内闲置的土地、空置的房屋出租给文创企业，实现从闲置资源到有效资产再到资金的蝶变[1]。同时，这些文创企业不仅让原本空置的民房有了“腔调”，让“文创村”的口号名副其实，也为增加村民财产收入打开了通道，让村民在乡村振兴过程中有更多的获得感和幸福感。

2. 深挖文化元素，拉长产业链条

深入挖掘乡村美食和乡村休闲旅游产品，利用樟里村位于七都大桥出口附近，距离温州市区较近的便利性，凭借七都美食的超高人气和政府的大力扶持，开创一条以农家美食为主的产业经济。樟里村如今拥有手掌瓯儿、瓯都农家乐、7号私享瓯菜等深受市民喜爱的农家乐。在樟里文化村落地图上，将樟里的产业与文化创意结合起来，形成一条完整的产业链，营造一个集民宿、餐饮、娱乐、游玩于一体的特色村庄，进而辐射周边地带，为农户和村集体创收，令当地居民在发展乡村旅游经济过程中尝到了甜头。

3. 侨胞心系家园，众手共建共享

樟里村众多华侨是新农村建设后备力量，也是出资的主力，正是深深的家乡情结引发了村民众筹众建、共建共享的热情，在这种理念之下，每个村民都出力，建设了樟里村文化礼堂、樟里记忆馆、百姓舞台、文化广场等。同时村民纷纷将礼堂周边自家的菜地和自留田无偿交给了村“两委”，用作文化礼堂的周边配套设施建设。看到文化礼堂建设给村庄带来的喜人变化，旅法华侨主动出资设立了“道德风尚奖”，用于奖励家乡好人好事，先后评出了最美护水奖、睦邻友善奖、孝老爱亲奖等多个民间道德奖项，激励父老乡亲

〔1〕 叶苏达．温州市闲置农房盘活利用模式及推进策略［J］．农村经营管理，2019（11）：10-12.

争做最美樟里人，延续淳朴民风，走出了一条独具海岛侨乡特色的道路[1]。

4. 党建红色引领，锻造基层铁军

樟里村基层党组织充分发挥战斗堡垒作用和党员先锋模范作用，成立以村党支部书记任组长，村委会主任为副组长，“两委”其他成员为成员的创建工作领导小组。深化党员联户制度，全村 17 名党员定期走访到户，红色细胞辐射全村，依托 2 户党员中心户建立邻里守望点，设立邻里守望室，覆盖群众 400 余户，构建“支部—党员中心户—党员—群众”的联系服务体系。同时，樟里村坚持自治为基，加强农村群众性自治组织建设，建立健全村民选举制度，实行重大决策制度，完善村民自治章程和村规民约，落实公开监督工作。

〔1〕 尤建明，陈梦圆．侨胞侨眷众筹文化平台［N］．浙江日报，2016-11-15（11）．

近水原乡，戍浦新韵

——藤桥镇戍浦新韵乡村振兴示范带

一、示范带概况与现状

藤桥镇戍浦新韵乡村振兴示范带位于温州市鹿城区藤桥镇。藤桥镇地处鹿城区西部，瓯江南岸，东接仰义、双屿街道，西邻丽水市青田县，南接瓯海区泽雅镇，北与永嘉县桥头、桥下镇隔瓯江相望。示范带涉及支岙村、中河村、潮埠村、江池村、呈岸村、小岙村、丁埠头村、江心田村、林路村、田塘头村等10个行政村，全长17.8千米。

示范带所在的藤桥镇距离温州中心城区15千米，地处温州市区与青田的区域连接点上，对外交通主要有G330国道、仰义枢纽互通至藤桥接线、双屿至藤桥公路、S215省道、绕城高速北线延伸段、渔藤公路及金温铁路等（图1、图2）。伴随着《温州市鹿城区综合交通运输十三五规划》涉及的一批重要交通工程的启动和建成，藤桥镇区域交通道路等级不断提升，对外交通联系日趋紧密，与周边重要中心城区的交通联系得到进一步改善，未来将构筑1小时省域主要城市生活圈，2小时浙中南经济圈，以及3小时长三角城市群和海西经济区联动圈，区位优势明显。

藤桥镇处于温州中心城区鹿城区的西部山区，呈现出“七山、一水、二分田”的山水田园地理特色，自然生态资源丰富。示范带区域内水系较为发达，瓯江及戍浦江、玉林溪等水系蜿蜒曲折，贯穿主要平原和山地丘陵，形成了较好的自然景观，其中尤以戍浦江景观资源最为突出。与此同时，生态环境优良，空气清新、环境优美，森林覆盖率58%，其中岙底片区森林覆盖率高达93%，拥有岩雅山景区、云水谷景区、石鼓山风景名胜区、鹿城第一高峰龙娘山、龙行峡森林公园、戍浦江景观休闲带等，具有山秀、岩雅、泉清、涧幽、洞异、树奇等特色旅游资源景观。该区域严格遵照生态优先的原则，保护、建设、利用好生态，同时利用鹿城区第一个体育强镇的优势，依托戍浦江及广袤的山林推进山地运动、滑翔伞等体育休闲旅游项目的实施，将西部地区建设为温州都市的“后花园”，形成城市与农村交互渗透的“绿色新天地”。

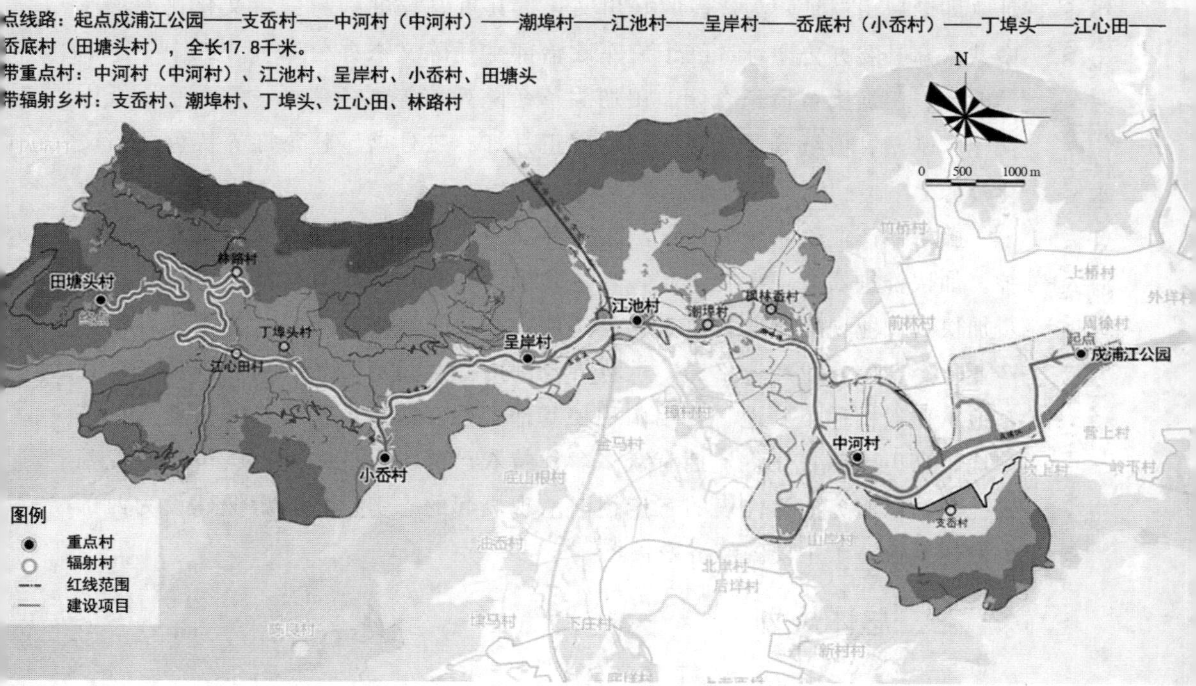

图 1 藤桥镇戌浦新韵乡村振兴示范带

（来源：藤桥镇戌浦新韵乡村振兴示范带发展规划）

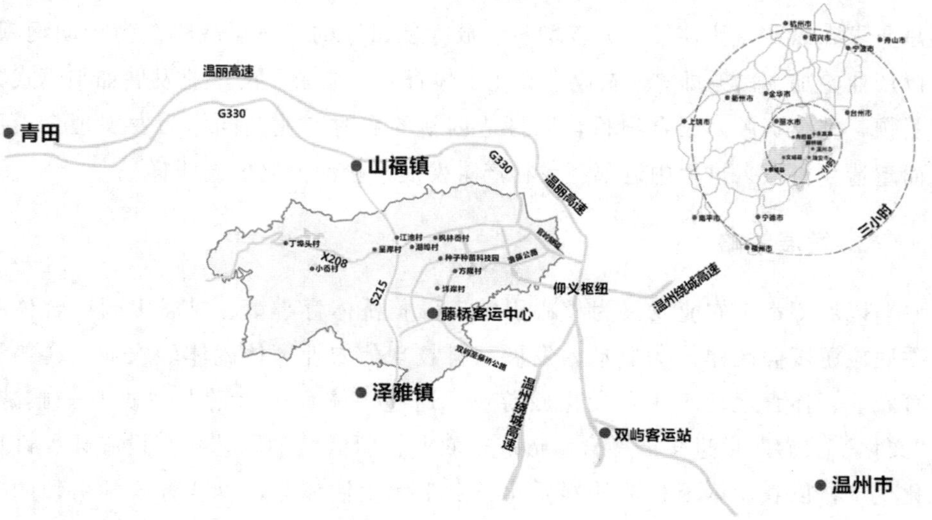

图 2 藤桥镇戌浦新韵乡村振兴示范带区位分析

（来源：藤桥镇戌浦新韵乡村振兴示范带发展规划）

示范带文化底蕴深厚，文物古迹资源甚多：以国家级文保单位曹湾山遗址（即老鼠山遗址）为代表的好川文化，其重要程度勘与良渚文化比肩；原中共永嘉县委办公旧址、红十三军政治部主任陈文杰办公旧址、红十三军活动旧址、田塘头革命纪念园、田塘头革命陈列馆等红色遗址；解元基、纸山文化、米塑、剪纸等非遗文化；岙底正月灯、二月鸢、赶龙灯等特色民俗文化资源。

藤桥镇产业以农业为重点，2018年认真贯彻落实省、市农村工作会议精神，加快推进农业现代化进程，农业基础设施更加完善，科技兴农步伐进一步加快，农业现代化取得了长足的进展，形成了区域化布局、规模化种植和产业化经营的农业产业格局，示范带范围内有温州市种子种苗科技园、草莓基地、猕猴桃种植基地、食用菌种植基地、岙底白茶展销中心、田塘头白茶基地、高田生态农庄等，拥有众多名优特农产品。除此之外，藤桥镇工业基础扎实，以服务业为代表的三产逐渐呈现崛起的态势，将旅游业建设为西部欠发达乡镇一个主要的经济增长点。

二、总体规划

1. 发展定位

秉承乡村振兴“产业兴旺、生态宜居、乡风文明、治理有效、生活富裕”总要求，以“盘活存量、完善增量、放大能量”的“三量战略”为行动纲领，以产业叠加3次方即“（农业＋文化＋体育）×旅游”的产业发展加乘模式为引领，整合资源，聚合项目，以打造创新的乡村产业共同体为发展理念，从而塑造乡村振兴过程中近郊型乡村产融发展、全面振兴的温州样板。

2. 发展策略

以城郊都市农业发展为核心引擎，以藤桥体育小镇、戍浦田园综合体和岙底旅游度假区建设为驱动，发展高科技现代农业、休闲体验农业、科普教育农业、体育运动产业和文化旅游业，通过“体育＋旅游”“农业＋旅游”“文化＋旅游”促进多产融合，形成以农业科研武装的园艺化、设施化、订单化生产，以农业休闲打造的娱乐化、乡土化生活体验，以教育研学引领的亲近自然、科普实践的教育，以体育运动倡导的健康生活，以农创文创体验支撑的乡村度假，并结合乡村农产品品牌、文创品牌、手工艺品牌建设，打造功能互补、有机结合三大功能组团。

3. 产业发展模式

示范带的农业、体育、文化、旅游等产业平台，通过技术创新、产业创新、产业融合，赋能产业链上下游，并结合产业互联网，面向产业最终的客户，以客户需求驱动乡村资源的优化配置，构建多产业融合发展、多要素完善集聚的乡村产业共同体，实现乡村产业共生、生态共建、利益共享。将农业、文化、体育三大核心产业以旅游为线进行串联融合，政府、企业、村集体和科研机构四大平台互为支撑，实现多要素完善集聚、多产业互相融合，打造乡村产业共同体。见图 3。

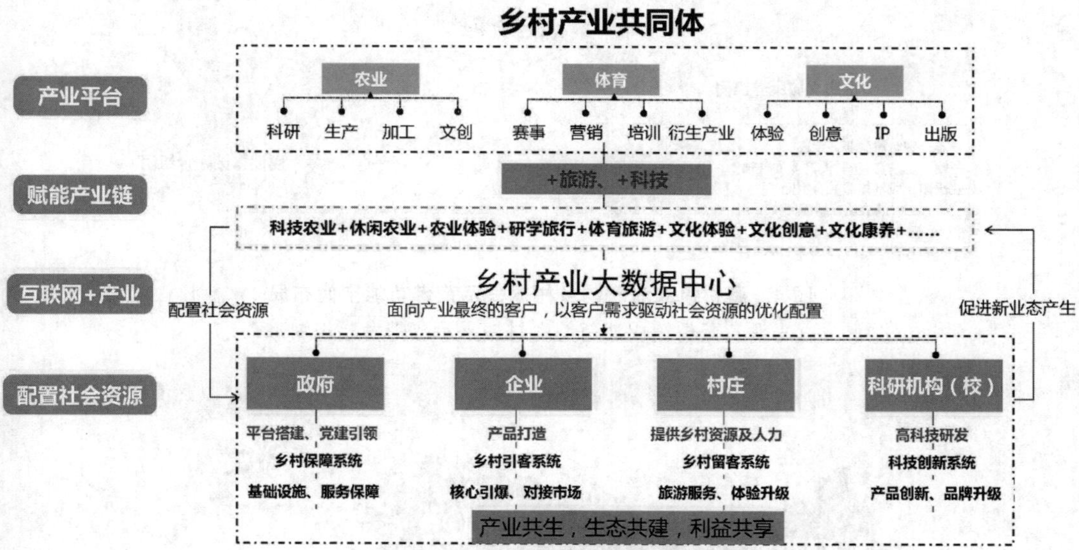

图 3 藤桥镇戍浦新韵乡村振兴示范带产业发展模式

（来源：藤桥镇戍浦新韵乡村振兴示范带发展规划）

4. 功能空间布局

以农业为基，文化为核，运动为特，通过旅游为线串联，规划“一心、一轴、三组团”的功能空间布局。“一心”即智慧旅游服务中心；“一轴”即戍浦江—玉林溪产业发展轴；“三组团”即戍浦体旅融合组团、玉林农旅融合组团、岙底文旅康养组团，打造藤桥乡村振兴示范带三大核心板块。“体旅板块”依托藤桥良好的生态基底，发展体育产业，为游客提供运动场地、运动产品以及智能运动，点亮乡村生活；“农旅板块”将文化、科技与农业要素相融合，发展科技农业和创意型农业，为农业生产过程及农产品注入文化，完成农产品的工艺化过程，提高农产品的观赏性和附加值；“文旅板块”依托藤桥丰富的非遗文化、红色文化和民宿文化进行打造，发展藤桥乡村传统文化，塑造旅游吸引的同时，实现文化振兴。见图 4、图 5。

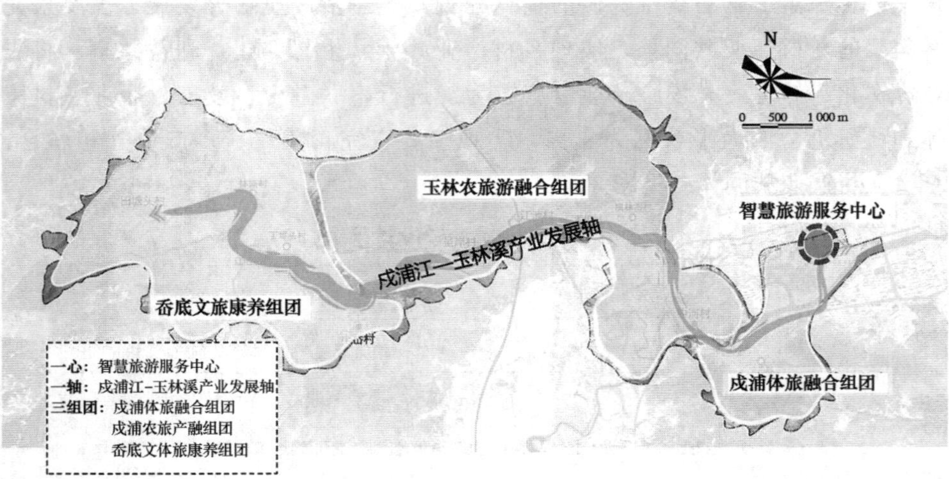

图 4　藤桥镇戍浦新韵乡村振兴示范带功能空间布局

（来源：藤桥镇戍浦新韵乡村振兴示范带发展规划）

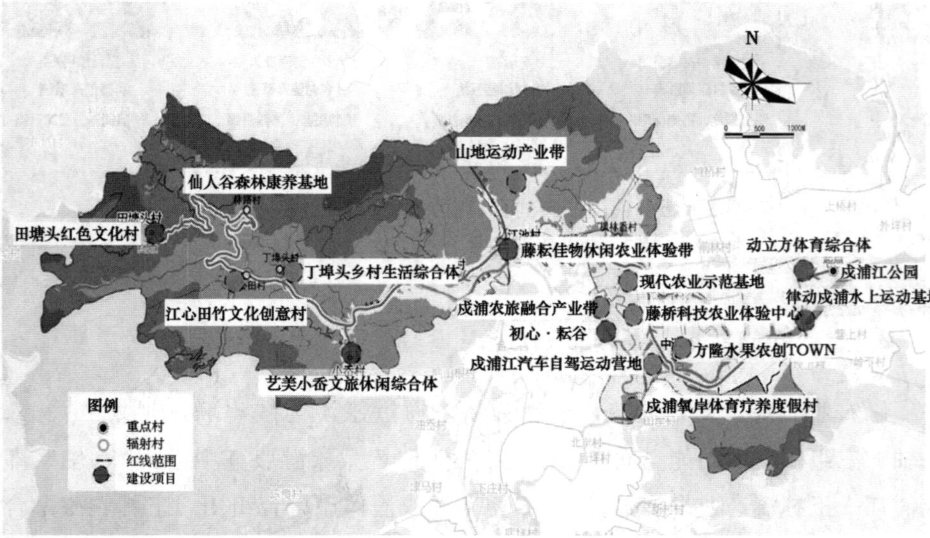

图 5　藤桥镇戍浦新韵乡村振兴示范带项目布局图

（来源：藤桥镇戍浦新韵乡村振兴示范带发展规划）

三、主要做法与成效

1. 补齐短板，推进旅游交通大格局

坚持交通先行，创新“美丽交通＋”模式。提升渔藤公路成为美丽经济示范走廊；提升方隆村至戍浦北路四好公路，完善戍浦北路、石林环线四好公路建设；全面优化车行系统路域环境、功能配套、特色风貌和管理。在做好做精“四好农村路”建设基础上，建设“一环、三线、多点”的示范带慢行系统，共同构成了完整的示范带道路网络体系，形成“快进漫游”的乡村旅游交通格局。

2. 环境再造，焕发美丽乡村新面貌

通过提升藤桥聚落性、生态性及生产性三大景观系统，助推藤桥美丽乡村环境建设。聚落性景观提升通过乡村道路美化工程、强弱电线梳理工程、乡村给水工程、截污纳管工程、美丽庭院建设工程、建筑风貌整治等六大工程，进一步完善农村基础设施和公共服务短板；生态性景观提升通过戍浦江河道拓宽工程、玉林溪景观提升工程、其他水域景观综合整治工程等三大工程实现示范带水系生态综合整治；生产性景观提升通过美丽田园建设工程，实现田园生态景观建设，通过打造戍浦田园综合体、丁埠头乡村生活体以及田园游步道的建设，推动藤桥旅游产业的发展。

3. 三产融合，构建乡村产业共同体

推进示范带产业聚集，促进产业深度交叉融合，形成“农业＋体育＋文化＋旅游”多业态发展态势。作为鹿城西部最大的农业镇，以戍浦江田园综合体建设为驱动，依托国家级农业科技园区——温州市种子种苗科技园，积极发展科技农业、休闲农业、订单农业；以示范带的果蔬种植基地、加工基地、名优农特商品展销基地为核心，大力发展农业生产、加工、商贸，通过“藤耘佳物”品牌化建设，实现产销一体，结合休闲采摘、加工体验、乡村旅游、休闲度假，实现乡村“农业＋旅游”产业互相促进，协同发展；依托玉林溪生态绿道建设，发挥呈岸村山地、古道资源优势和藤桥体育强镇的品牌优势，引进户外运动基地和山地运动公园项目建设，通过举办乡村马拉松、古道越野赛等活动，发展健身运动旅游产业，实现“农业＋旅游＋体育”产

业融合发展；以小岙文化艺术村、云水仙谷文化养生基地、仙人谷森林康养基地和田塘头红色研学基地等项目为引领，融合非遗文化、民俗文化和红色文化，大力发展“文化＋康养＋农业＋旅游”产业融合发展。

4. 吃住游购，提升乡村服务承载力

规划餐饮服务、住宿服务、旅游购物、休闲娱乐等 4 个方面的旅游服务设施提升示范带旅游引客和留客的能力。通过“一特”瓯菜、“一土”农家乐，构建藤桥乡村特色美食体系，联合“两街”（趣吃小吃街、“鲜到家”田野美食街）、“多点”（创意餐厅、休闲农庄、康养度假村等）打造浙南乡村美食旅游目的地；打造主题民宿、特色民宿、综合度假区等不同类型的新兴住宿业态，构建藤桥乡村住宿特色吸引力；深度挖掘藤桥镇地域物产、非物质文化遗产及当地独有的风土人情、传统工艺，打响农产品区域公用品牌“藤耘佳物”，打造藤桥特色手工艺品和文创产品品牌“桥夺天工”，强化藤桥乡村旅游品牌；示范带通过“体育＋旅游”“农业＋旅游”“文化＋旅游”的方式打造体旅、农旅、文旅三大休闲娱乐板块，开展节庆、赛事、购物和深度体验等活动打造“日经济”＋“夜经济”的全天、全方位娱乐体验。

四、发展模式剖析

1. 四大平台助力农特商品发展

依托政府、企业、村集体、科研院校四大平台促进产业融合，共同助力农特商品发展。政府优化乡村旅游、商品经营和购物的环境，做好乡村旅游商品质量评定认证的工作，为经营者提供一定的优惠条件和必要的资金支持，用于扶持乡村旅游商品的开发；企业通过在产品策划和产品包装设计上植入乡村主题 IP 元素，借助互联网、智能手机、乡村电商平台等渠道进行裂变式传播；村集体对生态绿色的果蔬、独家秘制的美食、独特的民间工艺进行开发，同时以“前店后厂”的模式鼓励游客参与，激发参与式的旅游商品开发；高等院校、科研机构，为乡村旅游商品提供技术支持，同时培育后备人才。

2. 五大措施保障乡村民生工程

大力发展藤桥乡村旅游经济，鼓励村民自发进行旅游餐饮、住宿经营，旅游开发深入实施农民持股计划，发展合作经济，让资源变资产、资金变股

金、农民变股东，着力促进农民增收致富；健全村级集体资产管理制度，加强村闲置农房、设施的使用效率，创新土地流转方式，引导村集体以合股经营等形式参与，获取土地收益，发展壮大村集体经济；实施低收入农户全面小康计划，优先安排低收入农民在旅游岗位就业，推广资产收益扶贫模式；持续推进“三网”建设、加快实施农村饮水安全巩固提升计划、实施小康体育村升级工程，加强农村基础设施建设；提升健全藤桥镇卫生医疗救助功能，完善关爱服务体系，加快推进农村社会事业发展。

3. 三治融合促进乡村有效治理

突出党建引领，将戍浦新韵乡村振兴示范带与党建示范带“两带共建”，实施“党建＋产业”“党建＋生态”“党建＋文化”以及“党建＋扶贫”4 大工程；全面实施“乡贤反哺”活动，吸引和凝聚藤桥乡贤、华侨精英回乡创业；以村民自治为基础，进一步加强藤桥自治组织规范化建设，拓展村民参与村级公共事务平台，同时大力开展藤桥“民主法制示范村”创建；组建藤桥廉政清查小组，大力开展农村基层微腐败整治，构建由党委领导、政府负责、社会协同、公众参与、法制保障、科技支撑的共建共治共享的社会治理格局。

写意山水，艺术小岙

——记鹿城区藤桥镇小岙村

小岙村位于温州市鹿城区藤桥镇的西部山区，由小岙、乌石坑等 6 个自然村组成，因地处葵溪南岸小山坳而取名为“小岙”（图 1）。全村 200 多户，680 余人，耕地面积近 400 亩，山林面积 9 500 亩，村内山环水抱，林深竹茂，森林覆盖率高达 80%，民居依山而建，错落有致，生态环境优势明显。近年来，小岙村积极开展村域环境综合治理，提升村庄品味，发展乡村特色旅游，成为鹿城区美丽乡村提升和乡村产业振兴的典型示范，先后荣获浙江省美丽宜居示范村、浙江省美丽乡村特色精品村、浙江省 3A 级景区村、浙江省休闲旅游示范村、温州市“五美”乡村示范村、温州市文明村等荣誉。

图 1　小岙村全景（来源：小岙村村“两委”）

一、村庄发展概况

小岙村始建于明朝，当时仅有少量猎户居住生活。清嘉庆年间，高氏先祖一脉的迁入标志着小岙村开始正式建村，并随着陈氏、洪氏等族民的加入，村庄开始日渐繁荣。20 世纪末，小岙村依山傍水建了 80 多个腌塘，村民开始了伐竹造纸，这项老手艺鼓了村民的腰包但同时也使沿线的小岙溪及玉林溪污水浊流。2007 年，藤桥镇的“熏鸡”食品迅速发展，小岙村抓住商机又大力发展养殖业，陆续搭起近 2 万平方米的养鸡棚，成为远近闻名的养殖大村。但随着玉林溪饮用水源地的建设，各种污染产业被关停，小岙村的发展也随之陷入低谷。为了让小岙村改头换面，村“两委”多番挨家挨户劝说、协商赔偿事宜，以为村谋福祉、为民谋发展、为下一代创环境为立足点，与村民好好算了本“环境账”。结合“五水共治”“三改一拆”，村“两委”经多番努力终于拆除违建，截污纳管，全面开展“美丽乡村”和“无违建村”创建，同时引入绿色、生态、可持续发展的理念，开发了猕猴桃、杨梅等水果采摘基地和大棚木耳示范基地。渐渐地，溪流和山坡重见山水原色，小岙村重拾朴实的自然风光，更是在 2016 年初摘得了浙江省美丽宜居示范村的牌子，获得下拨建设资金 200 万元，小小的村庄终于受到外界越来越高的关注[1]。见图 2。

图 2　小岙村村庄美景（来源：小岙村村“两委”）

〔1〕 尤建明，周树慧．关纸厂拆鸡棚 卖风景迎新生［N］．浙江日报，2016-5-23（9）．

中央精准扶贫、“两山”理念为小岙村这个长期集体经济停滞不前的“空壳村”带来了机遇，而各级领导给予的高度重视，更为小岙村的转型发展增添了“底气”。2015 年，鹿城区推行街镇大网格运行机制，开展“联村、包村、蹲村、强村”活动，区委老干部局挂钩联系小岙村，除深入小岙村开展蹲点调研工作、制定帮扶方案外，更积极发挥老干部的政治优势和经验优势，多次摸底小岙村资源基底，对村中的登山古道、民俗文化、革命故事进行勘探研究和深度挖掘，在反复考量与修正中，为小岙村“把脉开方”，指明了改“卖”山水的新路子。同时，藤桥镇为打造温州西片都市后花园，出台相关民宿政策，简化规划审批程序，并对重点旅游项目给予贷款贴息和政策补贴。这些政策都有利于将小岙村的旅游开发扶贫项目统一纳入藤桥镇农业休闲旅游产业链，吸引更多的政策、资本和游客关注〔1〕。

二、主要做法与成效

1. 闲置山水成卖点

小巧精致的小岙村，地势南高北低，原始天然的山水自然风光是小岙的一大特色。小岙属典型亚热带湿润季风气候区，四季分明，雨量充沛，森林覆盖率高达 80%。境内有云水谷景区、猕猴桃基地、食用菌基地等自然景观和田园风光。其中云水谷景区，位于小岙村村尾，溯小岙溪峡谷而上，境内山青、水秀、岩奇、潭深、瀑高、洞多，仙人洞是远近闻名的景观点。村里建于 20 世纪六七十年代的老屋，以岩墙、木结构为主，虽长年荒废，墙壁爬满苔藓，却颇有自然古朴的韵味，这些正是温州市民心中所缺的一方净土。

2016 年 3 月，小岙村召开了美丽乡村建设和旅游扶贫动员大会，小岙旅游开发项目得到了村民的欢迎和支持，同时小岙村得天独厚的自然生态、田园风光、民俗风情、农耕文明也吸引了众多企业家的目光，对古村休闲旅游、果蔬采摘、养生度假等开发建设项目表现出了极大的投资和开发热情。目前，小岙村已完成生态停车场建设、溪流清淤筑坝、游客服务中心和文化礼堂改造，基础配套设施逐步完善，同时引入社会资本大力发展乡村旅游。村内设有农耕体验园，可供游客体验农耕农事活动；设有猕猴桃采摘基地，可供果蔬采摘和 DIY 制作；房前屋后设有农家菜园和家禽养殖，可供游客自由采摘

〔1〕 杨世朋，周树慧．过去造纸养鸡 如今改“卖”山水［N］．温州日报，2016-5-12（4）．

或抓捕；利用古道发展登山建设，利用獒溪发展休闲垂钓等，休闲活动丰富多彩。不仅如此，小岙村还善于整合和开发各种土特产品，形成了藤桥熏鸡、藤桥乌豆酒等系列土特产品。

2. 农房入股办民宿

小岙村户籍人口 680 人，但常住人口不足百人。村里半数民房建于 20 世纪六七十年代，长期处于荒废闲置的状态，藤桥镇商会便萌生引入民宿的想法。商会中的区、镇级人大代表多次赴美丽乡村松阳、古堰画乡等地进行文化考察，回来后与镇政府共同谋划，打造岙底生态养生旅游度假区总体规划，开发所涉及的土地由村经济合作社流转过来，再由合作社整合入股给开发商，按“一村一品”的模式进行改造修缮、旅游推广。2016 年 4 月，小岙村经济合作社与温州星远国际旅游公司建立战略合作关系，引进温州嘉游投资管理有限公司落户小岙，承担小岙旅游综合开发建设任务，为“空壳村”带来转机。村民闲置的老屋按每年每间 1 000 元出租给村经济合作社，再由合作社整合入股，由投资方改造成特色民宿，进行旅游推广，第六年起每间老屋租金以 100 元的涨幅递增。村民将闲置资产变资金，村集体每年提成 8%的收益，实现三方共享收益。目前，村内已有 30 多栋房子（约占全村老屋的 50%）签了出租协议。

3. 文化品牌促增收

小岙村引进温州嘉游投资管理有限公司，将村内闲置弃用的有着古朴韵味的古民居统一流转，修缮开发，改造成特色民宿群，取名“小岙瓯宿”。该民宿由我国著名建筑师王澍担任名誉顾问。整个“小岙瓯宿”民宿群共 18 幢，每幢建筑体现一个瓯文化主题，按照“一栋一个非遗元素”的理念来打造，建筑外立面保持古居原有的石、木结构，内部空间布局及装饰均融入瓯文化元素。首期 3 幢分别为以瓯用具“瓢”结合瓯塑为主题的“一瓢居”（图 3）、以剪纸为主题的“一剪美”、以黄杨木雕为主题的“一木轩”等。首幢“一瓢居”已对外营业，也是温州全市首家获颁“特种行业经营许可证”的民宿，不仅吸引了广大游客入住体验，还邀请温州市青年作家、画家、非遗“瓯塑”项目传承人青弘女士入驻。对于接下来的其他民宿，每一幢也都将引入一位当代非遗项目传承人入驻，将非遗课堂搬进民宿进行现场教学，开发民宿旅游的同时，更挖掘、传承民俗文化，将小岙村打造成国家级民俗基地。

图 3　一瓢居（来源：小岙村村“两委”）

青山绿水不仅引得“金凤凰”落巢，更引得文化名家在此“安家”。2016 年我国当代著名温籍画家、原中央人民美术出版社副总编孟庆江教授两次赴小岙村考察。孟老对小岙村的乡村文化、村落农舍、山水景观产生了浓厚的兴趣，不仅对小岙的旅游开发提出“文化搭台、经济唱戏”的宝贵建议，还愿意牵头在小岙开辟“温州民俗文化园”。2018 年 5 月“孟庆江桃源小居”工作室正式挂牌启用，助力小岙村全方位发展（图 4）。小岙村紧密结合乡村文创产业的发展趋势，引进了云水创客空间，开发各种文创产品。除此之外，在原供销社旧址改建的游客服务中心内，设有非遗展示厅、非遗技艺传承人现场演示、非遗讲学堂等功能，作为温州民俗学会的教育、活动基地，不定期举办温州传统民俗特别是藤桥当地的非遗项目活动，这无疑提升了小岙的文化品位和人文底蕴，有利于创造出有影响力的旅游文化品牌。图 5 为外国友人在小岙村感受中国功夫。

图 4　孟庆江作画（来源：小岙村村“两委”）

图 5　外国友人在小岙村感受中国功夫（来源：小岙村村“两委”）

三、发展模式剖析

依托小岙村山环水抱的生态环境和云水谷景区资源优势，结合村庄的猕猴桃、杨梅等水果采摘基地和大棚木耳示范基地，发展农旅产业。同时以传承和创新瓯越非遗文化和民俗文化为使命，以云水书院、孟庆江大师工作室等资源为载体，以“文化艺术”为主题，通过文化体验、艺术创作、民俗展示、康体养生，使文化创意和旅游产业相融合，创新“现代农业＋旅游＋文创＋康养”产业融合发展模式，做大做强乡创文创、乡村旅游，形成特色品牌，将小岙村打造成集生态观光、文化创意、休闲度假等功能于一体的慢生活乡村度假目的地。

执笔人：林墨洋

校核人：陈洁琼

杨　薇

文中彩图请扫码查看

瓯 海

瓯海区乡村振兴示范带建设情况

一、示范带建设概况

瓯海区位于温州市西部，是温州市四大城区之一。近年来，瓯海区实施乡村振兴战略，先后建成醉美泽雅·古韵纸山乡村振兴示范带、诗画泽雅·琦君故里乡村振兴示范带和美丽花城·魅力侨乡乡村振兴示范带共3条。截至2019年6月，诗画泽雅·琦君故里乡村振兴示范带计划投资额1.22亿元，完成投资额1.21亿元，完成率99%，综合完成率74.7%；美丽花城·魅力侨乡乡村振兴示范带计划投资额1.935亿元，完成投资额1.33亿元，完成率68.8%，综合完成率63.4%。见表1。

表1 乡村振兴示范带已建成情况表

序号	示范带名称	建设年份	建设内容
1	醉美泽雅·古韵纸山乡村振兴示范带	2018年	示范带位于瓯海泽雅镇西南部，涉及到岙外、横垟、唐宅、垟坑等9个村，总面积5.5平方千米。2018年，示范带资金投入1.01亿元，以泽雅传统造纸文化为核心，融自然风光、农耕文化、休闲体育、旅游康养为一体，打造纸山文化展示区、田园风光观赏区、古村风貌体验区和特色民宿休憩区等区块。
2	美丽花城·魅力侨乡乡村振兴示范带	2019年	示范带位于瓯海区丽岙街道北部，沿线涉及丽塘、王宅、泊岙、下章、曹建、姜宅6个村。总长度约9千米。重点建设温州花城、凯易路马术基地提升工程、王宅旅村融合项目、下章村美丽乡村样板村提升工程。
3	诗画泽雅·琦君故里乡村振兴示范带	2019年	示范带位于泽雅水库西部的泽雅省级风景名胜区内，涉及岙外、龙头、石桥等10个村，总面积约17平方千米，总长度约20千米。重点建设北林垟美丽乡村田园综合体、马鞍岩森林康养基地、泽雅湖骑游基地、瓯海区泽雅水库水源地生态提升项目等6大项目。

二、诗画泽雅·琦君故里乡村振兴示范带

1. 示范带基本情况

诗画泽雅·琦君故里乡村振兴示范带位于瓯海区泽雅省级风景名胜区内，串联了泽雅湖、高山角、金坑峡、七瀑涧、崎云5大景区，涉及岙外、龙头、石桥、下庵、屿山、庙后、庙益、石坑、林垟、胡坦10个村。总面积约17平方千米，总长度约20千米。区域内拥有梯田、竹海、溪谷等自然秀丽风光，也有琦君故里、刘英·马鞍岩革命交通站、四连碓等人文景观。项目规划塑造“诗画泽雅·琦君故里”形象，打造一条“以琦君文化为灵魂，以泽雅山水为依托，农、文、体、景、旅产业融合”的乡村振兴示范带（图2）。

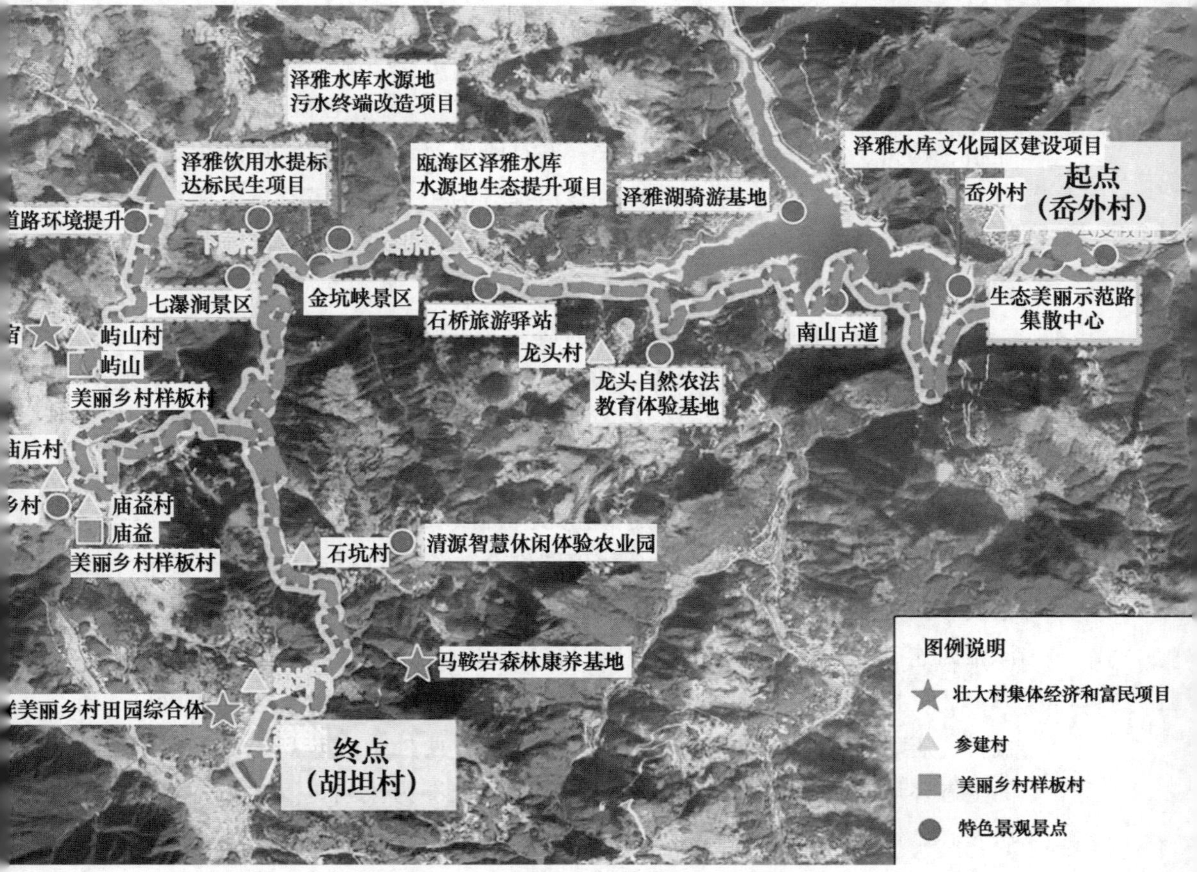

图1 诗画泽雅·琦君故里乡村振兴示范带基本情况

（来源：诗画泽雅·琦君故里乡村振兴示范带规划）

2. 具体做法与成效

（1）打造六大亮点项目，推进乡村产业振兴　为推进乡村产业振兴，示范带共打造 4 个产业兴旺项目，2 个生态宜居项目。一是北林垟美丽乡村田园综合体，总规划面积约 13.86 平方千米，其中核心区块用地面积 9 564 亩，林地 7 300 多亩，耕地 1 600 多亩，核心区块村庄建设用地约 281 亩。打造彩色花谷乡、橙色蔬果乡、金色稻田乡、翠色蔬野乡、绿色循环乡为总体发展格局，建设“望得见山，看得见水，留得住乡愁”的美丽乡村。二是马鞍岩森林康养基地，占地 4.15 公顷，集游览、康养、饮食、住宿、科普、娱乐等多功能一体，建设民宿、采摘、娱乐、观竹的度假村。三是泽雅湖骑游基地。通过环泽雅湖骑行车道、休憩驿站、自行车租赁、销售区、水文化园等基础设施配套建设，打造集游览、骑行、科普、购物、娱乐、等多功能一体的骑游基地。四是崎云度假村。总投资 1.5 亿，占地 63.21 亩，建筑规模 23 338.29 平方米，定位为高档次旅游度假宾馆，满足游客游览、康养、饮食、住宿、购物、娱乐等多方面的需求。五是瓯海区泽雅水库水源地生态提升项目，以建筑立面改造、水库外环境整治提升为主。六是庙益村美丽乡村样板村，采用琦君笔下的诗歌和故事，还原一个“合抱的青山，潺湲的溪水，一望无际的绿野平畴”的生活场景和研学实践基地。见图 2。

（2）打造“旅游 +”主题线，创造“文、农、体、旅、景”体验氛围　打造“文 + 旅”“体 + 旅”“农 + 旅”“景 + 旅”4 条独具特色的产业主题线。一是依托四连碓纸山文化，红色文化、琦君文化、水文化、农耕文化等打造“旅游 + 文化”主题线。二是沿泽雅水库泽雅湖骑游基地与泽雅漂流等项目打造“旅游 + 体育”主题线。三是依托龙头自然农法教育体验基地、清源智慧休闲体验农业园、北林垟美丽乡村田园综合体等项目打造“旅游 + 农业”主题线。四是沿泽雅 4A 级景区、泽雅风景区旅游精品线（吴坑桥—屿山段）、泽雅四连碓文物保护区等项目打造“旅游 + 景区”主题线。见图 3。

（3）推进生态环境提升项目，创造宜居宜游生态环境　完成屿山村、庙益村、庙后村 3 个美丽乡村和林五线、胡坦村两处景观节点建设，创造优美的生态环境。庙后村以“多元文化和琦君散文”为线索，以“康体养身，乐居养心，饮食庙后，田园耕耘”为主题，从“康体、养心、农事、民俗”4 点全面打造集康体养生、农事体验、民俗活动和文化交流为一体的综合性康养休闲村。庙益村以琦君笔下的诗歌和故事为主题，还原一个“合抱的青山、

林垟美丽乡村田园综合体　马鞍岩森林康养基地　泽雅湖骑游基地

崎云度假村　瓯海区泽雅水库水源地生态提升项目　庙益村美丽乡村样板村

图 2　诗画泽雅 · 琦君故里乡村振兴示范带 6 大重点项目

（来源：诗画泽雅 · 琦君故里乡村振兴示范带规划）

潺湲的溪水、一望无际的绿野平畴”的生活场景和研学实践基地，打造空间版教科书。

（4）提升基础配套设施，夯实乡村振兴基础　完善提升示范带基础设施建设。一是提升道路交通设施。改造提升泽雅水库生态美丽公路，创建国内一流的休闲文化环湖绿道；对经过庙后村、屿山村的林五线总计 10.56 千米的农村公路进行路面维修；沿线共设置 9 处生态停车场。二是提升村庄配套设施。投资 100 万提升石桥、南山等 2 座旅游公厕，新建珠岩、庙后等 3 座旅游公厕。融入特色创意元素，设计与景区或街区主题风格相统一的垃圾桶。对下庵、石桥等村居进行饮用水硬件提升改造，对石桥、下庵、庙益、庙后等村居进行污水处理终端改造。三是提升住宿与饮食设施。完善崎云度假村、屿山精品民宿、马鞍岩森林康养基地、北林垟美丽乡村田园综合体等住宿和农家乐设施，实现吃住大提升。

（5）加强乡风文明建设，改善村镇民风民俗　加强乡风文明建设。一是文明村镇建设：10 个参建村全部建成区级以上文明村，星级文明户比率达

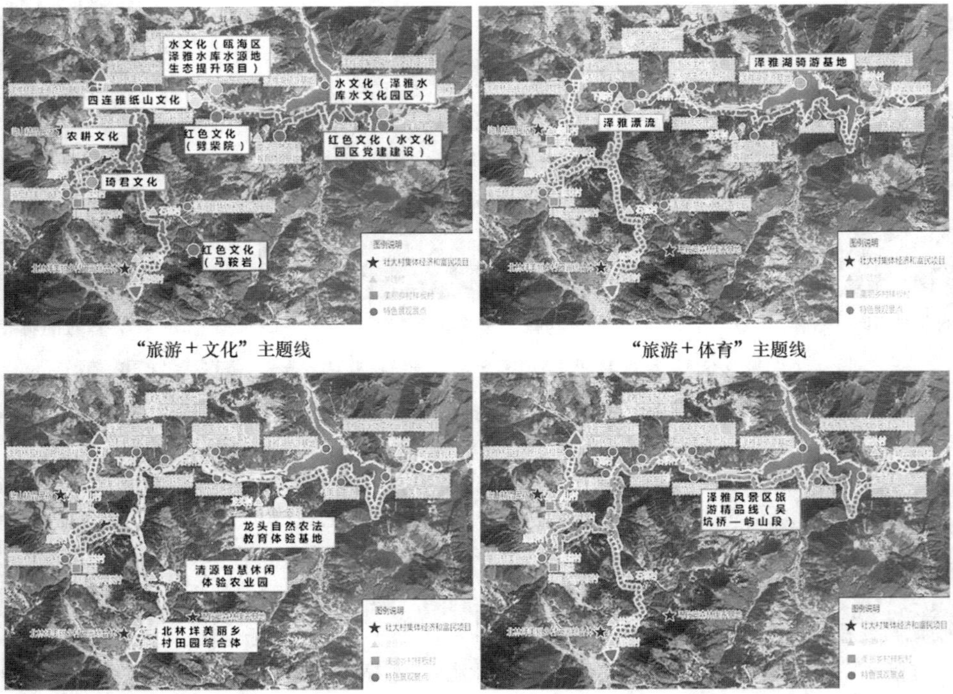

“旅游＋文化”主题线　“旅游＋体育”主题线

“旅游＋农业”主题线　“旅游＋景区”主题线

图 3　诗画泽雅·琦君故里乡村振兴示范带四条主题旅游线

（来源：诗画泽雅·琦君故里乡村振兴示范带规划）

50%以上，美丽庭院创建户达50%以上。二是推进移风易俗：10个参建村将移风易俗的具体要求写入村规民约，建立健全“四会”组织，确保全年没有出现移风易俗违例现象，主要道路、通景公路视线范围内无可见坟墓。三是文化礼堂建设：示范带区域内户籍人口500人以上行政村文化礼堂全覆盖，建成1个五星级文化礼堂。四是善治示范村建设：10个参建村全部创成区级善治村，市级以上善治村比率达30%以上，参建村无案件、无诉讼、无信访和无重大矛盾纠纷，有综治工作中心“四室”和全科网格治理。村便民服务中心覆盖率100%。

三、美丽花城·魅力侨乡乡村振兴示范带

1. 示范带基本概况

示范带位于瓯海区丽岙街道中心区域，全长约9千米，沿线涉及丽塘、

王宅、泊岙、下章、曹建、姜宅共 6 个村。丽岙是浙江省著名侨乡，约 3.3 万人侨居美、意、法、德、荷兰、西班牙、葡萄牙等 27 个国家和地区。示范带沿线既有马术运动休闲综合体，也有肯恩大学、北大新世纪温州附属学校、瓯海区第一高级中学等教育资源。近年来，规划塑造美丽花城·魅力侨乡形象，打造一条“以侨乡文化为底蕴，以花城、马术为核心，结合教育、旅游产业为一体”的综合型乡村振兴示范带。见图 4。

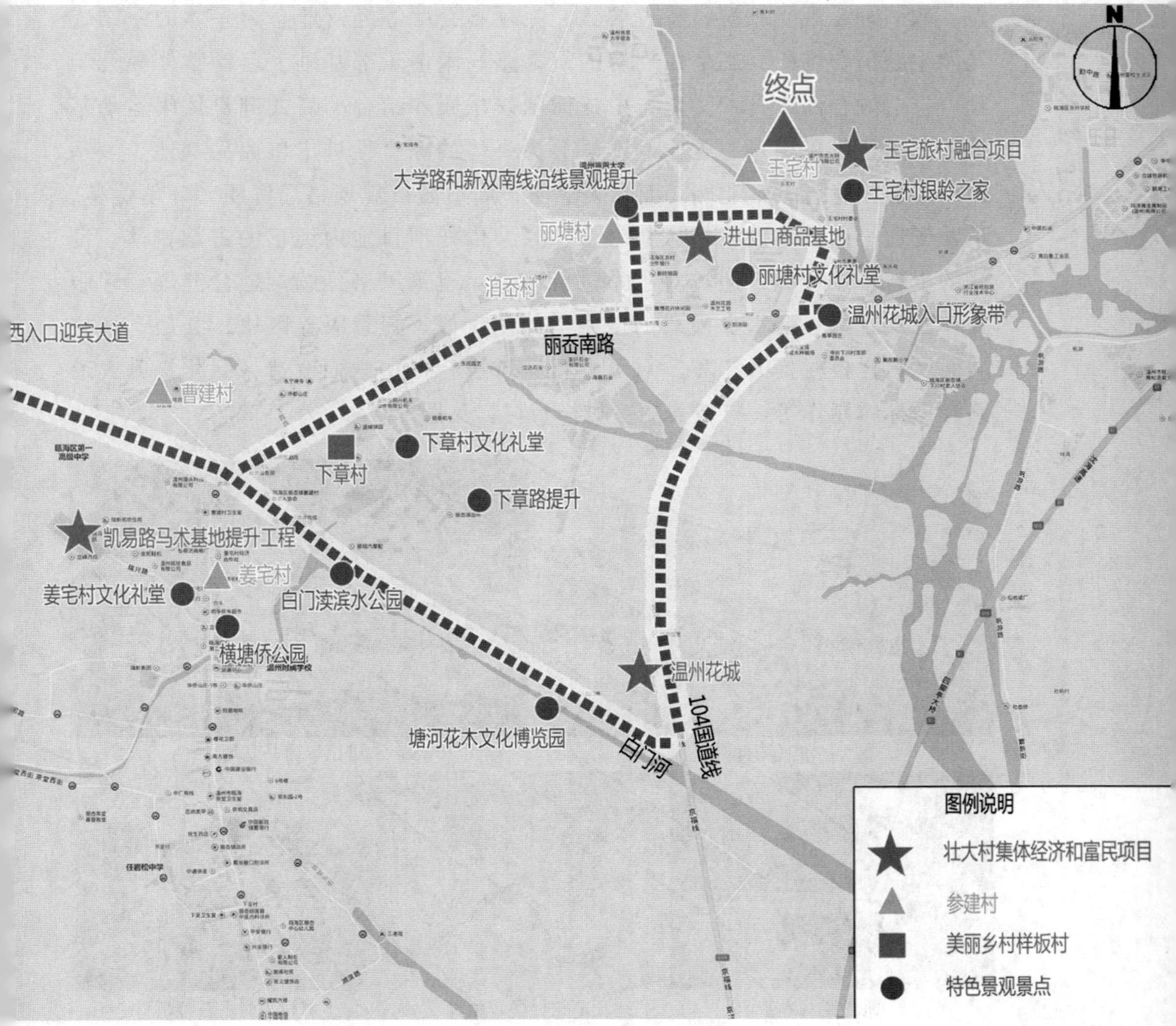

图 4 美丽花城·魅力侨乡乡村振兴范带范围

（来源：美丽花城·魅力侨乡乡村振兴示范带规划）

2. 具体做法与成效

（1）打造五大亮点项目，推进乡村产业振兴　打造 4 个产业兴旺项目，1 个生态宜居项目。一是总投资 5 亿元打造浙南首个一站式花卉主题生活（商业）广场——温州花城。温州花城是集花木、会展、休闲、餐饮、旅游观光功能为一体的商业区，将形成以花和相关产业为核心，以花卉交易、文化创意、软装饰、观光旅游、特色餐饮、主题宴会厅等经营业态为一体的一站式花园主题消费场所。二是在现有的凯易路马术俱乐部基础上启动整体提升工程，打造融合西方马术文化与中式休闲娱乐康养结合的新式健身休闲运动基地。三是建设集商场、餐饮、娱乐等为一体的综合性进出口商品基地。该基地位于温州肯恩大学北侧，面临大学路，周边城市规划格局鲜明，环境优美，道路畅通。四是建设王宅旅村融合项目。依托项目地内纯正的古韵村落、良好的生态自然环境，通过对水系进行改造，建筑风格延续，融合健康管理服务体系，打造一个水乡模式的慢生活休闲度假、智慧康养区块。五是下章村美丽乡村样板村提升工程。对下章村全域进行民房立面改造、绿化提升、道路标识标牌制作等，打造美丽乡村样板村。见图 5。

图 5　美丽花城·魅力侨乡乡村振兴示范带建设的重点项目

（来源：美丽花城·魅力侨乡乡村振兴示范带规划）

（2）三大文化主题区建设，打造综合性乡村振兴示范带　将美丽花城·魅力侨乡乡村振兴示范带划分为 3 大文化主题区。①花城花香：以花文化为核心，打造销售、培育、科研、文化创意为一体的花木产业龙头。建设温州花城、塘河花木文化博览园、横塘侨公园、白门渎滨水公园、下章公园。②马术康养：以凯易路马术基地为核心，将西方马术文化与中式休闲娱乐康养相融合，打造新式健身休闲运动基地。③慢城生活：以肯恩文化、咖啡街、王宅旅村为核心，打造以慢生活为特色的休闲旅游目的地。

（3）建设道路景观项目，展现丽岙风采风貌　改善丽岙交通，完成道路景观建设。一是示范带涉及温州花城西入口迎宾大道、大学路和新双南线沿线景观提升、温州花城入口形象带、下章路景观提升四个道路景观建设。二是道路景观提升，突出丽岙特色文化。完成吹台山隧道出口处景观建设（吹台迎宾）、吹台山接线与丽岙南路交叉口处景观改造提升与立面改造等（丽岙风采）、花城主建筑旁绿化提升和下章路景观提升。

（4）提升基础配套设施，夯实乡村振兴基础　完善提升示范带基础设施建设，提升村庄配套设施。在游客中心和各景区（点）设立分类式垃圾桶，逐步取代现有的铁质垃圾桶。在不同主题的景区或街区，设计与主题相关的垃圾桶外形，将景区特色元素创意性地融入垃圾桶设计中。标识形象体现花城内涵，简单大方又时尚。

（5）促进乡风文明改善工作、红色党建引领工作　加强示范带乡风文明建设。一是文化礼堂建设：建设姜宅村、下章村、王宅村文化礼堂，王宅村文化礼堂以“银龄之家”为主题。二是丽岙党建联盟文化建设。以红色党建为指引，于吹台山出口、下章村、丽塘村路口等设置党建文化小品等内容（图 6）。三是推进移风易俗：参建村将移风易俗的具体要求写入村规民约，建立健全“四会”组织（村民议事会、道德评议会、禁毒禁赌会、红白理事会），确保全年没有出现移风易俗违例现象，主要道路、通景公路视线范围内无可见坟墓。

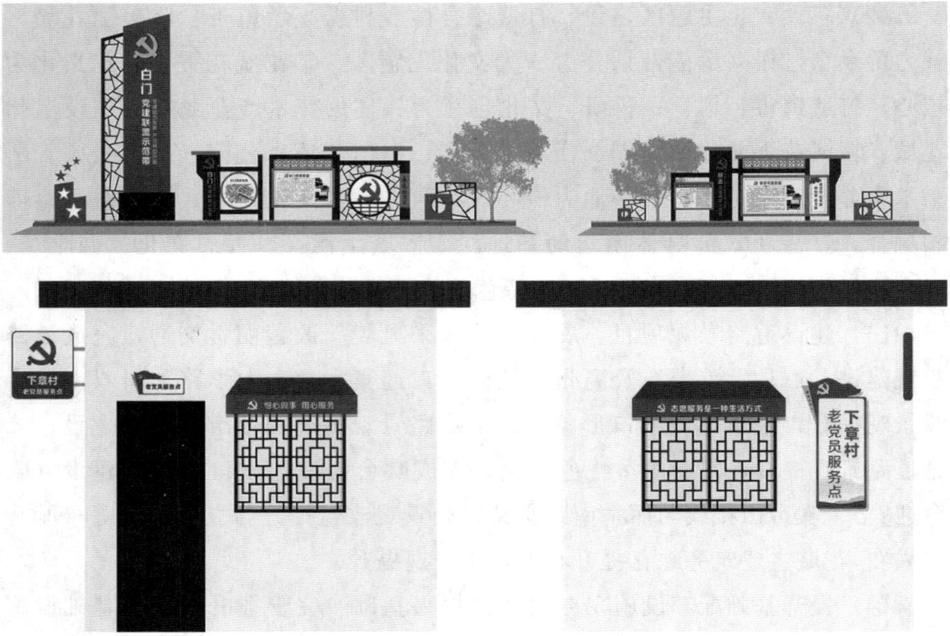

图 6　党建文化小品

（来源：美丽花城·魅力侨乡乡村振兴示范带规划）

田园牧歌，美丽乡村

——记瓯海区泽雅镇下庵村

一、村庄发展概况

下庵村地处温州市瓯海区泽雅镇，泽雅省级著名风景名胜区核心景区——七瀑涧景区的入口处，交通便捷，景色宜人，距市区 30 千米，辖上庵、下庵、五岩殿 3 个自然村，全村 70 户，总人口 310 多人。村庄面积约 1 762 亩，其中林地 1 570 亩，耕地 122 亩。

为解决村庄山区发展困境，下庵村休闲旅游以“旅游胜地，山水下庵”为发展理念和主题定位，在政府的大力引导和扶持下，大力发展生态休闲旅游产业，开发了健身游步道、峡谷漂流、农事体验、水果采摘、溪涧休闲垂钓、水碓造纸技艺展示等旅游项目，形成一二三产业融合发展态势。2016 年，全村共接待 30 多万人次，创旅游产值 1 200 万元，带动 120 余名群众稳定就业（其中贫困人口 28 人），成为远近闻名的综合性生态运动休闲特色旅游村，被评为温州十大最美村庄、浙江省特色旅游村、温州市农家乐示范村、温州市旅游特色村（图 1）。下庵村“农家乐”是近年来依托风景区发展起来的集餐饮、娱乐、住宿为一体的娱乐项目，为浙江省第一批农家乐特色示范村之一。

二、具体做法与成效

1. 高山流水激活一个村庄

下庵村“两委”相关负责人介绍，2006 年，村中虽然有七瀑涧、泽雅大峡谷、停车场等旅游资源，但未进行有效利用，村民收入微薄，村集体收入只有 3 000 元（电站租金 2 000 元，停车场租金 1 000 元）。村“两委”经过认真研究后，形成“人聚必然财聚”的发展思路，开始着手包装本村特色旅游

图1 下庵村获得的荣誉（来源：下庵村村委会）

资源，把游客引进来。2006 年，温州泽雅运动休闲旅游开发有限公司投资 400 多万元打造了温州市首条皮筏艇峡谷漂流水道，吸引大量旅客观光旅游（图 2）。村里出租溪流，每年可收取租金 2.58 万元，几乎闲置的集体资产

图2 下庵村泽雅皮筏艇峡谷漂流基地（来源：自摄）

——停车场开始发挥作用，当年收入约 1 万元，并逐年增加。随着客流量的增加，村民创业的积极性迅速提高，先后开起了 12 家农家乐，沿溪石板路形成了特色街市，繁盛异常。2015 年，全村人均收入已达 3 万元。

2. 深耕资源持续强村

下庵村十分注重基础设施投入。①下庵村水资源丰富，有小水电站一座。2009 年之前，由于水电站发电量小，每年土地租金 2 000 元。为增收，村“两委”提出积极配合电站扩容的发展思路。由于电站产量增加，产值提高，电站租金从 2 000 元提高到 3 万元。为此，村集体经济收入突破 10 万元。②低碳环保，改善村庄生态环境。近年来，村庄投资 100 多万元陆续建成了沼气处理池、生态型停车场和太阳能路灯，完成农村生活污水集中处理系统工程，实现节能减排，真正达到低碳环保。建设溪滨公园，安装健身器械。2008 年，对景区入口沿街的 30 多户农户建筑装立面进行统一改造，进一步提升村容村貌（图 3）。③近年来，下庵村积极融合文化、体育、农业等诸多产业，不断推出一系列丰富、多元、系统的“旅游 + ”产品。浙江省最大的户外拓展基地落户下庵村，投资 500 多万元，建成包括高空滑索、独木桥、攀岩等 18 个拓展项目，半年人数就达到 3 万人次，收益 180 万元。

图 3　下庵村溪滨公园和停车场（来源：自摄）

3. 做强旅游促进消费升级

旅游业已成为下庵村的主导产业和富民民生产业。近些年依托泽雅风景区旅游产业，到下庵游玩的游客越来越多。休闲旅游得到了深度开发，当地村民陆续开起了农家乐、农家小院等旅游配套产业，极大地解决了村里劳动力问题，提高了农民的收入，下庵村也成为浙江省第一批农家乐特色示范村之一（图 4、图 5）。农家乐的发展也顺应市民消费升级需求，将“吃一餐”调整为“住一晚”，延长休闲时间，增加村民收入。目前有农家乐 12 家，是由村民将自家住房改造建成。其中四星级有 1 家，三星级有 5 家，二星级的有 5 家，并组建了村农家乐协会筹备委员会，着手制定农家乐发展计划和各项管理制度。为促进农家乐长效健康运营，下庵村注重品牌运营，推出八盘五、豆腐鲞、水库鱼头、锦粉蛋、荔枝煎蛋等特色的泽雅纸山菜。设计多个节庆活动，如正月十四庙会、纸山尝新节、纸农菜美食节、千人徒步大会、激情漂流大赛等节庆，吸引着八方来客，展现独特的纸山风情；有屏纸、瓯柑、豆腐鲞、乌豆酒、纸山大米、西雁茗茶、五凤粉丝、农家白烧等 30 余种农副土特产品可供游客选购。

图 4　下庵村农家乐一条街（来源：自摄）

图 5　西雁度假村（来源：自摄）

三、发展模式剖析

1. 以山水为媒，塑“两山”模式典范

泽为水，雅为美。泽雅是国家级生态镇、省级森林公园，文化底蕴丰厚，自然风光秀美。这里既有享誉中外的古法造纸文化遗址，又有名扬两岸的琦君故里；既有开放的红色教育基地，又有藏在深山的千年古寺。厚重的历史与秀美的山川，构成了泽雅镇特有的旅游文化资源。下庵村凭借地处泽雅景区核心区域的独特优势，大力发展生态旅游产业，开发了健身游步道和峡谷漂流等旅游项目，发展农家乐、农家小院等旅游配套产业，形成了吃、住、玩为一体的特色旅游休闲村，成为温州市民周末休闲和春游踏青的理想去处。

2. 借力强村公司，壮大村集体经济

2016 年，瓯海区出台《发展壮大村级集体经济“强村计划”三年行动实施方案》《发展壮大村级集体经济的十条帮扶政策》等，率先成立了强村实业发展有限公司。强村公司的模式是集体经济薄弱村入股强村公司，通过分红获得收益。这种合作经营扶贫模式，是对基础比较薄弱的“空心村”“贫困村”的帮扶举措，对村庄引进项目、壮大村集体收入提供了起步资金。2016 年瓯海区泽雅镇 81 个行政村中有 76 个属于集体经济薄弱村，下庵村也位列其中。加入“强村”政策后，下庵村溪流整治项目区财政承担 80%，村里负责 20%，约 11 万元，有效地缓解了项目资金投入的困境。另一方面，2017—2018 年下庵村分别从“强村公司”分红 5 万元和 6 万元，与村内溪流整治项目投入资金持平。因下庵村自建的生态停车场出租提高了收益，村里全额承担了全村 300 多名村民的医疗保险，提升了村民的幸福感和满足感。

3. 提素质强内功，创美丽生态村

农家乐的红火和游客的增加带来了村集体收入的快速增加，另一方面也带来了村庄生活污水和垃圾问题。为了解决生活污水问题，村庄投资 50 多万元建设了沼气处理池，完成农村生活污水集中处理系统工程建设。同时，沼气处理池的绿化美化也紧随其上，村里将其打造成溪滨公园，安装健身器械。垃圾回收方面，村内投资引入了二维码垃圾回收分类，实现信息化管理（图 6）。在加强村庄美化绿化的同时，下庵村更把提高农民素质、促进居民全面

发展作为创建活动的出发点和落脚点。充分利用村民代表会议、村党员会议、宣传栏等形式，对村民进行思想道德教育、科学文化教育，使村民的精神面貌焕然一新。

图 6　二维码垃圾分类回收平台（来源：自摄）

四、适用条件

（1）山水资源是下庵村快速转型发展的重要基础　该模式依托丰富独特的山水景观资源，进一步完善基础设施，培育旅游产业，全力打响“旅游胜地，山水下庵”特色品牌，带动周边村民可持续享受旅游发展红利。因此，该模式适合山水景观资源丰富、文化资源厚重的乡村。

（2）以点带面，协同发展　泽雅省级风景名胜区每年几十万人次的游客量为下庵村的旅游业带来了重要保障。由于村庄位于省级风景名胜区核心地带七瀑涧景区的入口处，交通便捷，凭借区域的独特优势，集聚人气，能够快速实现转型升级。因此，该模式适合周边已有开发成熟的旅游景区的村庄。示范带可串点成线，联动发展，带动周边村民致富。

琦君故里，大陆眷村

——记瓯海区泽雅镇庙后村

一、村庄发展概况

泽雅庙后村位于瓯海区泽雅镇崎云山山脚，海拔500～800米，是泽雅省级风景名胜区的核心景区“七瀑涧”的终点，有“浙南小庐山”美誉，是全国第一批绿色村庄、温州市最美乡村之一。村庄历史可追溯到明万历年间，因山后建村，村前山峰似巨龙而得名“龙后”。清代光绪年间，村内修建神庙一座，香火很旺，信民众多，由此改名“庙后”。1963年，因村庄规模过大，村庄拆分成“庙后”“庙一”（谐音“庙益”）。2019年，村庄重新合二为一，恢复村名“庙后村”。图1为庙后村遗存的古庙及登云桥。

村庄境内竹海绵延，山水风光优美，泽雅的主景区七瀑涧到此为终点，避暑休闲景区崎云景区以此为起点。著名的革命军司令部第一参谋潘国纲及其养女当代国宝级著名作家琦君出生于此。2018年以来，庙后村抢抓琦君故里山水示范带建设的契机，大力推进美丽乡村建设，围绕“琦君笔下的故乡”，打造一个承载着琦君深情记忆与怀念的浙南村庄，实现美丽蝶变，开启“后”发赶超。

二、具体做法与成效

1. 生态优先，“鸡屎岭”环境再造

坐落在绿水青山间的庙后，曾经一度脏乱差。通往山上的门前岭以前“脚都踩不下”，不少村民在这一带随意养鸡，鸡屎遍地。当地人调侃，这哪是“门前岭”，更应该叫“鸡屎岭”。2019年10月，村里启动环境改造，“鸡屎岭”入列其中。但改造山路并不容易，村民不养鸡，收入就受损，养鸡户们一致反对。为此，村干部带着村民们走出去，去看永嘉、丽岙等地美丽乡

图 1　庙后村遗存的古庙及登云桥（来源：自摄）

村建设，让他们亲身感受村庄蜕变带来的效益。参观让村民们“心动”了。随着村民思想观念转化，村庄慢慢扮靓。农民房有情调了，外立面改造成了灰瓦白墙，房屋外的花木竞相绽放。墙体上有琦君散文，并配上绘画，村前溪水清澈，溪上石桥古朴雄浑，村间小路幽深古老，舒展开美丽的田园画卷，让人耳目一新。见图 2。

图 2　庙后村村庄环境（来源：自摄）

2. 文化为魂，打响“琦君故里”品牌

台湾著名散文作家琦君是庙后村的文化名片，如何做好充分的文化挖掘，使琦君故里带动产业发展，是村庄发展的重点。琦君 1917 年出生于庙后，

1945年去台湾，写有《橘子红了》等著名散文，散文《神奇的景象》写了自己于抗日战争时期逃难于故乡山中的感受，特别是她的许多作品都充盈着对故乡的真切记忆和美好情感。庙后村总投资200多万元，改建庙后小学，修整厢房打造琦君纪念馆。纪念馆全方位地展示了琦君颇具色彩的人生经历和家族史。2013年该馆正式对外开放。见图3、图4。

图3　琦君纪念堂

（来源：网络 https://www.sohu.com/a/300999190_194878）

图4　琦君故里

（来源：网络 https://www.meipian.cn/1xx097ku）

三、发展模式剖析

1. 规划先行，营造琦君散文意境

在琦君的50多本文学作品中，童年、故乡、亲人、师友占据了她创作题材的绝大部分。儿时家乡文化和家庭教育潜移默化地熏陶形成琦君注重情感、关爱他人的人生观，为她的文学作品奠定了主旋律。“崎云山水秀，庙后乡情亲”是她返乡寻根探亲时的题词。为使庙后村体现多元文化和琦君散文意境，村庄在建设之初委托专业的规划师完成村庄规划。结合琦君散文对故乡的描写、大量散文诗集以及其父写的诗句，投资600万打造“琦韵庙后、琴桥卧波、心香沐晴、青灯雨巷、浮目帘青、崎云缦回、故水情幽和竹伴相知”共8处景观节点，赋予每一个节点一个情景，一种意境，并策划相应的活动，打造琦君故里，打造空间版教科书，提升乡村养生度假创建水平。

2. 古今交融，美化庙后生态环境

庙后村内仍保留有古建筑，多为清末民初时期建造的，承载着庙后村几

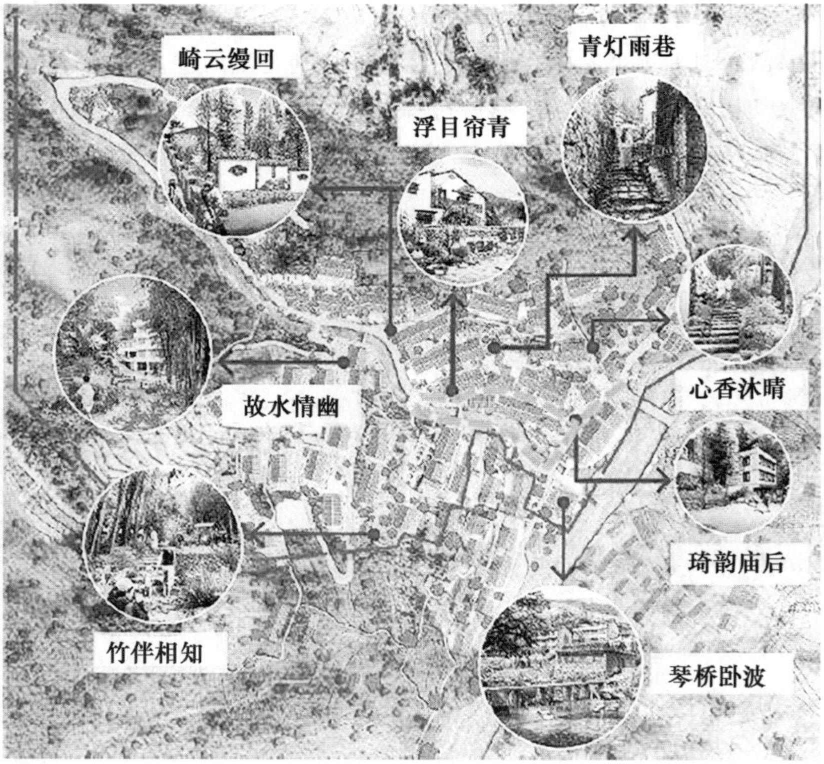

图 5　琦君故里景观节点规划

（来源：瓯海区泽雅镇庙后村 2018 年度美丽乡村建设方案设计）

百年的历史底蕴。清末建筑主要以木构为主，采用坡屋顶，为一字式大屋。村内民国时期的建筑较多，多以四合院的形式出现。村内街巷古朴，两条主要道路沿水分布，弯弯的石板路颇具浙南水乡风味。为充分体现山水自然、世外桃源的意境与古村风貌，为游客展现空间版的琦君文化记忆，庙后村在美丽乡村环境改造提升中，注重古今融合，保护与改造并举。保护和管理潘氏宗祠、潘鉴宗故居等古建筑，同时鼓励村内修缮旧房发展农家乐、民宿等产业。据悉，目前村庄开设多家农家乐，发展特色民宿，打造文化旅游休闲村。村内农家乐占全村总户数的 10%，间接从业农户占全村总户数的 35%。2013—2015 年，全村接待游客量逾 2.1 万人，营业总收入 350 万元。

3. 抱团发展，推介文化主题旅游

泽雅庙后是琦君的出生地，瞿溪是琦君童年生活的地方。为深入挖掘和开发琦君文化资源，打造琦君文化品牌。瓯海区将琦君文化建设列入区政府

工作报告，先后建设了琦君文学馆、琦君纪念馆和琦君故里文化主题公园，并联合旅游部门对泽雅庙后和瞿溪两地进行包装推介，推出特色文化旅游线，开设琦君文化研究网站，筹建琦君文化联谊会，举办琦君文学奖活动、琦君文化节、海峡两岸散文论坛等特色活动，做好文化与旅游的“融合”文章，扩大琦君文化品牌效应。

四、适用条件

琦君是国际上享有盛誉的散文大师，临终前仍对故乡念念不忘，百年后琦君的丈夫李唐基亲自来到庙后村，将琦君的骨灰安葬在村内。庙后村围绕“琦君笔下的故乡”，温情讲述庙后的故事和风土人情。采用琦君笔下的诗歌和故事，还原一个“合抱的青山、潺缓的溪水、一望无际的绿野平畴”的生活场景和研学实践基地。村庄通过文学之旅、研学活动、体验琦君文学魅力和琦君童年时代的生活情境及琦君美食体验和手工艺品制作等主题活动，为游客展现一个承载着琦君深情记忆与怀念，让她魂牵梦萦的浙南生活画卷。

该模式属于典型的“文化振兴模式”，适合于有国内外享誉盛名的名人的村庄。通过打造名人故居、主题馆、展示馆等，开展特色文化主题游，举办文化系列活动，打响文化品牌，推动村庄建设。

瓯越风情，多彩侨村

——记瓯海区丽岙街道梓上村

一、村庄发展概况

梓上村位于丽岙街道南侧，处在三面环山的怀抱中，距离温州市区约 13 千米。地理区位优越，可以较好地融入瓯海区大旅游格局网（图 1）。梓上村现有总户数 220 户，总人口 1 218 人，户籍在册人口 719 人。其中常住人口 428 人，旅居欧洲、中东 12 个国家和地区计 708 人。梓上村村域面积 137. 54 公顷，其中居民点面积约 8. 26 公顷。山林地 2 350 亩，水田 300 多亩，园地 150 多亩。村庄主要经济收入来源为务农、个体经营、出国经营服装、鞋革制造和批发、开咖啡吧、经营中西餐酒店等为主。

图 1　丽岙街道梓上村（来源：网络 https：//www. sohu. com/a/305452059_194878）

村庄依山傍水，绿树掩映，鸟语花香，整洁有序，原生态五社溪从北横穿村域。村中保留有两棵古树名木，分别是树龄 320 年和 523 年的大榕树，建有一个榕树公园，占地面积约400平方米。但与此同时，梓上村也是一个默默无闻、环境脏乱差的经济落后村，很多侨胞想回家乡投资建设只能望而却步。为此，2008年起村庄开展了长达十多年的环境治理大行动。

近年来，梓上村以“美丽侨村”建设为中心，以打造欧式乡村建筑风格为特色，以“农业文化、红酒文化、咖啡文化、体育文化”为底蕴，围绕山水田园风情逐渐形成了集旅游休闲、运动休闲、农业休闲为一体的“生态旅游型村庄”。村庄先后获得省美丽乡村特色精品村、省3A级景区村庄以及市“五美”乡村示范村，市村庄整治合格村，省市级卫生村，区环境整治和河道环境清理优秀奖、浙江省全面小康建设示范村、温州市全面文明小康示范村、2011年度市级园林绿化工作贡献奖，市区级生态村、文明村，区村级文化活动室先进单位，镇级先进党支部、“两边四边三化”先进单位，全面工作先进单位等称号和奖项。

二、具体做法与成效

1. 彩化美化，提升村庄发展格局

梓上村党支部书记金永勇受在意大利威尼斯探亲期间见到的布拉诺小镇色彩斑斓的房子启发，学习意大利彩色岛的做法，把梓上打造成彩色村。村庄充分利用原有山水环抱、生态田园的乡村原貌，梳理传统民居的建筑特点，通过彩色屋、3D立体彩绘等方式提升村庄面貌，村庄入口民居换新装，焕发了新的生命。村办公楼前的停车场插上各国国旗，体现了村庄华侨多的侨乡文化。村内保留了村内的老烟囱、祠堂、20世纪五六十年代建筑等，记录梓上村的历史发展瞬间。村庄彩化美化后，在社交平台迅速成为网红村庄，游客络绎不绝。见图2。

目前，梓上村规划以“一心、一街、两带、三园”为整体布局结构，打造“田园梓上，风情侨村”整体形象。以农业文化、红酒文化、侨乡文化为底蕴，加快土地、空置房屋、山林、水资源等要素流转，建设开心农场、榕树广场、乡村文化广场、溪流景观等项目，形成集旅游休闲、运动休闲和农业休闲为一体的生态旅游型村庄。

2. 环境提升，优化居住环境

为进一步美化村庄环境，村庄已先后投资300多万，建设入口形象带、

图 2　多彩梓上村（来源：自摄）

风情一条街、文明休闲公园、文化礼堂、乡村客厅、侨史馆、村健身活动中心、曾山路两侧街头绿地等项目，新增绿化总面积 2 000 平方米（图 3）。完善公共设施，投资 150 万元完成了中心路拓宽工程，建设增山路健身点及公共停车场、篮球场。村内建筑统一保留毛石墙，房前屋后庭院进行绿化彩化，建设民宿庭院、开心农场等，整体联动推进美丽乡村建设，形成“美丽乡村＋美丽庭院＋美丽田园”的“大花园”格局。在绿化维护方面，村庄由专业队伍定期定点维护，保障村庄环境的整洁和美观。

图 3　梓上入口形象带和乡村客厅（来源：自摄）

梓上村以环境提升为主抓，率先实施了垃圾分类试点，成为浙江省唯一入选的全国美好环境与幸福生活共同缔造试点村。村内使用的垃圾分类设备由亚通科技打造，是瓯海区探索垃圾分类回收积分制而专门引进的智能化设备（图 4）。梓上村积极推出村民垃圾分类“小积分，赢大奖”积分活动。村民将分类好的垃圾分别投放至金属玻璃、纸质、塑料制品垃圾箱内，投放正确即可获得相应积分，每个季度对排名靠前的家庭进行奖励。村里聘请专业保洁，每天工作 12 小时，垃圾落地就捡掉。

图 4　二维码垃圾分类平台（来源：自摄）

3. 中西文化融合，带动乡村产业发展

村庄重点发展休闲旅游产业，主打“旅游休闲、运动休闲、农业休闲”，完善相关旅游配套服务，吸引人气，带动村庄发展，形成村庄主打产业。近期以发展村庄建设区为主，以“文化”为主题，展现梓上村历史文化、丽岙街道咖啡、红酒文化等，提供民宿体验、观光采摘、种植体验等旅游体验型项目。远期以生态农庄建设为主，整合山林资源，形成以“农业文化、红酒文化、侨乡文化、运动文化”为主题的旅游生态农庄，扩大村庄旅游产业规模，完善村庄旅游配套设施，丰富村庄旅游业态，增加片区辐射范围。村内

广场插上各国国旗，每一面都是游子对家乡的思念，象征华侨遍足世界各地的文化特色，赋予梓上村乡村建筑新的生命力。

三、发展模式剖析

1. 多彩党建，引领村庄发展新模式

梓上村一直坚持以党建引领建设美丽乡村，充分发挥党员先锋模范作用。2014 年，党员干部带头开展环境综合整治活动，拆除违章建筑。村里原来的主路上金路只有 3 米多宽，道路两侧都是违建棚屋，当年村庄决定启动上金路拓宽工程。为支持村庄建设，动员村民配合拆建，原老书记带头拆除自家违建棚屋。之后不少党员纷纷配合效仿带动村民拆除门台、道坦，有的甚至捐款出资出力。最后主路拓宽成十米宽，建成了两侧人行道。之后，村庄利用闲置地建设公园，粉刷水泥墙面为彩色屋，拓宽狭窄道路为宽阔平坦大路，种植绿植盆景，注重保洁绿化，拆除违建 8 000 平方米，最终梳妆打扮成美丽乡村。正如梓上村村支部书记金永勇所说，“从村干部扫地到党员扫地，再到村民主动扫地，我们花了十几年的时间才有了现在的‘童话村’。”

2019 年 4 月，梓上村与温州商学院文博书院共建“红色华侨基地”。文博书院通过劳动育人基地、红色华侨基地和科技文化体验基地等共建形式，建立“红色会客厅、红色书屋”，为梓上村提供“晚霞行动、开心农场、美丽乡村我先行”等服务项目清单。

2. 侨乡侨韵，开拓欧瓯文化融合模式

梓上村位于瓯海区丽岙街道，交通十分便利，人居环境优美，地理位置得天独厚，是全国著名侨乡。梓上村作为侨乡的代表，洋溢着欧洲风情，又不失中国传统乡村田园特色。梓上村村委书记吴时金发起美丽乡村共建理事会，凭借自身在侨胞中的威望，吸引青壮年侨胞回乡创业，共建村庄，认领开心农场、风情一条街、乡村客厅、文化礼堂和梓尚侨史馆等载体创建。

村庄定位为“择山水田园乡村而回归，创欧洲风情街貌而重生”。2017 年，市邀请了中国美院专家进行村庄整体规划，打造以“欧瓯融合”的时尚慢生活空间。乡村建筑整治改造风格主要采用以欧式田园风情建筑为特色，混搭乡村田园风格的创意设计。中西结合，引入红酒、咖啡、西餐等产业，吸引侨胞归乡投资经营，带动村庄可持续发展。

3. 三方合作，创新村庄运作经营模式

梓上村创新“政府 + 运营 + 商户”为主题的产品驱动开发模式，发挥区域加资源优势。政府负责规划、政策等方面的监管，监督村民集体成运营商对整个区域的运营情况，活跃土地增值收益和品牌收益，提升区域基础设施。运营商以集体经济或运营商参股为主，承“政府”之下“商户”之上，对项目进行总体规划，实现区域经营的专业性。商户以村民个体经营或商户入驻为主，按照运营商的项目规划要求进行具体的开发和运营，是市场价值的直接创造者。

四、适用条件

（1）海外华侨的支持是梓上乡村振兴的重要力量　梓上村最初同样面临当前大部分空心村普遍存在的青壮年大量外流，村庄丧失活力的问题。村内青壮年多数在海外求学创业发展，旅居欧洲、中东 16 个国家和地区。环境整治在先，吸引侨胞返乡创业在后，调动这部分人成为乡村资源的主力。该模式可适用于那些有着较多在他乡甚至异国创业成功村民的村庄，动员他们寻根归乡，谋求家乡发展。

（2）交通便利是乡村振兴的优势条件　梓上村处于温瑞半小时交通圈中，交通顺畅，可达性强。对于这些网红打卡点，主打美食、环境，交通优势才能较长效、持久、多次吸引游客重复游览，带来长足发展。

（3）党建是乡村振兴成功的引领力量　村庄的发展离不开村“两委”的眼界和魄力，党员干部保持先锋模范作用才能带动村民配合工作，减少建设阻力，尤其是建设初期。

执笔人：胡　春
校核人：刘益曦
施一骥

文中彩图请扫码查看

附　　录

附录 1　中共中央　国务院
关于实施乡村振兴战略的意见

附录 2　浙江省委、浙江省人民政府关于
《全面实施乡村振兴战略高水平推进
农业农村现代化行动计划
(2018—2022 年)》

附录 3　关于培育农业农村新动能实施
乡村振兴战略的若干政策意见
(温委发〔2018〕46 号)

附录 4　温州实施乡村振兴战略领导小组
办公室印发《2019 年温州市
乡村振兴示范带创建标准》
(温乡村振兴办〔2019〕17 号)

附录 5　温州市人民政府办公室关于推进
乡村振兴“两进两回”的实施意见
(温政办〔2019〕72 号)

附录 6　温州市 2016—2019 省级示范
乡镇和特色精品村一览

后　记

近年来，全市各级党组织认真贯彻落实市委的决策部署，高度重视村级集体经济发展，采取一系列行之有效措施，取得了扎实成效。尤其是从山区实际出发，注重发挥本地资源优势，积极探索、因村施策，大力推进经济薄弱村转化，推动了山区村级集体经济发展从“输血式”向“造血式”转变，走出了有效路子。做好“三农”工作，温州有着得天独厚的自然条件、良好的发展态势和强劲的农业供给侧改革动力，前景广阔，但也要清醒看到欠发达山区农村集体经济发展较为突出与薄弱，坚持问题导向和效果导向，精准施策，补齐短板，加快推进“两山”转化，要打好民族牌、生态牌、乡风牌，打造“记得住乡愁”美丽乡村，从生态优势向经济优势转化到发展壮大村级集体经济。为此，笔者提出如下建议与读者共同探讨。

一、深化农村改革，强化拓展权能

一是深化农村集体资产产权制度改革。加快推进农村土地承包经营权、农村房地一体的宅基地、集体建设用地以及承包地等不动产确权登记颁证工作，加快实现各类农村集体资产产权流转交易、抵押担保权能，进一步提高集体土地资产效益。二是激活农村资产。积极稳妥推进农村承包土地经营权和农民住房财产权的抵押贷款工作，加快推进农村集体资源要素参与市场化、社会化配置，更好的盘活农民集体财产权能。三是强化股份合作。政府政策、资金支持，鼓励村集体以资源、资产、资金等按保底分红的方式参股经营稳定、资产质量好的企业。鼓励村集体入股水电、光电等新型绿色产业，鼓励村集体抱团发展，摒弃资源瓶颈，共享资源优势，按照现代企业经营理念组团式发展集体经济。四是探索推行“基本报酬＋绩效考核＋集体经济发展成效奖励”的干部报酬改革。实现工资待遇与集体经济增收业绩相挂钩，创新村集体经济发展管理新机制，强化集体经济增收经济责任制，充分调动村“两委”主要干部积极性与主动性。

二、因地制宜，探索村级集体经济发展新路径

以文化共识的凝聚来构建山清水秀的自然生态，切实加强生态环境保护，加大环境整治力度，加快推进“两山”转化。以欠发达山区农村集体资产、资源、资金等要素有效利用为抓手，因村施策因地制宜，探索多种集体经济发展路径。一是走创新服务促增收的路子。加快旅游风景区、乡镇府所在地的中心村物业经济建设，擦亮品牌景区“金名片”。通过将闲置的非农业用地、办公用房、厂房、仓库等，开展租赁经营或参股运营。二是走农旅融合开发拓展的路子。鼓励农村自然生态、田园风光、民俗风情、历史遗迹等较为丰富的村集体参办实体经济，盘活闲置农房，保护好传统古村落，发展特色民宿等新型业态，引入市场机制，实施招商引资，积极发展乡村旅游。三是走转化资源促增收的路子。对于原本资源丰富，但由不良发展导致生态环境恶化，这类村庄要促使其转变生产生活方式，秉承“两山”理念，坚持保护和开发并重，合理挖掘当地山水资源、旅游资源、物产资源等优势，走可持续性的路子。四是走新型绿色产业长效路子。光伏发电、参股水电站的形式发展村级集体经济适合绝大多数山区村庄，且效益显著，但需要进一步完善政策扶持、上网定价、资金支持等。五是走产业自主开发路子。利用村集体现有的农业种植规模或流转的土地种植适合山区的经济作物，引导村集体开展适度规模经营，培育“农民股东”，发展现代高效生态农业，促进多产融合发展。六是走规模经营促增收的路子。利用山区闲置的农地、山地等资产资源，通过盘活资源，采用合作共赢的方式开展租赁、承包经营、股份合作等多种形式对集体资产进行盘活，采取“公司＋农户”“内股外租”等开发模式进行资源有效开发。七是走“第一书记”帮扶兜底路子。选派优秀的党员干部到软弱落后村和扶贫帮扶重点村，通过选派“第一书记”、驻村工作队、大学生村官、攻坚专员等方式重点帮扶，实现“兜底”，不仅帮助村集体选准发展路子，发展壮大村集体经济，而且加强基层党组织建设，推动精准扶贫。

三、优化政策扶持力度，破解发展瓶颈

一是优化土地要素保障。首先，执行省里相关规定“各地应确保将当地年度可用建设用地指标的10%用于新农村建设，并确保优先安排村集体物业用地”的政策。村集体发展所需的土地建设指标，各级政府按照相关程序给予适当落实。同时，优化土地布局，规范开展农村土地综合整治工作，做好

村级留用地的管理与增效工作。二是整合资金，实施精准滴灌。整合现有的各类扶贫、美丽乡村建设、涉农项目、公益类等项目资金，简化招投标程序，加强对涉农资金监管与项目建设的管理。加强对各村进行 SWOT 分析，实行“分类扶贫”。尤其是加大对集体经济开展的农业产业开发、物业经济、“农光”、入股水电、农旅等项目加大扶持力度，支持集体经济造血功能发展。三是优化资金配套及税费优惠。建议以村“两委”、村级经济合作社为申报主体的涉农项目，原则上取消项目配套资金安排，进一步减轻村集体资产负债经营。同时，对集体经济组织物业出租的房产税、增值税及村级公共事业建设工程所征的地方税收部分，由财政给予返还补助；对村集体经营或参股的其他项目应在税费上给予优惠；多采用生产奖补、劳务补助、以工代赈等机制。探索财政资金折股量化帮扶；加大金融信贷支持，积极探索扩大农村有效担保物范围，各级金融机构加大对村集体经济组织经营或参股的项目金融服务。四是积极引导社会力量广泛参与贫困地区脱贫。要在全社会广泛开展向贫困地区、贫困群众献爱心活动，广泛宣传为脱贫攻坚做出突出贡献的典型事例。市扶贫办要做好民营企业“百企帮百村行动”对接工作。五是加快新型职业农民培育。利用浙江农民大学、温州市农民学院开展精准式培训工作，实施农村带头人工程，主要针对村“两委”主要干部，在学历教育、党建建设、写作能力等领域重点培养。开展农村技能普惠培训教育。注重培育贫困群众发展生产和务工经商的基本技能，尤其要加强中华传统美德教育、生态文明教育等，教育和引导广大群众用自己的辛勤劳动实现脱贫致富。

四、完善制度体系建设，夯实村级集体经济发展长效机制

一是建议市、县、乡成立消除集体经济薄弱村工作领导小组。组长由党委政府主要领导担任，优化全程监督指导，重协调解决重点、难点问题，健全年初计划、年中督查、年终考核的全程管理机制。二是强化考核。把发展村级集体经济列入年度县、乡两级领导班子重要考核内容，要求各地制订消除集体经济薄弱村工作方案，建议进一步明确村“两委”主要成员为村级集体经济发展的第一责任人，将发展村级集体经济作为村干部实绩考核的重要内容，不断强化意识。制定一村一策，由乡镇党委政府主要领导签字上报县消除集体经济薄弱村工作领导小组，经县常委会通过，以县政府的名义上报市消除集体经济薄弱村工作领导小组。市消除集体经济薄弱村工作领导小组成员单位定期开展督查，并将有关结果抄送县、乡镇党委政府主要领导。三

是严格执行《浙江省农村集体资产管理条例》有关规定。全面实行农村集体“三资”阳光运行，保障农民对集体资源、资产、资金的使用、收益、分配享有的权益。形成了“群众民主监督、乡镇会计监督、网络实施监督、县级审计监督、责任落实监督”五位一体的监督管理体系，总体建成组织网络化、产权明晰化、监督多元化、管理信息化、运行阳光化的“五化”农村“三资”管理体系。